穆佐书简
（修订版）

〔奥〕里尔克 著
林克 译

Briefe aus Muzot 1921-1926

人民文学出版社

图书在版编目（CIP）数据

穆佐书简：修订版 /（奥）里尔克著；林克译. --
北京：人民文学出版社，2025. -- ISBN 978-7-02
-019180-2
Ⅰ.K835.215.6
中国国家版本馆 CIP 数据核字第 20257BX577 号

责任编辑	卜艳冰　何炜宏
封面设计	朱晓吟

出版发行	人民文学出版社
社　　址	北京市朝内大街166号
邮政编码	100705
印　　刷	凸版艺彩（东莞）印刷有限公司
经　　销	全国新华书店等
字　　数	200千字
开　　本	889毫米×1194毫米　1/32
印　　张	7.75　插页5
版　　次	2025年5月北京第1版
印　　次	2025年5月第1次印刷
书　　号	978-7-02-019180-2
定　　价	79.00元

如有印装质量问题，请与本社图书销售中心调换。电话：010-65233595

目录

修订版译者序 　　　　　　　　　　　　　　001

初版译者序 　　　　　　　　　　　　　　　001

[1921 年]

1. 致玛丽·封·图恩与塔克西斯-霍恩洛厄侯爵夫人　　001
2. 致一位少女　　　　　　　　　　　　　　005
3. 致工人 J.H.　　　　　　　　　　　　　　008
4. 致玛丽埃塔·封·库尔唐伯爵夫人　　　　009
5. 致诺拉·普彻尔-维登布鲁克　　　　　　010
6. 致诺拉·普彻尔-维登布鲁克　　　　　　014
7. 致雷吉娜·乌尔曼　　　　　　　　　　　017
8. 致弗朗西斯卡·施托克林　　　　　　　　018
9. 致格特鲁德·莪卡玛·克诺普夫人　　　　020
10. 致卡尔·封·德海特　　　　　　　　　　025
11. 致克萨韦尔·封·莫斯　　　　　　　　　026
12. 致威廉·弗利斯教授博士　　　　　　　　029
13. 致海格洛特博士　　　　　　　　　　　　030
14. 致伊尔莎·布鲁门塔尔-魏斯　　　　　　032
15. 致伊尔莎·布鲁门塔尔-魏斯　　　　　　035
16. 致阿曼-福尔卡特夫人　　　　　　　　　036
17. 致露·安德烈亚斯-莎洛美　　　　　　　037
18. 致克萨韦尔·封·莫斯　　　　　　　　　040

[1922 年]

19. 致 E.D. 041
20. 致格特鲁德·莪卡玛·克诺普夫人 043
21. 致诺拉·普彻尔-维登布鲁克 044
22. 致伊尔莎·布鲁门塔尔-魏斯 046
23. 致阿尔温讷·封·凯勒 047
24. 致封·翁格恩-施特恩贝格男爵 048
25. 致洛蒂·封·韦德尔 050
26. 致格特鲁德·莪卡玛·克诺普夫人 052
27. 致格特鲁德·莪尔玛·克诺普夫人 053
28. 致玛丽·封·图恩与塔克西斯-霍恩洛厄侯爵夫人 054
29. 致露·安德烈亚斯-莎洛美 056
30. 致露·安德烈亚斯-莎洛美 057
31. 致露·安德烈亚斯-莎洛美 058
32. 致克萨韦尔·封·莫斯 059
33. 致多里·封·德米尔 061
34. 致鲁道夫·波特伦德尔 062
35. 致格特鲁德·莪卡玛·克诺普夫人 065
36. 致 E. de W. 067
37. 致鲁道夫·波特伦德尔 069
38. 致伊尔莎·布鲁门塔尔-魏斯 072
39. 致克拉拉·里尔克 074
40. 致鲁道夫·卡斯讷 075
41. 致洛蒂·封·韦德尔 076
42. 致多里·封·德米尔 078
43. 致诺拉·普彻尔-维登布鲁克 079

44. 致伊丽莎白·封·德海特　　　　　　　　　　081
45. 致 E. M.　　　　　　　　　　　　　　　　082
46. 致赫尔曼·比内曼　　　　　　　　　　　　084
47. 致伊尔莎·雅尔　　　　　　　　　　　　　085
48. 致维托尔德·封·于勒维　　　　　　　　　086
49. 致克拉拉·里尔克　　　　　　　　　　　　088
50. 致霍恩洛厄亲王　　　　　　　　　　　　　089
51. 致盖奥尔格·莱因哈特　　　　　　　　　　091

[1923年]

52. 致露·安德烈亚斯-莎洛美　　　　　　　　　092
53. 致福斯特博士　　　　　　　　　　　　　　095
54. 致 L. 特罗尼尔-富诺夫人　　　　　　　　　096
55. 致阿内特·科尔布　　　　　　　　　　　　097
56. 致多里·封·德米尔　　　　　　　　　　　099
57. 致克萨韦尔·封·莫斯　　　　　　　　　　101
58. 致雷吉娜·乌尔曼　　　　　　　　　　　　102
59. 致伊尔莎·雅尔　　　　　　　　　　　　　103
60. 致雷吉娜·乌尔曼　　　　　　　　　　　　105
61. 致利奥波德·封·施勒策　　　　　　　　　106
62. 致英加·容汉斯　　　　　　　　　　　　　108
63. 致克萨韦尔·封·莫斯　　　　　　　　　　109
64. 致克拉拉·里尔克　　　　　　　　　　　　111
65. 致胡戈·封·霍夫曼斯塔尔　　　　　　　　113
66. 致安内特·科尔布　　　　　　　　　　　　114
67. 致克拉拉·里尔克　　　　　　　　　　　　115
68. 致福斯廷斯珀克托·布里　　　　　　　　　116

69. 致克拉拉·里尔克 118

70. 致诺拉·普彻尔-维登布鲁克 119

71. 致克拉拉·里尔克 121

72. 致纳尼·封·埃舍尔 123

73. 致 Ph. R. 125

[1924 年]

74. 致汉斯·卡罗萨 126

75. 致胡戈·封·霍夫曼斯塔尔 128

76. 致格特鲁德·莪卡玛·克诺普 130

77. 致 W. 米尔希 132

78. 致维托尔德·封·于勒维 133

79. 致克拉拉·里尔克 136

80. 致阿尔弗雷德·谢尔 138

81. 致阿尔弗雷德·谢尔 141

82. 致卡尔·维埃托尔 143

83. 致克拉拉·里尔克 143

84. 致阿曼·福尔卡特夫人 144

85. 致维托尔德·封·于勒维 146

86. 致莱德布尔男爵夫人 149

87. 致露·安德烈亚斯-莎洛美 151

88. 致多里·封·德米尔 153

89. 致克拉拉·里尔克 155

90. 致 S. D. 加尔维茨 156

91. 致诺拉·普彻尔-维登布鲁克 157

92. 致克拉拉·里尔克 161

93. 致费利克斯·施特劳赫 164

94. 致埃勒·阿斯穆森	165
95. 致豪普特曼·奥托·布劳恩	166
96. 致施赖埃尔	168
97. 致克拉拉·里尔克	169

[1925 年]

98. 致多里·封·德米尔	171
99. 致埃莱娜·封·诺斯蒂茨	172
100. 致赫伯特·施泰纳	175
101. 致英加·容汉斯	175
102. 致露·安德烈亚斯-莎洛美	176
103. 致波勒·莱维	178
104. 致恩斯特·克热内克	180
105. 致维托尔德·封·于勒维	180
106. 致维托尔德·于勒维	187
107. 致克拉拉·里尔克	192
108. 致纳尼·封·埃舍尔	193
109. 致贝尔塔·弗拉姆	194
110. 致阿希尔·封·卡温斯基	195
111. 致阿图尔·菲舍尔-科尔布里	196
112. 致盖奥尔格·莱因哈特	199

[1926 年]

113. 致鲍里斯·帕斯捷尔纳克	201
114. 致英加·容汉斯	201
115. 致薇罗妮卡·埃德曼	203
116. 致薇罗妮卡·埃德曼	204

117. 致列昂尼德·帕斯捷尔纳克 206
118. 致莉莉·沙尔克 208
119. 致一位年轻的女友 209
120. 致盖奥尔格·莱因哈特 211
121. 致爱德华·科洛蒂博士 212
122. 致汉斯·乌尔布里希特 215
123. 致迪特尔·巴瑟曼 217
124. 致迪特尔·巴瑟曼 218
125. 致埃米莉·洛泽 220
126. 致贝皮·维德 222
127. 致贝皮·维德 223
128. 致鲁道夫·卡斯讷 223
129. 致苏佩维埃尔 224

德文版编者后记 225

修订版译者序

摆在我的书桌左边的这本《穆佐书简》，大概是我的某个研究生十多年前在德国的旧书店替我淘来的。莱比锡岛屿出版社一九三六年印制，至今书相保持完好，书页虽然略略泛黄，但硬纸板封皮原来的棕色只因陈旧显得浓了一些，是岁月沧桑留下的痕迹；整个封面上只有三个烫金的字母，RMR，里尔克姓名的缩写，朴素而典雅。此书一九三五年初版五千册，翌年又重印三千册，当年在西南联大时，冯至先生酷爱此书，总是随身携带，有空时就掏出来读一读，想必他手上也正是这个版本吧。

有意思的是，最初购买此书者在扉页记下了人、地点和时间："上朗根瑙1936"，而朗根瑙恰是里尔克的成名作《旗手克里斯托夫·里尔克的爱与死之歌》的主人公的故乡。扉页上面还抄录了一行诗，出自第九十六封书信，是诗人给施赖埃尔小姐的赠诗的结束句：感觉者永远是感觉中他之所是。这句诗读起来颇有这种意味：我感觉，故我在。里尔克在信中写道："在我给施赖埃尔小姐的题诗里面，正如您所看见的，我自己在某种意义上依然信奉同样的感动……"这指的是"青春的激情"引起的"美妙的"感动，因此诗人才在这句诗的上一行宣称："我依然年轻。甚至还是个孩子。"可惜天不假年，诗人此时虽觉得自己并未衰老，却在一年之后便因病去世。艾略特曾经言道：二十世纪最伟大的三位诗人，当属叶芝和里尔克，如果不那么谦虚，我可以把自己也列入其中。叶芝和艾略特都是诺贝尔文学奖得主，里尔克若能多活几年，凭他大器晚成的两部代表作《杜伊诺哀歌》和《致俄耳甫斯的十四行诗》，当能戴上桂冠。诚然，这该是诺贝尔文学奖的遗憾了。

像里尔克这样喜欢写信的，在诗人甚至作家中恐怕找不到几个。"我的通信数量极度膨胀，所以这始终还是一件繁重的差事。"想想看，他一生大概写了上万封书信！本书所收集的一百多封信，只能看成冰山之一角吧。而且对里尔克来说，写信与写作有着密切的联系。他对创作极其认真，追求完美，为此身心两方面均需调适，以进入最佳创作状态。此时他就急需找到一个既优美又幽静的环境，"一座配备旧物的乡村房子"，在此离群索居，与世隔绝，以便融入那种对创作不可或缺的绝对的孤独之中。

在这个忍耐并等待的阶段，里尔克有一个多年养成的习惯：不停地大量地写信。"我现已完成几乎所有的准备工作，就是说，大量的信债已经偿还。您想想，我写了——今天早上数了一遍——一百一十五封书信，没有一封少于四页，许多写了八页，甚至十二页，字迹很密。"（摘自第 2 封信）十二页密密麻麻的信笺得有好几千字吧。正是在写信的过程中，诗人可以从容地梳理自己的思想，把一些复杂深奥的问题想得更透彻，而且相互贯通，形成最终的统一，譬如生与死、爱与死、此岸与彼岸、消逝与永恒等等。另一方面，作品的文体，诸如结构、语言表达、艺术风格之类，在此期间大概也已作了充分的考虑。否则，《致俄耳甫斯的十四行诗》在三周之内，"突如其来地"大功告成，几乎无需改动，这是难以想象的。

当然，写信似乎也是对"严酷的"孤独的一种平衡吧。总而言之，经过耐心的准备和充分的酝酿，才可以达到一种状态，一种感觉，甚至一种灵感，正如他翻译的瓦莱里诗句中的情形（参见第 56 封信）：

> 忍耐，忍耐，忍耐，
> 忍耐于蓝天之下！
> 我们欠沉默的宿债
> 准定让我们成熟！
> 刹时信念有报答：
> 风起了，鸽子飞来，
> 某种契机显露，
> 临风的女人一倾身，

> 这场雨随即落下，
> 谁跪在雨中感恩！

为何感恩呢——为显露的"契机"，为这场及时雨，也就是为信念终于获得的那刹时的"报答"：灵感。这个词在书信中多次出现，对此也有相当具体的叙述，以一贯追求真实的里尔克的品性来看，或许不能简单地将其视为"神话"。按诗人的夫子自道，某些诗句和诗篇，甚至整部作品（如《致俄耳甫斯的十四行诗》），都是神灵授予他的，他不过是"听见了"并将其"记录下来"而已。

然而一旦投入创作，里尔克就几乎不再写信了，除非"最必要的"信件，这段时期被他称作"戒信期"。这自然是为了保证聚精会神、全力以赴地写作。可是当作品完成之后，面对"堆积如山的"信件，他又得偿还欠下的累累"信债"，于是一轮周期又重新开始。最初的回信要告诉朋友们工作的成果，而且也向知心朋友报告"反弹"的情况：高强度的创作之后，他顿时感到空虚，"极度迷惘""身心都被抽空了"，同时还受到心理疾病的折磨。在致莎洛美的信中他这样写道："在穆佐的第一个冬天那种超常发挥之后，你所预料的情况——复发如期而至，随后一个月症状那么剧烈，叫人不知所措……"大概可以这样说，写信即准备下一步创作，然后再次循环，这种节律着实构成了诗人长期工作的"二拍子"。

若是纵观里尔克的一生，大概也可取创作为中心，拿时间和地点作支承，来界定他生命的三个主要周期即三个阶段：早期至《时祷书》（1899—1903）结束，以两次俄罗斯之行为地标，虽有创新之尝试，但主要属于传统写作；中期（1902—1910）的主要作品是《新诗集》和《布里格手记》，巴黎堪称他的福地，全新的观念和手法——"客观的言说"，奠定了扎实的语言功底和写作技艺；而晚期，多么辉煌的晚期！从1912年至1922年，从杜伊诺城堡至穆佐小城堡，两部代表作：《致俄耳甫斯的十四行诗》和《杜伊诺哀歌》，两部扛鼎之作，天鹅之绝唱，完成了那最后的跳跃，那最后的飞升，堪称奇迹！

我们从书信中还可以知道，里尔克会多种外语，可绕开翻译，直接阅读原著。其中俄文相当好，可以书写；法文娴熟，生前出版了法文诗集《果园及瓦莱四行诗》。但是作为翻译家的里尔克，似乎鲜为人知。譬如，他翻译了米开朗琪罗的十四行诗，推崇备至，以及俄罗斯的一些文学作品。瓦莱里在他心中地位极高，被他视为"深交"和知己。瓦莱里的作品他译得最多，如《海滨墓园》和对话录《厄帕利诺》，而且他认为自己的技艺已经出神入化。不妨听一听他的自我评价："我翻译了保罗·瓦莱里，觉得我的译文与他的伟大美妙的诗歌相当吻合……""……于是我敢于将他的伟大艺术——只要未超出共同的语言规范之外——完全等值地转换过来。"这里所说的"等值"（Äquivalent），标志着翻译的最高境界，即译作与原作在意义和效果上相等，对于文学翻译，这几乎是一个可望而不可即的目标。笔者相信里尔克在此并未夸张，同时对他深感敬佩和羡慕。当然，要想达到这种境界，在天分和才华方面，译者也必须与原作者水平相当。现在我们知道，里尔克是具备这个条件的。

里尔克曾经告诫一位青年诗人："别像提笔写诗一样写信。"这就是说，在语言表达上，书信与文学作品大不一样。写信大多是与亲友笔谈，如叙家常，娓娓道来，自然而随意，可以啰唆一点，也可以随便插入和补充，语言不那么讲究和规范；如果彼此了解，常常省掉一些句子成分，甚至只写半句话，意思清楚即可。但是正因为这样，书信读起来才让人感到轻松和亲切。跟读诗相比，读信常常就是一种享受。在这方面，译者也尝试尽量忠实于原文，以便更多地保留原来的风格和味道。

此外，书信中肯定透露出里尔克的许多个人信息，这对了解里尔克其人大有帮助。关于一些重要方面以及译者自己感兴趣的更深层次的问题，在本书初版的译者序中已经作过一些介绍和探讨，可供读者参考。涉及写信与写作的关系以及书信本身的重要性，里尔克在第57封信中写得很清楚："我越来越感觉到恰是同一支笔必须完成两种文字，工作的文字与交往的文字，当精力似乎有限时，我会首先顾及第一种能力，其次才是书信，虽然后者本来是我喜爱的，而且作为我的生活和我的所作所为的一个真实部分，也是理所当然的。"

本书的翻译工作完成于二〇〇五年，由于一些窒碍和状态欠佳，当时做起来并不轻松（其实除了早期诗歌，翻译里尔克的作品都相当艰难）。此次承蒙上海九久读书人大力支持，本书得以再版，借此机会也可加以修订。花了一个月时间把全书通校了一遍，不妥之处予以订正，尤其那些重要而难懂的书信，则对照原文逐句审订，作了不少改动，以使译文更加准确。在寄来的校样上，责任编辑已经做了十分细致的校订工作，修改了不少错字、人名和地名、专有名词等等，并且对语言表达作了一些调整，这里我深表谢意。我特别感谢何家炜先生，多年以来他一直关注我的翻译工作，而且在出版方面给予了不懈的支持和帮助。岁月匆匆，译事艰难，在此我愿与同行共勉并敬请指教。

二〇二四年十月
于丽江清溪北

初版译者序

一九一二年初,在亚得里亚海滨的杜伊诺城堡,里尔克写出了酝酿已久的《杜伊诺哀歌》的部分篇章。同年五月他离开城堡,开始了长达十年的漂泊不定的生活。其间虽然也续写了一些《哀歌》断片,但他的精神状态每况愈下,及至大战后期创作已陷入枯竭。为了完成《哀歌》,他尽量尝试恢复自己的状态,这无疑是极其艰难的,他自己也承认:"要拆除战争年头的障碍,一块一块地抽掉围墙的砖石——这堵墙好像将我与过去、也与本可到来的一切隔绝开来——这还一直是我的不大显眼的工作。"恢复得靠有利的条件,正如里尔克的女儿露特在本书的编后记中所言,此时他需要十分渴求的"配备旧物的乡村房子",尤其是孤独,以便达到承纳恩赐所必需的极度的专注。好像真是天意,就在他已打算离开瑞士另寻住地之时,一次旅行中他偶然发现了穆佐[1]小城堡。那里是瑞士的瓦莱山区,群山环绕,气势恢宏,他最喜欢的西班牙与普罗旺斯如此奇异地融合于当地的景色之中。城堡坐落在罗讷河畔一条开阔的山谷里,独处一隅,周围十分幽静。里尔克在信中写道:这个古老的小城堡,一座塔楼,楼体可以追溯到十三世纪,搁栅平顶和部分设施(箱子、桌子、椅子)出自十七世纪。城堡的上层有一间古老的小祷告室,门框仍是中世纪的,纯哥特式风格,门楣上方嵌着深浮雕,居然是一个大大的"卐"字,让素有东方情结的里尔克怦然心动。在他看来,穆佐的出现无异于一个"奇迹",他在此如愿以偿,把自己封闭起来,就像当初在杜伊诺城堡,这般孤独"如同一个囚犯"。由此可见,有时候环境对于一个诗人犹如空气和水对于一个生命。里尔克的三个创

---

[1] 原文 Muzot,音译应为"穆佐特",冯至先生曾译作"米索"或"慕佐"。

作阶段大概也可以用几个地方来命名：俄罗斯（早期），巴黎（中期），杜伊诺–穆佐（晚期）。他在此取得了何等惊人的成绩呀！《致俄耳甫斯的十四行诗》，《果园及瓦莱四行诗》（法文诗），大量译作（尤其是瓦莱里的诗文），当然，最重要的是《杜伊诺哀歌》。正是以此哀歌，奥登说，"他对一切作出了交代"。难怪在写完哀歌的当夜，他走出穆佐，久久抱住"像一条老狗似的"城堡（奥登的诗句）。

冯至先生在西南联大期间曾有好几年总是随身带着一本书，那就是《穆佐书简》（1935年初版）。的确，此书也是里尔克在穆佐留下的一笔珍贵遗产。这里收集了一百二十九封书信（实际数量大概要超出许多倍），时间从发现穆佐的一九二一年直到诗人逝世前不久的一九二六年底。里尔克的诗歌颇难理解，晚期的两部代表作更是给人以"如读天书"的感觉。而在书信中，里尔克常常谈论自己的作品，创作的背景和动机，种种经验、思考和感悟，涉及苦难、爱和死亡这三大主题，语言直接，表达清晰，这种夫子自道自然是解读作品相当可靠的依据，对帮助读者加深理解大有裨益。例如：第14封信谈到爱或信仰，从中可以了解他对基督教颇有微词，其道理何在；许多评论家认为《布里格手记》是一部自传体小说，里尔克对此加以否认："人们没有多少理由把马尔特（指《布里格手记》）当成一座传记材料的矿山来开采。"（第13封信）值得关注的还有第106封，回答波兰译者对《哀歌》提出的一些问题，填完问卷之后，里尔克似乎兴犹未尽，又用附页深入阐释《哀歌》和《十四行诗》，详细地论述人的此在和爱的问题。

另一方面的内容兴许同样令人感兴趣。在许多书信中，里尔克娓娓叙来，随意道出了个人生活的各个侧面，许多鲜为人知的情况和细节，甚至在他的传记里也很难读到。他的日常生活和生活习惯，他有些什么癖好，喜欢喝酒吗，他的经济状况究竟如何，他对妻子和女儿的感情，他与莎洛美的知心程度，那么敬佩罗丹却又为何提出尖锐的批评，他究竟有什么心理问题，当然谈情说爱对他也是难免的。通过这些文字，人们可以比较具体比较真实地了解他的性格和气质，他的品行和他作为常人的一面，了解里尔克其人，这样会觉得严峻的诗人亲切一些，容易接近一些，可能也有助于读者进入他的作品。

"工作，除了工作还是工作。"罗丹这句话一直是里尔克的座右铭。到巴黎以后他常以"工作者"自称，把自己看得轻了，工作本身便益发重了，所以又才有"学习工作"的说法。在穆佐的最后两年，他已疾病缠身，状态极差。他写信告诉妻子，由于患病和心理问题的双重困扰，那个夏天的末段和秋天（1924年）是他最恶劣的、内心最艰难的时期之一。"我难得感觉舒服，几乎啥事都做不了，在穆佐闲坐度日。"但就是在那段时间里，他仍然完成了以下工作：一小册瓦莱诗稿，一个完整的小型组诗《玫瑰集》，同样是法文，还翻译了瓦莱里的对话集《厄帕利诺》。

里尔克早年费了很大的劲去考证自己的贵族血统，这是否一个传奇？有人认为这是子虚乌有的事情。笔者以前也觉得此事源自一种虚荣心，也许反映出他对古老的贵族及其精神传统的崇拜心理。这个问题可以从书简中得到澄清。在第95封信中，里尔克对他的家族史作了详细的叙述。奥地利克恩滕的里尔克家族出现于一二七六年，作为克恩滕公爵们的封臣拥有自己的领地，那片地方叫做"克沙卡堡"，意思是里尔克家族最早的领地之一；某些旁系很早就移居到萨克森和波希米亚（此即诗人所属的那一支），全都在矿山地带。家族的族徽是一只"攀登的灵猊"，至今仍有一个在克拉根福的老马厩上保留下来。所以他十分肯定地说："正如传说和文字所确凿表明的，我们发源于那里。"以上所述应该是可信的，里尔克作为"末代贵族"看来名副其实。

另一桩"公案"似乎也可以在此解决。里尔克多次表示，他的诗句很多都是神的"恩典"，是神灵授予他的，他不过将其记录下来而已。譬如《哀歌》开篇那十几行诗，据他的说法，便是某一天他从杜伊诺城堡出来，想去散散步，他正走下城堡前的斜坡，这时就听见有个奇特的声音从天上传入他耳中，相当清晰，他赶紧掏出随身带着的笔记本，把他所听到的原原本本记录下来。而在《哀歌》问卷的附页上，起首一句便是："我就是有权对哀歌作出正确解释之人吗？它们已经无限超出我之外。"此话与上面的自述显然有异曲同工之妙。这些说法给人以神乎其神的感觉，笔者也曾认为里尔克喜欢给自己编造一些神话，但对此推测又不是很拿得准。因为里尔克从来是一个追求真实的诗人，他的诚实应该无可怀疑。而且从中期以后，他也变得越来越内敛和谦虚，可以从书信中得到证实。他谈到许多人物，如维尔哈伦、普鲁斯特、塞尚和瓦莱里，无一不是充满敬佩和景仰；即使对霍夫曼斯塔尔这样的同辈，他也一贯毕恭毕敬，说自己的诗都是为他而写的。对于自己的作品他却往往评价甚低，如成名作《旗手》，他给出的评语令人吃惊："这首'诗'内容如此贫乏，语言如此幼稚……"还说他为之羞愧，恨不得把书全部收回并销毁（该书总共印了一百万册以上）。翻译了米开朗琪罗的十四行诗，他不禁感慨道："我算什么？"于是笔者有一种感觉，从自我吹嘘的角度去看待"神授说"，大概与里尔克的为人不相吻合。其实我们也许可以把诸如此类奇迹简单地理解为灵感。里尔克既然对神的存在深信不疑，那么他与神相遇，神向他显现并给予他启示（此即真正的灵感），也就不足为奇了。当然还可用经验来解释，处于创作后的低谷，再去读自己巅峰状态时的杰作，不敢相信居然是自己写出来的，似乎未曾酝酿，没有构思（如《十四行诗》），也记不起过程，怎么可能呢？里尔克自己也曾将其形容为"一场突如其来的精神风暴"，恐怕不少诗人有此经历。或者说就算编造了神话，里尔克想必也并非故弄玄虚。

　　写完《哀歌》之后，当年为里尔克提供杜伊诺城堡的施主、长期眷顾诗人并关注其创作的塔克希斯侯爵夫人来穆佐探访，在小城堡里面，他给夫人一天朗读了全部十首哀歌，第二天又接着读五十余首致俄耳甫斯的十四行诗。此前他有意未寄诗稿给她，好亲自念给她听，他说，想到由别人做此事他便心生嫉妒。想一想那个场景：他读她听，一首接一首，然后是寂静，面对面的寂静，也许只有盈眶的泪水，和微风吹过窗外的气息。"这对我们俩（在十年之后！）都是一种难以言状的感动。"在此我们同样可以相信诗人对《哀歌》和《十四行诗》的自我评价："这两部作品仿佛不是我的（因为就其秉性而言，它们总归多于'属我的'），可以说本是赐予我的；侯爵夫人当时惊叹，而我呢，如果允许我实话实说，是的，我也一样惊叹，没有别的，只有最纯粹最真挚的惊叹。——一切究竟何以天衣无缝。"

　　里尔克诗中有些意象很难把握，比如不时出现的"树"，"你以目光缓缓／升起一棵黑色的树……"（《图像集》卷首诗《入口》）第 97 封信为此提供了一些线索。穆佐小城堡前面有一棵美丽的老白杨树，可是在一个早晨农夫们把它砍倒了，原因很简单，他们发现树根使旁边的草地变得贫瘠。里尔克很悲伤，后来他才知道本来他是可以救它的，这便更令他痛心。"没有树了，你可以想象，风景也随之改观，这道粗实的垂直线一直将这片田园朝上引，赋予它高度和本原。"树生自土地，但必长向天空，因为"天"即是本原，田园、大地、树自身皆源于"天"。于是树成了一个象征物，把诗人的思想具象化了。可谓与此相印证，《十四行诗》的卷首诗甚至以树来"破题"："那里升起过一棵树。哦，纯粹的超升！"超升（Übersteigung）就是超越，即超越此在而升入存在。显然，"这棵树"的根系同柏拉图的厄洛斯（Eros）和德国浪漫派的"还乡"是连在一起的。还可由此领会"大地上的歌声"，这里"大地上的"不好翻译，本义是在大地的上空，即天地之间（über der Erde），歌声发自大地，向着天宇飞扬。

再举一个例子，里尔克一生爱狗，《十四行诗》第一部第十六首就是专门写给狗的，其中借用了《圣经》里面以扫的故事。以扫生下来浑身有毛，弟弟雅各为了骗取本来属于哥哥的遗产，就在手上缠了一块兽皮走到临死的瞎眼父亲跟前，冒充哥哥。诗的结尾写道："但我要牵来我主之手，对他说：／在这里。这就是长毛的以扫。"典故在此有何寓意，难以理解。但是在书信中诗人自己给出了解释："我主之手"指的是歌神俄耳甫斯之手，诗人想引来这只手，好让它也为狗祝福，正是"由于狗的无限的分担和牺牲；几乎像以扫一样，狗披上自己的皮毛，也只是为了在自己心中分有一份对它并不相宜的遗产：兼具苦难与幸福的整个人的存在"。一如神是人之主，人则是狗之主；可是人的毛病太多，不配也不宜作狗的主人（"别把我植入你心里，我生长太快"），因此诗人才把神的手牵来，好让狗直接属于神。狗的地位在此被提升了，可以与人平起平坐，甚至还高出于人，只要让神的手来摸一下，神的遗产则非"长毛的以扫"莫属——长子继承权。这里或可产生联想，狗凭借忠诚而有资格与人休戚与共，而人本该却未能分有神的存在，诸神渐渐远去，想必正是因为人对神的忠贞和献身还远远不够。

里尔克无疑是一个有使命感的诗人。在谈到《哀歌》这项"最重大最艰巨的工作"时,他告诉朋友,他心中只有一条律法正无情地责令:"将自己封闭于自身之中,一举结束已经传授到我心灵的中心的这项使命。"对此他只能"服从"和作出"牺牲"。确实,续写《哀歌》之前他就已知道,持续而紧张的创作一旦结束,便会出现某种空虚的状态,某种危险的状态,"心被悬至某个表面",令人极度迷惘。后来果真如此,不仅精神上空落落的,身体上也有强烈的反应,他写信告诉莎洛美:"在穆佐的第一个冬天那种超常发挥之后,你所预料的情况——复发如期而至,随后一个月症状那么剧烈,叫人不知所措。"他不得不住进瓦尔蒙疗养院。但即使这样,他也并未收回此前他对莎洛美说的话:"在这个成就的荣耀之后,我情愿忍受恐怕要让我承担的复发之类的后果。"这样的执着、这样的牺牲精神会让今天还在写诗的一些人深深感动,将他引为知己,恐怕也会让某些诗人感到羞惭。大概正是从使命感的角度,里尔克在谈论艺术家的职业时对当代的一切艺术发出警告:它们已有疯长之势,眼下急需的"不是照料的园丁,而是手持剪刀和铲子的:抨击的园丁",以便它们靠最基本的根部重新生长得更茁壮更必需。真正的诗人难免处于诸多危险状态之中。里尔克曾经如此描述罗丹:这位艺术家受到的威胁何其之大,"危险环绕他生长,恐怕超过他的伟大许多倍"。当然这也是对里尔克本人的真实写照,正如瓦莱里所言:形形色色奇异的恐惧和精神的奥秘使他遭受了比谁都多的打击。

由此可以理解里尔克为何时不时在信中流露出一种情绪,他其实也想做一个普通的人,也愿意过一种平凡的生活,有一份正常的职业。马拉美做了一辈子英文教师,提到这个时,他的羡慕之情确实是发自内心的。在给妻子的一封信中,他细致地描述了塞纳河畔那些小商贩的生活情景,言语里含有不胜向往之意,此时此刻,那位高韬的、似乎不食人间烟火的神秘诗哲一下子对我们变得亲近了,也变得更加真实了,他是这样写的:"有时我路过一些小店,比如塞纳河街:古董贩子或旧书商,或是卖铜版画的,橱窗里塞得满满当当;从来没有人光顾,他们好像不做生意;但一眼看进去,他们坐着,读着书,无忧无虑(可是并不富裕);不为明天操心,不为成功担惊受怕,有一条狗坐在他们身前,兴致勃勃,或一只猫,使周围的寂静愈加深沉,它悄悄溜过书架,好像抹去书脊上的名字。啊，若是这样可让人满足：有时候我很想给自己买这样一个满满的橱窗，可以带着一条狗在后面坐上二十年。"

里尔克说一个诗人手上必须有两支笔，一支写诗，一支写信，二者不能混用。写信的笔记录事实，主要为朋友讲述自己的生存境况，它是非抒情的。这也正是《穆佐书简》的语言特点，质朴无华，平实却不平淡，信笔写来而又老到和厚重，一种很醇的味儿，读起来特别舒服。难怪有人说，要是把里尔克的文字比作一件华丽的衣袍，那么书信就是衬里，这衬里实在精致，叫人有时忍不住翻过来穿。在传统书信已几乎绝迹的今天，当年从穆佐寄出的一封封信札好像仍在寻找新的收信人，想对他表白，对他倾诉，于是更让人觉得弥足珍贵。这样的文字翻译起来，自然难度甚大，比人们想象的艰难得多。况且翻译先得读懂原文，揣摩作者的用意何在，而书信多是与友人笔谈，许多事情（如背景和前因）都不用交代，此时译者就好比侦探解谜；如果前面的信没有搜集进来（并不少见！），凭空冒出一纸信文，译者则须绞尽脑汁，根据蛛丝马迹还原事情的来龙去脉，这时便非得有福尔摩斯的本事不可。因此，译者虽尽量避免，本书里面也难免出现一些"冤假错案"，这一点需要特别说明，恳切请求读者原谅并给予指教。

从最初翻译《特拉克尔传》算起，至今二十来年不经意间就过去了。在此期间，刘小枫先生给予我许多鼓励和鞭策，一直关注我的翻译工作，在译著出版方面大力相助，这次又将《穆佐书简》收入由他主编的"经典与解释"系列，在此我要表示衷心的感谢。我还应该向傅勇林先生致以诚挚的谢意，是他给我提供了很好的工作条件，使我能够专心翻译本书。另外，宁虹教授帮助翻译了书信中的不少法文（如最后一封法文信），我的几位研究生帮我打出了译文全稿，在此一并表示感谢。

二〇一〇年四月于成都北园

1. 致玛丽·封·图恩与塔克西斯-霍恩洛厄侯爵夫人

(瓦莱)谢尔,贝尔维埃小城堡旅馆

1921 年 7 月 25 日

很快就到七月底了,我不在您的身边。您暂时别为我准备房间,但也别以为我的来访已经泡汤:或许在八月。

过去几周里,好多次我就要通报准备启程,每当此时,一股特别的暖流就会涌入自己近乎黏滞的心灵;可是另一方面留住我的,便是这神奇的瓦莱①:我那时随兴之所至来此一游,下行到谢尔和锡永;我给您讲过,去年收获葡萄的时节,我初次见到这些地方,仿佛就被一种奇特的魔力镇住了。西班牙与普罗旺斯如此奇异地融合于此地的景色之中,这种情景当时简直令我感动:因为在战争②的最后几年,两处的风景曾经那么强烈、那么肯定地对我诉说,胜过其他一切;现在发现它们的声音合而为一,在瑞士的一条开阔的山谷里!而这种相像,这种同族的相似并非幻觉。最近在一篇瓦莱的植物概览里我还读到,某些花儿出现在这里,但它们通常只生长在普罗旺斯和西班牙;蝴蝶的情况也是一样:一条大河的神灵(罗讷河对我而言始终是最神奇的河流之一)就这样驮着礼物和亲缘穿越各国。这里的河谷如此宽广,气势恢宏,点缀着一座座小山冈,远方又是莽莽的群山,绵延环绕,于是眼前始终呈现出变幻莫测的场景,魅力无穷,或可说是山丘布置的一台棋局。恍若山丘仍在移动并重新分布——随视角的改变,每次都摆出令人惊叹的新的景观阵形,其节奏委实给人以创世之感,古老的房屋和城堡也随着视觉游戏频频变动,因而平添了几分魅力,就是

---

① 瑞士瓦莱州境内的一个山区,即穆佐小城堡所在地。——译注(本书脚注除特别注明外,均为译注)

② 指第一次世界大战。下同。

说它们本来大多又以山坡上的葡萄园、树林、林间草地或灰色的岩石为背景，与此十分相配，犹如壁毯上的画面；因为最难以言状的（几乎静止的）天空从远方照应着这些远近搭配的景物，以一种如此灵性的空气赋予它们魂魄，于是景物之间的特殊配合，酷似西班牙，在某些时辰好像透出一种张力，在星座的星辰之间我们仿佛感受到的那种张力。

　　现在该谈谈我不能动身的特殊原因：大约三周前，我（与我的客人一道）离开埃托伊①，当时这里有人答应为我们提供一座小房子（我们不想长住旅馆），最初的考察表明它不适用；我们在周围看了好几处房子，时间过去了；后来突然出现了一幢楼房，极具诱惑力。这个古老的小城堡，一座塔楼，楼体可以追溯到十三世纪，搁栅平顶和部分设施（箱子、桌子、椅子）出自十七世纪，它可以出售或租赁。价格十分便宜，但还是远远超过了我也许能够兑付的瑞士法郎。就在上周，我的一位朋友，他早已知道这座所谓的穆佐小城堡（应读作：穆佐特），是温特图尔的莱因哈特家族的成员，他租下了这座房子，以供我使用！我明天就搬过去，在这个有些严酷的城堡环境里试住几天，它如同套在人身上的一副甲胄！现在我必须经受它，不是吗？就像曾经经受的一切。在找到一个热心服务的能干女人之前，我的女友在此，可以代理简单的家务，要是一切顺利，我就可以同一个女管家在穆佐住上一些日子。这里离谢尔大约下行二十分钟，山势相当陡峭，气候不怎么干燥，四周是一片温馨的田园，一道道泉水奔流而下，一眼就能望见河谷、重重山冈和神奇幽深的天穹。还有一座乡村小教堂，坐落在左上方的葡萄园中（明信片上看不见了）。明信片对穆佐有失公允，花园里的树木现在长高了许多，人们也看不见那棵苍劲的老白杨树，只能想象，明信片右边之外，再往前走几步，小城堡的外观得配上杨树才别有韵味，从那里也能望见小城堡。我自己称之为"小城堡"，因为它是地地道道的中世纪小城堡，这里处处都还有遗存的；这些城堡仅仅由这样一座坚固的堡身构成，里面包含了一切。入口在背面，您能看见那里伸出斜屋面：这一层（带有前

---

① 1921年5月至6月，里尔克在此暂住。——德文版编者注（以下称原注）

面添造的长阳台)包括餐室、一间小内室和客房;配有厨房(一个时髦的凸窗间);以前的厨房全在下面底楼,一个单独的大屋子(现在用来存放园艺工具等)。我已在三楼安顿下来。那里有我的小卧室,可以通过右边的玻璃窗采光,但还朝另一边支出一个小阳台,以贴近树身。旁边的双层窗和墙角处的下一扇窗户(在阳光照射的西面)属于我的工作室,昨天我们已将其大致布置完毕,全是现有的家具:这房间对我有好多承诺和魅力——以其古老的箱子、一六〇〇年的橡木桌和古旧幽暗的搁栅平顶,上面刻着年份 MDCXVII[1];我说到魅力,但此时这并不准确:因为其实整个穆佐——它总之将我挽留下来——却也将一种忧虑和压抑逼入我心中;事到如今,我已经熟悉了它最早的历史;据估计它是德布洛内家族建造的;十五世纪它成了夏斯蒂利翁城堡的产业,十六世纪初,马里尼昂战役的前一年,伊莎贝尔·德·谢芙龙和让·德·蒙泰斯在此举行婚礼(这场庆典延续了三天,人们现在还知道所有宾客,以及他们有何表现)。蒙泰斯阵亡于马里尼昂,遗体被运回到穆佐那位年轻的遗孀身边。随即便有两个男人狂热地追求她,他们激情似火,难免发生剧烈的冲突,结果在决斗中同归于尽。不幸的伊莎贝尔好像还能不失尊严地承受丈夫的夭亡,但面对她自己尚未定夺的两个求婚者悲惨死去,她再也挺不过去了;她丧失了理智,只是在夜里走出穆佐,骗过了关心她的老保姆乌苏勒;几乎每个夜晚,人们都能看见她,"衣衫单薄"[2],缓缓走向米埃日,走到那两个痴情人的坟头,根据传说,最后在一个冬天的夜晚,人们在米埃日的教堂墓地找到了她,已经冻僵了,死去了。——就是说,对这个伊莎贝尔,或者老是像一个钟摆从马里尼昂荡回来的死者蒙泰斯,以后人们得有所准备,不管发生什么都不该大惊小怪。穆佐小城堡自从被我们清理出来,处处增添了光亮和家的温馨。像所有这类中世纪的房舍一样,这里的屋子透出某种农夫的诚实、某种粗犷,没有什么隐念……尽管如此——这个我没有忘记,紧靠我的卧室,在顶楼上——却有一间古老的所谓"祈祷室"朝向后面,一间粉刷

---

[1] 罗马数字:1617。
[2] 原文为法文。

过的小屋子，可以从前院进去，穿过一扇相当低矮、保持完好、中世纪的哥特式小门，上方的隔墙装有明显凸出的浮雕，不是十字架，而是：一帧巨大的ㄩ字！显然您现在看见，侯爵夫人，我暂时迷上这个穆佐了吧：我必须尝试这样。但愿您真的看见！当我从山谷走过来，每一次它都像一个奇迹立在这里，耸立于小花园那现已焚毁的玫瑰廊道之上，呈现出最古老的石料的颜色，一种灰紫混合的色调，可是在阳光下变成了金黄的铁锈色和褐色，又像是安达卢西亚的某些墙垣。

现在，请您代我衷心地问候所有的人——侯爵和帕沙①，尤其是卡斯讷；我尚未完全放弃，如我所言，前来拜访您的希望。我的当务之急：是为冬天，即立刻为秋天，为安静的隐居和工作，替自己找到一处类似于"贝格"②的栖居。现在需要证明，穆佐是否有资格充当此栖居，而且是为即将到来的一个时期。这里的冬天据说相当温和舒适，况且穆佐还有一种乡村特备的石炉，非常实用。假如瑞士能再次提供一个完全适宜的冬季庇护所，使我不必去国外找寻，我当然可能完全用不着出境旅行，因为这样会耗去时间，而我希望尽早开始秋季的隐居，好让它慢慢过渡到一个长久的冬天。

但我若是不能与穆佐彼此更深地契合，而于八月前往克恩滕——普彻尔的夫人，N. W.③，现在有可能在那里为我弄到一座确定的老式湖滨住宅（似乎如此）——那么我也一定会来波希米亚。我们可以一起浏览斯坦尼斯拉斯·德居埃塔的藏书，这已经强烈地吸引并召唤着我！但是，对于在我心中替劳钦④诉说的那一切，根本就无需任何其余的召唤了：我们上次相聚使我感到无比愉悦，但那也只是许多聚会的开端，因此它不但不该减少相聚几周的必要性，反倒使得再次相逢愈加迫切。

您的第一封信送到埃托伊时，我已经开始做许多艰难的事情；有一部分已经解决了，也许我能进一步做到不再痛苦，使自己的事情重新走

---

① 塔克西斯侯爵夫人的儿子。——原注
② 指贝格宫，1920年至1921年里尔克在此居住。——原注
③ 诺拉·普彻尔-维登布鲁克，她在克恩滕为里尔克寻找一个住所，克恩滕是"里尔克血统的最初故乡"（在那里，古老的里尔克贵族家族第一次可以得到证实）。——原注
④ 波希米亚的劳钦，侯爵夫人当时的住地。——原注

上正轨,达到一种良好的平衡。我的女友会立刻离开穆佐,一旦我这里不再需要她的帮助。这个地方——是去年我同她一道最早发现的——也对她诉说着奇言妙语,就像对我一样,我希望,她那优异典雅的绘画天赋将凭借此地的景色从各个方面得到证明。

我就此搁笔,尊敬的侯爵夫人。卡斯讷想待多长时间?要在您那里见到他,这当然非常有助于我决定日程,一旦我真的需要上路旅行。埃托伊直到现在都还美妙而友好。

非常非常想念您

始终是您的

撒拉弗博士 ①

2. 致一位少女

……您知道,我并不属于那种人,他们忽视肉体,好以此为灵魂准备一份祭品,因为我的灵魂绝不会喜欢这样一种被侍奉的方式。我的精神的一切飞升皆始于我的血液之中,因此,我总是让一种纯净简单的生活——摆脱了种种刺激——像一首引导的序曲领先于我的工作,以免低估真正的精神欢乐,这种欢乐在于人的身心达到一种愉快的近乎澄明的协调。

……要不了多久,也许我再也不会明白所有那些条件,从前开始的这些诗歌(《杜伊诺哀歌》)② 正是由此诞生的。要是有一天您能了解这些作品,您就会更好地理解我;谈论这些的确很困难。

当我审视自己的良心时,我只窥见一条律法——正无情地责令:将自己封闭于自身之中,一举结束已经传授到我心灵的中心的这项使命。我听从。因为您知道,在此漫游,我所企求的只有这个,在结束我的牺

---

① 侯爵夫人给里尔克取的绰号。——原注
    撒拉弗意译为炽爱天使,即最高级天使。此绰号含有讽喻。里尔克总是热心帮助受情感困扰的女性,但在冷静的侯爵夫人眼里,这一切都是多余的自寻烦恼。
② 始于1912年,亚得里亚海滨杜伊诺城堡。——原注

牲和我的服从行动之前，我没有任何权利改变我的意志的方向。

我现已完成几乎所有的准备工作，就是说，大量的信债已经偿还。您想想，我写了——今天早上数了一遍——一百一十五封书信，没有一封少于四页，许多写了八页，甚至十二页，字迹很密。（当然我没有把已经寄给您的也算在内，那不是书信，那是通过笔管的呼吸。）好多的书信！这么多的人对我有所期待（期待什么，我不大清楚）：帮助，出主意，而我自己正一筹莫展地面对生命最紧迫的要求。虽然我知道，他们搞错了，误会了，但我仍然觉得——我并不认为这是虚荣心——受此引诱，即告知他们我的一些经验，我长期孤独的一些成果。既有年轻的女人，也有年轻的姑娘惨遭遗弃，甚至在她们家人的心中。少妇们对自己的遭遇惊恐不安。还有这一切年轻人，大多是革命的，他们走出国家这座监狱却找不到任何方向，于是逃向文学，创作迷醉和尖刻的诗歌。我该告诉他们什么？该怎样安慰他们绝望的心灵，怎样塑造他们难以定形的意志，它在时代风暴的强制下接受了一种借来的、纯属临时的性格，现在他们身上装着这样的意志，如同一种陌生的力量，但几乎不知道如何运用。

马尔特[①]的经验有时使我承担起一种义务：回复陌生人的这些来信。他会这样做的，只要有一个声音传到他耳中……

此外，正是他使我负有继续承当这种牺牲的义务，是他要求我，以我的全部爱的能力去爱我想塑造的一切事物。这是不可抗拒的强力，他将其使用权留给了我。您可以想象一个马尔特，假设他在这个对他如此可怕的巴黎有一个恋人，甚至有一个朋友。这样的话，他会一度如此之深地取得事物的信任吗？因为您企求再现其本真生命的这些物（在我俩的几次亲密交谈中，他常常告诉我）首先会问您：你是自由的吗？你准备为我献出你全部的爱吗？你能否与我共眠，就像圣朱利安——那好客之人与麻风病人睡在一起，给他那种极度的拥抱，那是以寻常和敷衍的邻人之爱绝不能做到的，毋宁说它必须靠爱来驱动，全部的爱，可以在

[①] 里尔克的长篇小说《马尔特·劳里茨·布里格手记》中的主人公。

大地上找到的一切爱？要是这样一个物看见（马尔特曾经这样告诉我），要是它看见你正忙着，哪怕只忙于你的兴趣的一行字，它就不会理睬你。它或许以一句话施舍给你一条规则，给你一个小小的略显友好的暗示，但是它拒绝把它的心交给你，拒绝告诉你它忍耐的本性和它那星辰般的恒定——几乎可以等同于天宇的星相。

为了让一个物对您言说，您必须在某一段时间把它当成唯一存在的，当成唯一现象，它发现自己已被您的辛勤而专一的爱置于宇宙的中心，天使那天［每天？］① 都在那个不可比拟的地方侍奉它。您在此读到的，我的朋友，正是马尔特为我所讲授的那些课程中的一章，在充满痛苦和诱惑的许多岁月里他是我唯一的朋友，而且我发现，在谈论您的素描和油画时，您所说的绝对是同样的话，这些画似乎有价值，在您看来也只因这种您所钟情的义务：以画笔或铅笔去拥抱，去痴情占有。我在上一封信中用了"命运"这一表达，您别为此感到惊异。我以命运指称一切外部事件（例如包括疾病），它们难免会发生，并且中断及毁灭天生是寂寞的精神素质和教养。塞尚清楚地懂得这一点，在生命的最后三十年，他远离了能够把他"紧紧绊住"（他的表达）的那一切，他那样虔诚和忠实于传统，但是他放弃了参加母亲的葬礼，以免失去一个工作日。当我知道这个时，仿佛一支箭将我射穿，但那是一支燃烧的箭，它穿透我的心，同时在心中留下感悟的炽烈激情。在我们的时代，只有几位艺术家懂得这种顽强，这种极端的固执。但是我相信，没有这个人们始终待在艺术的边缘，当然此边缘已足够丰富，我们可望有一些愉快的发现，可是我们停驻于此，就只像一名赌徒守在绿桌旁边，他的"冒险之举"偶尔也会成功，但他并不因此而少受偶然的摆布，他不过是被法则操纵的、好学和灵巧的猴子。

我常常又必须从年轻人手上夺走马尔特的笔记，禁止他们阅读。原因在于，这本书似乎倾向于证明生活是不可能的，但必须——可以这样说——与此相反地读它。若是书中带有愤恨的谴责，那也绝不是针对生

---

① 方括号里的词是德文版编者加上的。以下未注明者均同。

活的。相反，它们只是确证：由于缺乏力量，由于精神涣散和遗传的缺陷，我们几乎完全丧失了本来准备赐予我们的无数尘世的财富。

您不妨尝试一下，我最珍爱的，以这种精神去体味这些书页里的丰盈内涵。这样不会使您少流泪水，但对此不无裨益，给您的所有泪水一种更清澈的、可以说更透明的意蕴。

3. 致工人 J. H.

（他寄来一册诗歌手稿）

尊敬的 H. 先生：

您给我寄来了那本 T 册子，让我感到意外：迟至今日我才对此表示感谢；寄回您的手稿还将更迟，我不知道向何处推荐为好。幸好我发现，在这份出版物后面有此预告，您的作品集恰恰将在这家 T 出版社问世，因此引荐给另一个出版商已纯属多余。

我恐怕很难——坦白地讲——给您的诗歌下个评语，它们活动于一个时代的语言之中，这个时代也许是您的时代，而我只是从外部去看它的各种条件，找不到持续的联系。我们这样的人大概不容易改变这种看法：仿佛正超越我们的浩浩荡荡的大量产品不是由于太多而泛滥，而是由于不祥和无序才淹没了这一切——与其说对我们曾经是界限，不如说本是规范。当您觉得最切身的生存状况严酷而难以控制之时，我并不想在您的忧伤和混乱之上再增添别的什么；但是这许多话终究必须说出来，正如您本人抑制不住的要求。我不知道您学会了哪种技艺，可是作为工人，至少您必须具有某种技能之经验，对您而言，做好一件事情的喜悦可能并不完全陌生。如果您在某个时刻以这个良好而可靠的基础去估量您那些起伏不定的文字成绩，那您肯定不难发现，常常是偶然在那里与您游戏，您几乎没有养成习惯，把笔当这个使用，即究其实质笔是什么：是一种诚实的、准确掌握的、承担责任的工具。

对于您想向我表明的真诚的关注，如果我以同样的方式——即真诚地——给予答复，您一定不会觉得这是不友好的。此外我对您怀有最美好最诚挚的愿望；人们始终可以希望，离这些全然无望、不可忍受的时刻最近的，恰是改善的转折。但愿您的心不仅找到等待好光景的韧力，而且找到承纳好光景的状态。

RMR.

4. 致玛丽埃塔·封·库尔唐伯爵夫人

瓦莱，谢尔上部穆佐小城堡
1921年8月1日

亲爱的伯爵夫人：

……早在去年，在本地最美好的时节——葡萄收获季节发现瓦莱之时，我就多么想从这里——您最古老的故乡，向您和伊丽莎白伯爵夫人致以问候；但当时我只准备在此逗留三天，没有带上我的通讯地址簿，此外，处在这些壮丽的、壮观的地域所引发的最初的震惊之中，我不知道，如此令我倾倒并萦回于心中的真是此地本身，还是因为它酷似早先亲近过的、爱过的、至今仍难以割舍的那些地方，我觉得在这片宽广而奇妙的罗讷河谷又认出了它们，而且彼此融合在一起：西班牙和普罗旺斯！

我的好奇心，想弄明白究竟原因何在，仅仅是此地与战前几年里对我格外亲近的那些国家如此相像，对我产生了一种诱惑，而风貌的相同竟让我又可在内心感受到某种情感和精神的吻合，或者是瓦莱本身以其雄峻的姿态——同时在宏伟之中又透出几分妩媚——深深打动我的心，这种好奇心驱使我几周以前又来到此地，这一次我想彻底探明其中的缘由。现在已经清楚了，二者对我皆有影响：对那些后来的罗讷河风景的怀念，以及本地这种环境——堪称神奇！

我不知道，亲爱的玛丽埃塔伯爵夫人，当时是不是天意将您和您的家人带到了您的家族最古老的故乡；但就算不是这样，我也必定为您感到无比庆幸，或许有时候，您发觉对此家世的意识油然而生（但并不知道它那么整全）；您或可因此而梦想？行动或只是微微一笑……

我多想为您描绘一番，若是您不认得它，这片土地！它的宏伟——在给出广阔空间的群山之中；它的变幻多姿；它的游戏：这种远近高低的景观游戏。我现在并不将其展示在您的眼前，只想一页一页地写下去，但恐怕永远也超不过那遗传在您心中的形象。

让·弗朗西斯·德·库尔唐伯爵（一六七〇年前后）在谢尔下部为自己建造了那座大宫殿，很久以来，它一直是"沙托·贝尔维埃"旅馆（还理所当然地保留了他名字的两个部分），但此地高处还有一座简朴的、非常雅静的房子，是库尔唐家族的遗产（我没有听错的话，德·库尔唐的一个或几个女眷在此居住）；您同这些亲戚或锡永的亲戚是否保持着联系？

请您收下，亲爱的伯爵夫人，这份化作许多问候的思念，并以只言片语给我一个回复，在我离开这里之前。您现在情况怎样？——到今年六月，我已在瑞士居住了两年，但瓦莱也许是我没有目标的漫游的意义之所在！它对我何其重要！

全心全意地忠实于您，亲爱的伯爵夫人，

您的里尔克

5. 致诺拉·普彻尔-维登布鲁克

瓦莱，谢尔上部穆佐小城堡
1921 年 8 月 17 日

亲爱的最仁慈的夫人：

我这个不幸的人儿，我曾经希望从您那里得到很大很好的帮助，而现在我可以求助于您的莫过于此：请您不要从我只配受到谴责和抨击的顽固态度得出任何结论，也千万别为此取什么名称！因为，天呀，您若是起心为之命名，恐怕忘恩负义还只是最轻的一种，您若要秉公而论，那就不能仅限于此。我该怎样替自己辩护呢？——没用！一方面：您，亲爱的最仁慈的伯爵夫人，怀着期待并始终全力准备为我重返克恩滕的家园充当真心诚意的庇护人，可是另一边，我，一周又一周，暧昧而卑

劣地保持沉默。真的，案情恶劣，几乎罪不可逭……

三四天前您最后一封信（经由埃托伊）寄达，当时我正好又在捧读上一封伟大而善良的书信，一边用心地读一边沉思。准确地说，这大概便是我所能举出的对我有利的全部例证。其余一切肯定皆对我不利，因为我的罪过并不因此而减轻，即使我控告自己是一个最优柔寡断的人，不是吗？就连长达数周的酷热——加大了我作出决定的难度——也只是一种借口而已。但是您想一想：每当我以为与瑞士缘分已尽，这个国家好客的力量就会采取某种出乎意料的挽留活动；我最近还从贝尔维埃给您写过信，不，拍的电报，但当时已有此迹象，我或可在此，略高于谢尔，迁入一座古老的塔楼，本地叫作"穆佐小城堡"，一座拥有最久远的往昔的塔楼，像它那样严酷粗砺，若要迁居其中倒是与披上一副古老的甲胄并非毫不相像；这类可能性早已对我施加的诱惑这一次又占了上风，我接收了穆佐，加以布置即改装，连同其中现有的家具（有些还是十七世纪的）；现在需要尝试一下，对于我的下一个工作冬季——如您所知，我是想秋天就开始——这座庇护的城堡是否如愿证明自己是适宜的。

在七月的这些日子里（人们恐怕感受到三重夏天），光是尝试就有些够呛，主要原因在于，这次严酷的穆佐之旅在考验我，而非我考验它；我有过近乎生病的日子，许多至少是无精打采的日子，根本振作不起来，因疲于对付酷热和其他恶劣情况，或可这样说，我的骑士陋室对我的要求。诅咒它，啊，非常而且经常，却不能放弃它，由于它最独特的吸引力，也考虑到这片神奇的罗讷河谷，它令我怀念两个暂时失去的地方：西班牙和普罗旺斯，对我而言，它们一度即一九一四年之前具有最大的影响，而且我相信，这里的环境使我回忆起它们并与之恢复了联系，完全出乎我的意料之外。总而言之，我也许无法描述是什么把我留在这里，可是我必须尽量对瓦莱作一番描述，大概是欧洲最大的河谷，在其边界以内，一座座山丘田垄蜿蜒，草木茂盛，布局恰到好处，形成极富变化的景观，各种地貌展现在眼前，仿佛刚刚创造出来；而在错落有致的山头之间，田园的景物（如房屋和树木）复又呈现出我们所熟悉的、星座升起时的间距和张力：一个个细部恢宏地铺开并相互关联，仿佛从中生成了空间，这种现象不可能这般确定地被人发觉，若非空气不可思议地亲近一切物体，使之闪烁不定，而且让直到背景——多亏了它——的每个间隔空间都成了许许多多可以感觉的（只需想一想！）过渡的活动区域……

何时，亲爱的最仁慈的夫人，我可以对您如实讲述一切（到时候应该以此补上一点辩护）——但何时，何时？因为现在，我只好承认，现在的问题是，整个克恩滕计划以及将来的安排是否得推迟到明年。不是说好像我可以决定在穆佐过冬——这对我来说太严酷，太中世纪，太不容易（就根本而言，除非这类城堡直到十八世纪都被领主住过，当时就有所"柔化"并变得温和一些，它们对于我们才是可能的！）；然而我刚开始了解这些情况——每天都在同倔头倔脑的中世纪农民旧宅抗争，那时便出现了（通过朋友）第二种（瑞士的）过冬可能性，其好处是，根据情况表明，这次的房子同我去年冬天的工作场所贝格城堡极其相似。这是一幢同一种类的房子，位于苏黎世州同一地区；以上条件对于我采纳这种可能性也许是决定性的；因为眼下我想尽快恢复工作所需要的平静，以便继续做上次在贝格中断的事情，所以对我而言，一个无需怎么重新调整而且可以很快适应的地方，大概是最可取的。遗憾的是，迟至八月底甚至九月初，我才能去看这座推荐给我的房子，然后我才能看出我这个冬天的命运。如果那座小城堡大致令我满意，我也许真的还会有一个瑞士的冬天，而几周之前这似乎还是完全不可能的。在这种情况下，恐怕我没有别的选择，只好在去新住地之前充分利用我的穆佐城堡（读作穆佐特），并且推迟一切旅行计划。

对您说这些，请您相信我，此时真的怀着沉重的心情！几乎不比放弃劳钦时轻松。与玛丽侯爵夫人在埃托伊见面时，我就告诫过她，不要太死心地等待我，但现在，情况确实不允许按约定去做，我觉得自己毕竟有负于她：我们曾经打算今年一起做许多事情，我已有——当时我们算了一下——九年没到过劳钦！但更为严重的是，我现在确实对此问心有愧，六月份我根本没有向您转达，塔克西斯侯爵夫人接受了您的问候，当时还有许多真切而美好的回忆，以及她如何嘱咐我立即向您转达衷心的问候……早在那时候，我发觉，我不负责任的延误就已开了头，及至您准备把那些手稿①寄给我,亲爱的伯爵夫人,延误才真的到了不可原谅的地步,通过您对手稿的描述,我觉得它一定特别有趣和有吸引力。在其他任何情况下,我都会立即请求您让我拜读,您对我的亲切托付②也会给我这样的机会,然而,鉴于目前的情况,我自己现在还犹豫不决,是否叫您把稿子寄来。为了您的书稿,我能很快争取到一段适当的、完全专心投入的时间吗?(状态较差是不允许的!)这样的话,我愿意以此阅读来开辟我的下一个(真正寂静的)庇护所。当然,如果事情很急,书稿得交回出版商(我知道,这样的铁块一旦放到出版社的铁砧上,就不允许变冷!),那么我请您还是现在寄给我;然后我将推开一切其他事情,穆佐虽有诸多不便,我会尽量把心静下来拜读诗稿——一定是发源于您的少女情怀的那种活动,既强烈又美好。我为这项工作感到愉快,并把它当成一项尤其心爱的工作;它准会使我更深地感受您的形象,而且借助于它,我可以认为自己早已与您订交并对您怀着感激之情。

还请您代我真诚地问候我的好朋友普彻尔,如果不是太麻烦您的话,也应该先在此表示并请转达我对亚历山大·莱尔内特写于图林根那封信的感谢。他是通过您接受这份谢意,也就充分补偿了间接感谢之不足。由于奔忙于此地,但也由于同穆佐和过分的炎夏不断较量,我久已陷于停顿,所以只好以后再给他复信。

随信附上的风景明信片并未如实展示穆佐;对这座倔头倔脑的房子,我固然有诸多不满,但是必须肯定,它其实更富有魅力。小花园比那时更加美好,树木已然摇曳多姿;米埃日(最近的村庄)被一条沟壑隔开,不再是近得令人生厌;那棵白杨树,挺拔壮丽,在右前方标明了城堡的界限,但未收入图中。用不着说气氛和色彩:前面葡萄园鬈曲的嫩绿,美丽欢快的果园,一切景物之间呈现出极具透视感的色彩变化。然后是听觉:寂静,最甜美最纯粹的寂静,有一条起先平缓的小溪,从庄园旁边奔流而下,更用不着说我的城堡塔楼前面那股流泉吟唱的家园

---

① 伯爵夫人的诗稿。——原注
② 伯爵夫人请求里尔克为她的诗集写一篇序言。

歌谣，而且此塔楼（这一点必须交代，好对其要求颇高的名称求得谅解）至今始终是一座完整的小城堡，不是其中的一个部分，而是一整套房间齐备的宅邸，本地到处都散布着这类城堡；它那些最古老的主人先是德·布洛内，后来是强大的、常常令人恐惧的德·拉图尔（-夏斯蒂利翁）家族，然后是德·谢芙龙和（通过联姻）德·蒙泰斯家族，也许直到十七世纪；后来福格特大概也在穆佐住过，再往后是农夫们，经过了若干漫长的世纪……

　　罕见的是：在三楼，这里是我的房间（下面是膳厅和一个小沙龙），还遗留下来一间刷成白色的小屋，被称作"祈祷室"。门户很低（对着楼梯平地），石头门框还是中世纪的，门框上方有坚固的浮雕，但不是十字架，而是卐字……！

　　我就此搁笔，亲爱的最仁慈的夫人，我始终极其谦恭地完全听从您所有善意的劝告。

永远是
您的里尔克

6. 致诺拉·普彻尔-维登布鲁克

瓦莱，谢尔上部穆佐小城堡
1921 年 9 月 25 日

我亲爱的最仁慈的夫人：

　　八月二十三日您写信给我，并寄来那些真诚的有感而发的诗，充满美好的信任：此时我不得不给这封信署上日期，我怎能不为之惊骇！

　　一切比我当初设想的更糟。为了预先给我的"严格的"冬天做好准备，我不得不四处奔波（当然未出瑞士），但我至今仍不知道，穆佐能否继续充当我的避难所，或我是否该前往阿尔高州，客居一友人家中；主要原因是现在缺少一个可以信赖的女管家；看来几乎不可能找到这样的人，尤其考虑到穆佐的情况比较麻烦，可能得靠她来监管和料

理。时光流逝,我的信心一天天减弱,我本以为可以无需妥协,在某个十分中意的僻静之处获得我不可或缺的孤独(如一年前那座美好的山上!)。我说出这些,不是想把忧虑的阴影也投到您的身上,而只是因为您的信迟迟未复,我只有这个真实的理由请您原谅。您请我为这些诗写一篇序言,我却不能满足您的愿望,为此——我愿意立刻承认——为此我真的感到痛苦。在我看来,您太苛求自己了,亲爱的尊敬的伯爵夫人,倘若您希望我在序言里,对您急切完成的诗稿作出判决:这些诗出自最切身的经历,大多具有一种为自己辩护的独特力量;有时一行诗突然闪现,透出最独特的教养,仿佛用美好的传统模型浇铸的作品得以完成,端赖一种特殊的心灵之手艺。对我而言,这一切完全是可感觉可触摸的,我若想少一分赞许,那便违背了我纯自然的定论。然而:我觉得我们时代的厄运之一,乃是时代潮流迅猛湍急,正将这类内心的自白从书桌的抽屉,从(呵多么敞亮的!)房舍席卷而去——向何方,何方?卷至已被无数伪劣和功利的半吊子产品所淹没的公众之前,当真正的佳作随此浪潮漂向公众时,人们却没有时间和能力,对真品给予应有的关注并予以接受,因为人们更喜欢耸人听闻的或简单而诱人的东西。如果室内的某些摆设又反为房间增色,这些房间(我常问自己)岂不是更适于居住、更温暖,内涵更丰富?您要考虑这一点:在您的四壁之内,您的诗具有何等强烈何等充沛的力量;一种神力,不是吗?一股芬芳,一缕香烟——四处弥漫,包容并提升每一个物;可是在天高风急、一切如过眼烟云的公众空间里,它只会迅速消减并化为乌有。我越来越觉得,出自心灵和精神的产物是否属于那里,不过是一个适量的问题。真实的作品,证明自己优秀的作品自然不会被人小瞧,但是,诸如此类的每种作用均有适合自己的特殊力场,世界一片混乱,最深的肇因也许恰恰在于,几乎完全丧失了对度以及作用物何为适度的认识。有些力量本该保留在自己的位置上,在受其支配的范围内形成中心,却发现自己被抛了出去,进入公开之域,在那里很快失去了一切均衡。极度的滥用,简直荒唐透顶,在一切圈定的领地之中,贫乏的势头却依然未减,而空间并未增长,虽然在那些领地窃取的心灵震撼正消失于空间。如今这已是一种世袭的误解:只要摈弃简单的表述,人们就能够将某种精神之化体

"发表出来"。每个这类事物皆是某一或大或小的天体之中心,一个事物天生赋有星宿的特性与关联,人们很难长期别出心裁地私下抑制它,同样,人们也很难通过揭开另一事物,推翻它四周的所有围墙,来增强它的力量和光芒。这将是最根本的更正,并必须被一个已化为公器的世界所接受;世界将每种力量退还给与之相适应的范围——否则,一切的结局必然是个人的力量遭到侵吞,这样一来,我们现在所说的艺术和精神自然显出被取消的趋势,连同心灵的一切内部空间和心的机制。

亲爱的伯爵夫人,遵照出版商的意见,您本想让我为您效朋友之劳,此事在一般人看来既轻松又寻常,因此我必须感到惭愧,不但没有一口答应,反倒发表了一大通议论。现在您可以看出,这件事我不想随便应付。在我俩之间表面的礼貌有何意义,而且说到底,又有何益处呢?——

另一方面,我必须更多地告诫自己,如今我已沉默了大约十年,这使得我的言语——我想以此打破沉默——承担起一种特别的责任:这些言语,是的,我今后还必须打造的一切言语,全是以不可言喻的窒碍为材料做成的,而这些窒碍则是受赐于过去的岁月(尤其自一九一四年以来),因此,我的言语自然是沉重的、坚实的①。现在对我最难的事,莫过于说些轻松、随便和讨人喜欢的话,以此抛头露面。在我看来,仿佛只还有一件事,最后一件有用的事,那一件必需的事②,授予我发言的权利。

代我衷心地问候普彻尔,我希望尽快知道,这几页信笺注定带给您的遗憾,毕竟丝毫不会改变您对我的极大信赖,您正是以此奖掖并感动您的、怀着友情忠实于您的——

里尔克

---

① 原文 massig,意为"大量的",疑为笔误或印刷错误,或应是 massiv(坚固的,结实的)。
② 此事当指完成《杜伊诺哀歌》。

7. 致雷吉娜·乌尔曼

瓦莱/谢尔上部穆佐小城堡
（1921）[？]

亲爱的雷吉娜：

我愿意立刻承认，我一直在等候你的消息，已经好几周了；我知道它会来的。今天它终于到了并萦回在我心中。原因在于，你的奶牛要是尝到了我在这里的滋味，我和我的庄园的滋味，这[里面的信息]① 倒也很多了，但我毕竟未能从这个机构为自己获取同样多的可与你分享的消息，就像它已从这里带给你的那么多。（我几乎没有笑——确切地说，[我所获知的]② 就只有为这种联系方式而惊讶和开心所能引出的那么多。）③

你的消息，雷吉娜，你必须相信我的话，对我而言却是好消息，也是相当准确的。在人们中间你会变得十分"隐秘"，这是我从未料到的，而且你过于生活在与人们觉得可能是"极度隐秘的事体"的亲密关系之中，那你自然始终是孤独的。但是，这种与生俱来的孤独没有多少方面，是你哪怕付出任何代价——至少任何人情的代价——也不愿缺少的。如果你觉得你的不可限定的内心常常是"混乱的"，你也只是在这种时候才予以承认，即当这样的状况诱使你产生一种想法：你看见别人轻易地支配自己最内在的领域，你也必须对你的这个领域拥有同样的支配权。但即使在你心中应该建立起一种常新的、日益扩展的秩序——到那时你也绝不能"享受"它（别人可以这样，只要有任何小小的"进步"）：这就是，亲爱的雷吉娜，你的厄运，但它因此同时是你诸多独特的、不可比拟的收益之原因。只有在并不监视天性的那些人身上，天性才允许自己做一切无限性之游戏，虽然天性在你身上有此表现，仿佛你无关紧要，但你还是通过最值得称道的较量，从它那里取得某种特殊的非你莫属的东西；对此我们毕竟有时——不是吗？——已经可以达成

---

①② 方括号里的文字为译者所补充。
③ 这段文字比较含蓄，大意是里尔克抱怨，说雷吉娜在回信中谈到自己的情况太少。"机构"当指邮局；"这种联系方式"与前面"奶牛"一句相关。

一致。

借此休息的机会，我正在重读你的新书——晚上坐在我的"双耳扶手椅"上；客栈招牌的故事对于我一直是个奇迹，从初次阅读起它就是奇迹：这是你的杰作，雷吉娜，有意识与无意识的学习突然聚合于十足的能耐之中。一种完全属于你的、但现已同样对大家有用的能耐！

对此以后还可以谈论更多。我的喜悦和我的惊奇，当我现在又给自己（高声）朗读小说之时，二者皆证明自己不比一年前老过哪怕一天：对每一处都有年轻的喜悦、新异的惊奇；这很能说明什么。

目前我正处于一种戒信期，所以我必须禁止自己写得更多；我的笔现在要为工作节省力量，就总体而言，外部情况对于工作是有利的；内部情况则没有那么好：我一直极难专心致志，打从被中断的那些年以来，后果还远未克服。我的老塔楼渐渐证明自己是适合的；在布格豪森，我们曾经尝试为我创造一些条件，现在我经常觉得这塔楼，按其类型和秉性，似乎实现了那些条件。

你从未让我真正明白为何你恰恰定居于累根斯堡？够了，这就是你。

替我问候埃伦，向你母亲转告我不变的忠诚；

现在，雷吉娜，这次就再会吧；活着吧，生活吧，忍受这个吧，它自有意义，一如它存在，而且意义同样丰富，不管我们对此是否有所体验。

莱纳

8. 致弗朗西斯卡·施托克林

瓦莱 / 谢尔上部穆佐小城堡
1921 年 11 月 16 日

亲爱的弗朗西斯卡：

人们随时得有思想准备，眼下我大概又消失于一段长久的沉默之中；我知道，您一定早已满足于我不曾减少的回忆和关注，以便认可我的每一次，甚至最长久的沉默。但这次久无音讯，我却没有道理：因为我这样确实让您挂念一本您心爱的书，您肯定以为它早已丢失或随我失踪了。今天它终于回归于您，上面还附有简短的题字；您希望题字的背景，我已经不记得了，当时那个夏天刚开始，后来证明它真是总不枯竭，非常稳定，自一九一一年以来从未有过。我收到您的书是在沃州，因为贝格城堡此时已经放弃：怀着沉重的、沉重的心情；尤其因为我希望从那个有利的庇护所获取的作品并没有完成，至少没有结束……

随后好几个月，我的休闲和任务（因此一切都远远滞后了，现在几百封尚未回复的信件堆积在我面前）便是不断的操心和努力，为那座理想的贝格城堡寻找尽可能相似的替代之处，并为下一个冬天准备一处同样僻静和安宁的营地，在那里，去年冬天可惜未能了结的工作或可继续进行。达到目标之路相当漫长，因为最初看来结局已定，我似乎六月就得离开美妙而好客的瑞士；（多亏了它，我才克服和摆脱了最近几年严重中断的状态，哪怕只是一度有此成效！）但那个一直延续的奇迹——借它之力，我现在已是第三个年头待在可以信赖的土地上——在最后一刻再次奏效，于是果真如愿以偿，我正在一座古老的塔楼里（这里俗称"穆佐小城堡"）安家筑巢，就在这块伟大的、了不起的、不可比拟的宝地上。（请您也将其告知利斯贝特·林克，她一直笃信我的"奇迹"，现在它势必更新并接受考验。）最后请您代我衷心问候您的家人、您的好友，并将您愿意给我的谅解全都付与我迟迟的回复。

您的 R. M. 里尔克

> 一本书发掘出许多内心事件，
> 如此沉寂，却伴着苦想冥思，
> 我也许来得太迟，要读懂很难；
> 谁理解它，它就属于谁，
>
> 像高山采来的鲜花属于小孩。
> 现在这解人觉得它既甜又苦，

它会激励他追求,永不懈怠,
每一件财富都使他自由。

R. M. R.

穆佐小城堡,1921 年 11 月

9. 致格特鲁德·莪卡玛·克诺普夫人

瓦莱(瑞士)/谢尔上部穆佐小城堡

1921 年 11 月 26 日

尊敬的朋友:

您关怀的声音令我何其感动,我完全听出是它,凭着那沉静的可以信赖的音调!

起初我觉得这几乎是个麻烦,读到那则广泛流传的露特[①]的订婚广告,我发现我的住址一下子被泄露出去,而此时我比以往任何时候更需要隐居。但现在事情又有它好的一面。其一是因为正处于这样一个内省阶段的开端,得以确信还有如此忠诚的关系,的确令人愉快;其二则尤其为露特着想。譬如就连最早的朋友,只认识还是小女孩时的露特,后来几乎没有什么接触,就连这些人也对她有所想象,比如从那时以来就比较清楚确切的情况;此外也算难得,早年在她身上已能看出的品性——成长中总之有一颗正直的心——一直保持下来了。于是,从前和现在认识她的人也都觉得,她现在的决定是正确的,充满信心——如我所见,您就是这种看法;至于我的态度,可以说对她的选择和可能由此带来的一切结果(此外她的情况很少告知于我,况且相隔太远,也不大可能告知),我怀有一种顺其自然的、有时欢喜的信赖。克拉拉·里尔克[②]大概已经给您讲过,露特嫁到了她外祖母韦斯特霍夫家族,外祖母本人就是在那里长大的,与利鲍相邻的农庄,离开家园时她流了许多泪

[①] 里尔克的女儿。
[②] 里尔克的妻子。

水。我在想（因为除了其他途径，就只有从国家体操科毕业的才能当中学见习教师），露特以后会做个农庄主妇，这种平稳而务实的身份大概很符合她的喜好和能力（这可能是我对她所期望的身份，当然并未正正经经地盘算）。

我准备在穆佐一直待到明年夏天，要是能待下去，我考虑邀请露特春天来我这里住上几周，穆佐的春天来得可早了：这片伟大的土地景色壮丽，在这样的环境中，她与我之间可以有平静的日常交往，因此她的少女时代定能获得，如我的想象，一个非常满意的结局。

在此之前，我应该始终一人独处，绝不中断，至少我希望如此，我觉得这正是我最急需的，别的事情都在其次，因为要克服这些年来命运多舛导致的严重中断状态，我还相差甚远，虽然为此已付出许多努力，而且我确实一直得到很多帮助，甚至超过了——若是要求出示成果——我能以工作给予的回报。（啊，尊敬的朋友，太多太多的帮助，我已经在一生中耗尽了！这般挥霍是可以允许的吗?）

慕尼黑，当您这样措辞，说我"依然回避"它时，我就明白了，我从来不想回到那里去，过去已证明它对我的确不大适合。直到现在（因为这两年半中，我已多次站在边界旁），人们还在巴伐利亚、符腾堡地区，甚至在克恩滕为我四处寻找一个乡村别居，但是要找到中意而确定的房子希望不大，所以我最终感到格外轻松，当瑞士热情好客的奇迹——就凭这个我让自己等待，通常不知道进展——又翻开了新的一章；也许是最奇异的篇章。

因为这个瓦莱（是的，人们列举地球上最著名的地方时，为何没有提到它呢?）是一个不可比拟的地域；起初我尚未真正领略此地，因为我老是比较：拿我回忆中最佳之地，如西班牙、普罗旺斯（事实上瓦莱与后者，由于罗讷河，确为血亲），但是当我完全从瓦莱自身来细细打量之后，它才向我披露了非凡的真情实景，并在其中呈现出——渐渐清晰可辨——最甜润的秀美和最强韧最恳切的传统。它们让某人回想起那些傍晚，自己还是个孩子，翻阅着装订的杂志，里面有关于旅行的描述，也许不是很好，但是配有给人以允诺的图片，他会把将来可能经历的事情的全部意义融入其中，同时怀着近乎忧伤的急躁心情，因为漫长的成长岁月将他与未来分隔开来。是的，在这种如痴如醉的观赏里面也许还夹杂着某种更隐秘的心愿，在可以抓住可以实现这一切之前，随不可言喻的恐惧而死去；这些，正是这些场景连同被置入其中的几乎一切，这些星期天下午和冬日傍晚的场景，它们在此得到了实现，您想想吧！这里是它们的桥梁，它们的大门，它们美丽的、既轻松又紧张的道路，像绸带一样蜿蜒环绕山丘，或左或右时而有农舍的栏杆，那是画师有趣的点缀，而且就像那一道道泉水，叫人难以忘怀。山冈驮负着城堡，是的，城镇本身从一定的距离望去，可以概括成某种骄傲的庞然大物：不只是一个浪漫的概念，还是一个做梦都想不到的现实。小教堂、传道十字架立在每条叉路旁，山坡被一行行葡萄树画上条纹，后来葡萄叶又泛起层层涟漪，每棵果树都投下柔和的阴影，高大的白杨（真的，啊，全是真的！）散布在那里，空间的惊叹号，仿佛喊道：瞧这里！没有一个形象、没有一个（当然是乡村打扮的）农妇不是这一切之中的人物，不是重音或标志，没有一辆手推车、一头骡子、一只猫不是以自己在场而使一切又变得更旷远、更开放、更流畅；而这种从物到物的气流，世界的这种无处空虚，人们怎样去感觉呢，能否从中顿时听见卡里隆，那位福人，他又总之（一颗又一颗浆果进入耳中！）令人回忆起葡萄！——歌德曾经穿过瓦莱，我想一定还存有他的画稿，细心感觉的图画，上面他或许将单一之物的这种完满的当下存在，以及此物怎样引向下一个物和其余之物和最远之物直至无穷深度，转化为他吸取的对象。

也许，想必果真如此，我的穆佐出现在一幅这样的画上，不是作为题材，但是作为通向（层次分明并引入无穷深度的）远方的一站，作为至背景的距离，而那背景如此美丽、如此柔和、如此富有气韵，简直没有密度，几乎失去重量，虽说是一座山！

瓦莱就谈到这里。但我本来想谈的话题是，为何慕尼黑对我不大适合，我始终没有忘记。因为在我身边只要有一个人，哪怕是一个谨小慎微、自我封闭的人，我就不会这样向您描述这一切。我会指给他看并翻译给他听，身边这个亲密的人，这样做可能效果不是很好，而且有点间接，但问题不大。由于这个癖好（如果非此不可，您尽管称之为弱点），我现在益发不可能选择所有那些住地，当地人对我很亲切，我就会变得过于喜欢他们，于是交往频繁。早在战争期间，交际与工作的冲突就已经在我身上非常尖锐地表现出来；战前我可是住在巴黎，在那里我见过，分散于数年之间，大约八个人（给予型多于易受影响型），我内心领域的自然封闭（啊，同时又是何等的供养！）。但现在情况确实如此，我必须严格控制付出，因为生命在流逝，可能有人以为，我或多或少被战争和战后所侵吞的这些年头，就年龄和处境而言，大概是我恰恰对工作最负责的。（其实空空如也！空的呀：充塞了太多的惊骇和苦恼。）我本来不是从如此忧虑的意义上去审视这些，对我而言，时间和年龄变得越来越不重要，上帝，每当我想到岁月如潮，怎样越过童年的边缘漫卷而来，而且我能否断言，我的青年时代总之曾经在某时有个完结？甚至生命与死亡！一条又一条道路对我们何等畅通，何等接近于几乎已知，简直几乎已有这种几乎已知之言道，生与死在此言道中崩溃，成为（暂时无名的）统一。就是说，我并不为前面说的那些担忧，也不为（只要持有给予之恩典）该怎样给予而担忧，是给予最亲近的人即我身边的获取者，还是在创作中：恐怕区别并不太有决定意义，就最终而言。尽管如此，与工作的交情在我心中毕竟更久远，它蕴涵于我的整个天性之中，拥有难以言说的回忆；它坚持它的权力，而我最终唯一能做的，就是承认这种权力。不管现在真的是"创作"走上了正轨，或只是——就强度和纯度而言——在内心与之相吻合的沉思：二者大概同等重要；独居于我的古堡之中，不管怎么说，并非无足轻重。因为艺术家固然可以认为，创作就是他的实现，是他的超越我们的此在和恒在，但要想完全在理，他就应该认识到，将一种更高的可见性变成现实，此乃当务之急，可是以一种最终极致的远景来衡量，这似乎也只是手段而已，旨在获得一种复又不可见之物、完全内在之物和也许不显著之物，即在自己本质的中心获得一种更加完好的状态。（这类思考大概在某些时刻深深打动过格哈德·莪卡玛·克诺普！）

还有一页信笺！第四页！如果我任由自己拿整个晚上来给您写信，这太过分了吧？但是以别的方式我又怎能求得补偿：好几年过去了，而我不曾靠着那张似乎有些高的桌子，坐在您那把沙发椅上，虽然坐得极少，我还是勉强可以称之为我的椅子，因为每一次都是它那么合意那么关照地接纳了我。此外，当我寻找线索并想到慕尼黑时，映入我脑海的并不是我那几处住宅（可能听起来不算忘恩负义，它们的确有名无实），而是几把这样的沙发椅，尤其是上面所称道的。假若我今天有幸坐上去，大概我就会这样与您谈话；然后我们也许谈到雷吉娜的书（其中，在关于老客栈的短篇小说里面，她达到了非同寻常的境界，就她的条件而言堪称完美），总之是谈论书籍，对此您现在或已提出了许多看法和建议；最后，已移至前厅（通常都是这样），我就会想起保罗·瓦莱里，您不得错失的最重要的话题。也许，您早已碰到过这个名字；我认识他，就内涵而言，始于今年春天，但从那以后，在我看来他就属于最杰出和最伟大的人物，对，属于伟人。这是一个伟男子，他的成长或许得益于环境，以及，想必完全可以这样说：马拉美的培养，他很早就以一些值得注意的、与利奥纳多①的观点自然吻合的思考和个别诗歌崭露头角，当时已相当引人注目；此后二十年间或更久一些他却放弃了一切创作，潜心研究数学，直到一九一九年才又出现在公众面前。至臻完美。一位诗人，在那些研究活动中他似乎只是为自己寻求新的规范和精确，以便无可争议地道出他的情感空间之恢宏壮观，以及其中可经历的事物的位置。也许下次我可以给您寄去对话片段集《厄帕利诺或建筑师》②，刊登于最近一期《新法兰西杂志》。据我所见，最近几年没有什么是我更乐意向您推荐的……

此时薇拉③——像她以前那样，每当我与您谈话——就在身边，不仅像往常一样面对言语，而且在言语里面和后面。不是吗，时间将会来临，您将为我静静地讲述她；由于她临终之前还询问我的到来，我毕竟独自继承了一个小小的权利：直到最终都在参与以及——弥补。

这里有一个考虑已久、现在才敢提出的请求：我有一笔小小的积蓄，是早就存在那里的，这些年来大概又增长了，总有一天，又一片房

---

① 当指达·芬奇。
② 由里尔克翻译。《保罗·瓦莱里：厄帕利诺或建筑师》。导言标题是《灵魂与舞蹈》，1927年。——原注
③ 克诺普夫妇的女儿，去世时还很年轻，出于对她的怀念，里尔克创作了《致俄耳甫斯的十四行诗》。——原注

顶也会在我头上牢牢地搭建起来，于是那笔积蓄在我这里准保大致稳妥：① 请您寄给我（我好亲手收取）某个小东西，是薇拉喜爱的，可能的话，一个在她身边非常实在的物品。——谢谢。

现在，为这次再会吧。

真心诚意您的友好忠实的
里尔克

10. 致卡尔·封·德海特

瓦莱/谢尔上部穆佐小城堡
1921年12月3日

亲爱的朋友：

迟至今日，我才给您一个此事属实的准信，但是您马上就会知道，您值此良机所道出的寥寥数语能使我多么愉快！我的生活的确远离这件大事的现场，所以我也没有更详细地了解其来龙去脉，唯一知道的是，我觉得可以深信不疑：但愿一件妥当的好事就此开始。

露特大概会很早结婚，现在想起，我本来早已看出，那时候她刚刚坐在摇篮里，双肩很有女人味；我以前写信告诉她这个时，她感到非常失望，因为她压根不能以此令我惊奇！可现在，惊奇连连不断。露特嫁到了她外祖母韦斯特霍夫-哈通家族，外祖母本人就是在靠近利鲍的农庄长大的，她很留恋家园；于是在此总之划出了一个亲缘之圆。露特会慢慢习惯于一个农庄主妇的身份，在我看来，这也相当适合她喜欢做实际和具体的事情的禀性；也许，这正是我内心里一直期望于她的未来，当然对此并未仔细考虑过。

令我感动的是，我发现就连较早和最早的朋友，只认识孩提时的露特，也还能想象出她的一些比较确切的情况，而这些情况大概也还

---

① 这里的"积蓄"暗指《杜伊诺哀歌》，创作始于1912年，后来陆续增补，将在几个月之后（1922年初）最终完成。

符合事实，即她所特有的正直和单纯，就这样她一天天长大了。长大了，真的！——我还看见我们全在一起，在戈德斯堡的露台上，坐在铺着节日桌布的长桌旁欢庆诺伊曼的生日（那个雕塑师，他是叫这个名字吗？……），这还是在那个时候，"花菜"这个词的O音还不能完全发出来！（不是像在前天吗？）饭后格达必定——我总觉得像童话一般——平躺在地毯上做梦。

亲爱的好朋友，我早就盼望着您的消息，现在我很高兴，至少知道了您如此平静和客观地报道的情况，以及彼此信赖才能盼到的佳期：有一天又可以聚谈更加美好的事情。海特夫人和您的其他亲人：孙子们！我希望漫长的夏天已经把他们亲亲热热地聚在一起。至于我，今天已经没有位置了，下次再谈吧。两年半以来，瑞士对我已变得殷勤好客，而且一再以最神奇的方式表现出来，它以慷慨大方来了此宿债：早些年里，我有时坐在故意关闭的车厢窗口后面穿越这个国家！但是凭借瓦莱——最初吸引我，是由于它与普罗旺斯，甚至与西班牙十分相像——瑞士现在完全赢得了我，是的，简直征服了我。背面您可以看见我小小的安静的住所，在这片壮丽的土地上。风景明信片当然出自一九〇〇年以前的年代：当时古老的"穆佐"小城堡正在进行修缮，改动不大，一点也没有破坏，本来只是防止逐渐朽坏。周围有个小花园，到现在已是欣欣向荣的景象。您还记得这些地方吗？它们也曾让您如此惊奇？

一千个问候，您从前的——

里尔克

11. 致克萨韦尔·封·莫斯

瓦莱（瑞士）/谢尔上部穆佐小城堡

1921年12月12日

尊敬的封·莫斯先生：

您的信本来可以就近送交我，却绕了一大圈刚刚才传到我手中，信来迟了虽然完全不是我的过错，可是我本想至少推迟确认和回复，在我看来其实无异于一种过错。

我的确乐意先谈谈您的诗：这些诗令我感到——我想立即说出来——惊奇和欣喜。您拿了四首诗给我读，要说某一首胜过其他几首是没有正当理由的，它们总之彼此保持平衡，全都很好，准确，手法纯正，没有欺骗。如果允许我保留摆在我面前的抄录稿，我有时会再读一读；但是我现在就敢肯定，美好的第一印象会完全保留下来。您要相信，我认为自己有理由赞许年轻人寄来的这类诗稿，这种时候并不多：当然例外也就更让人欢喜，因为终于有一次可以如愿以偿。而且更让人幸福：维尔哈伦（Verhaeren）会这样写道！因为只要他在某处发现一个成功，他就会感到幸福；谁有幸体验到他如何令人感动与深受感动，谁就再也不会忘记；一个青年艺术家的精神和力量曾经使他震撼，使他信服，那一刻他可以为每个诗行欢呼，它就立在那里，坚贞不屈，尔后他的承诺是无条件的、不可动摇的，他信守承诺，以他全身之力，以一切意识，以他的整个本性。您可以由此估量，他的信任与他的鼓励合在一起具有何等的影响！我真是幸运，在我们交往的那些年头最大限度地领受了这双重恩惠；虽然他根本不懂我的语言，也确实不可能了解我的任何作品，可他相信我的能力，并以他强悍的气质激发我身上的潜能。我不知道，对我而言最珍贵的是不是这个：没有任何明确的证据，只凭我们之间的默契，他相信我的作品是真实的和必要的，而且从第一刻起就这般看待我。——我得感谢这位伟大的朋友所给予的难以言表的支持，后来我较晚才体验到男人之间的友谊，此时这些支持便对我产生了更大的影响。因此，他与罗丹的支持确实令我无限震撼，无限感动，我自己恐怕还远远不能全面地估量，这两种影响对我起了什么样的作用，给了我什么样的灌溉。

我对维尔哈伦的钦佩远远早于我俩的交往，我寓居巴黎（几乎十二年）的最初几年，他那些较早的作品，尤其是《疯长的城市》，一直令我咀嚼回味。他来访时亲手赠给我的第一本书是《重光叠彩》，此书要求非同寻常的理解，我心里已有准备。从那时起我们经常见面，但后来（从考虑到损失而闭门谢客以来）久已不常往来了。他住在巴黎城外的圣克卢,只是每年冬天待上几个月;有时候,要是进城之路把他带到我的住地,他就会出乎意料地(每次对我都正好!)登门拜访(他心灵的美妙波动朝我拂荡而来);有时候(在巴黎我的生活一直是最寂寞的),我突然想见他一面,于是乘车出城,拉响他那套简朴却十分温馨的住宅的老式门铃。一踏进他家的门槛,就成了什么样的客人;一切作客的习俗在来宾心中完全醒来:他的招待如此隆重、如此坦诚、如此周全,于是来者成了贵客、远客、地道的客人、客中之客,缘由之一是让心平静下来。

已经足够了。

既然您怀着爱慕深入研究过埃米尔·维尔哈伦的作品,这本书[1]对您不会是陌生的,诗人热心的德文译者,斯蒂芬·茨威格,试图在书中概述诗人的形象,以及他与诗人更加亲近的交往。遗憾的是,此书现在不在我身边,但也许您还不知道 M. 德蓬谢维尔那本小书,我这里随信附上(请您在方便时还给我)。这本书里面自然已经加进了战争期间的一切内心矛盾,创作此书之时,可怕的事情已经发生:维尔哈伦已不在人世。

十二年前我在卢塞恩朗诵的那首诗,我给您附上三份手抄稿;附注并非不重要,它表明《高处的火焰》[2]虽然一九一七年才出版,但早在一九一四年夏天即战前就已完成。

如果这几页信笺对您有所帮助,能够使您的演讲题目尤其是我俩都钦佩的那位伟大诗人的形象更令人喜欢、更容易理解,我肯定欣喜不已。让我再读到您的信:

对您关心和怀有好感的
莱纳·马利亚·里尔克

附言:我还忘了告诉您,我也从那篇关于霍德勒尔的文章中(随信寄还)吸取了一些精华和清晰的认识,谨致谢意。

---

[1] 斯蒂芬·茨威格的作品:《埃米尔·维尔哈伦》,专题论著,1910 年。——原注
[2] 原文为法文。

12. 致威廉·弗利斯教授博士

瓦莱,谢尔上部穆佐小城堡

1921年12月15日

您的信,尊敬的弗利斯博士先生,我不想搁到一边,我得立即告诉您,它让我重新想起了您的一切友好关怀,也勾起了对您的所有回忆。为此我衷心地感谢您!

即使完全不考虑,恰恰来自您的这样一种不变的关怀对我一定多么重要,我也相信我是这样一种情况:对别人可能是"乡情"的那种情愫,对我而言(我是在最悬而未决的、如今确实没有根基的世界里求生存),它就在这种情感经验里面:靠老朋友的关怀给予支撑;由于某种不由自主的心态转变,长期的紧密关系的承受力和适应性会受到考验,每当此时,这种支撑都使我感到无比幸福并对我大有帮助。

对此深信不疑,所以我确实现在就已对那个时辰翘首以盼,届时我可以坐在您的书桌旁,再次听您讲述您近来的研究结果中① 最美好的和最容易直接表达的东西。也许不用等待多久,谁知道呢。

您的工作一直默默地取得进展,这的确是对我们的某项工作所能报道的最佳状况。我的工作还始终受到这些年来中断的严重影响;一方面中断之后果事实上还从未克服,从未消除,另一方面,精神上随时都可能造成这样一种中断,单单这个经验就已经在我的血液里留下了一种恐惧,它使我实在难以聚精会神,从前这却是我颇为擅长的。

因此,在很长时间之内,也就拿不出什么新东西来。我还是寄给您三册《岛屿船》② (也许您不是每期都看),里面有几种新近的作品;散文是一篇随笔,描述了一段经历,可以追溯到童年,后来继续延伸,但它最终要求记录下来。诗歌是译文。寄出拙文时我也想起您的儿子,多亏他们的友好帮助,您对我才有了深入的了解。为此,请您转告我

---

① 弗利斯创立了一种理论,有关人的生命中某些对于生命过程很重要的数据的周期性,可以用数字确定(主要著作《生命的进程》,1906年)。——原注
② 《岛屿船》第1年度第1期登载了里尔克的《原始声音》;第1年度第5期和第2年度第4期分别载有马拉美和波德莱尔的作品,由里尔克翻译。——原注

对他们的问候。

感谢地回握您的手，尊敬的博士先生，我是您忠实的——

R. M. 里尔克

13. 致海格洛特博士

穆佐小城堡，1921 年 12 月 24 日

非常尊贵的海格洛特博士先生：

您委托我们共同的朋友 F. 许尼希博士先生转交给我一部著作[1]，其中极其深入细致地探讨了我的文学创作。可以说，您通过最详尽的事迹证明了书中对我的评语；因此我想立即明确表示，对您称道我的撰著我不乏信赖，所以也怀有最乐意的感谢。

许尼希博士先生大概不曾向您隐瞒，我实在下不了决心，去阅读有关我的作品的书籍和文章；对此我并不强迫自己——我早已将其视为一个弱点，它可能也真是无法完全改变的。可是大约自一九〇七年以来，由于一个重要的范例（我马上向您陈述），我心中形成了一个观念，似乎为这种断然拒绝的态度毕竟给出了一个特殊理由。我指的是，一个艺术家一旦找到了自己生机勃勃的活动中心，对他最重要的就是守住此中心，由此中心（它确实也是他的天性以及他的世界之中心）最远也只前行至他的一直被静静地向外推动的作为之内壁；他的位置不在、从不在、甚至一刻也不在观察家和评论家的近旁。（至少不再在这样一个环境中，那里的可见之物无处不沉坠，变成模糊物和暂时物，变成辅助构件和某个东西的支架。）为了从那个观察岗位准确和不受损伤地跳回内在的中心，也几乎需要一种杂技的灵巧（因为距离太大，要作这样一次非常新奇的冒险，一切位置本身都太摇晃不定）。今天的大多数艺术家在这些往返路途上耗尽了力量，不仅把精力全用在了路上，他们还极度迷惘，把本性的纯洁一部分委弃给这种罪过，即从外部惊扰了自己的创作，予以

---

[1] R. H. 海格洛特：《莱纳·马利亚·里尔克的抒情诗》，1921 年。——原注

品尝并与人分享！在塞尚这个人物身上（这里我面对上文暗示过的"范例"），无限伟大并令人震撼的是，几乎长达四十年，他从未中断地待在他的创作的内部、最内在的中心；我希望有朝一日能够表明，他的画透出闻所未闻的新鲜和贞洁，该何等归功于这种倔强：画的表面真像是一枚刚刚剖开的果实之肉；而大多数画家面对自己的画幅已经是欣赏者和品尝者，在工作中自己充当观者和受众侵占画图……（我希望，如上面所言，有朝一日能令人信服地指明塞尚的这种在我看来具有决定意义的立场；但愿它对于任何严肃的艺术决断都是一个告诫和一个儆戒。）

第一个问题就谈这么多。但另一件事许尼希博士先生可能也并未向您隐瞒：对于探询并解释我的所谓"早年"的一切尝试，我的抵触和抗议总是何等强烈。只要您由此出发，我就不得不说您的记述是错误的。那些可惜实实在在的考验其实什么也培养不出来，它们不是、绝对不是我的工作的开端，反倒是我的童年和少年时期惶恐之终结，是纯属个人的终结。要是给我一个与您见面的机会，或是更加详细地与您笔谈，我也许可以向您介绍导致这种处境的一些原因，它们是奥地利特有的，而且与具体的时间连在一起。我并不怀疑，然后您会大致赞同我的看法。

昨天晚上，我正好翻阅了有关"青年里尔克"那几十页。遗憾的是，我想起了斯蒂芬·盖奥尔格（大约一八九九年，在我们唯一的一次见面时，佛罗伦萨）对我的明确批评，他觉得应该向我当面指出：我出书太早了。他说得真是对极了！但就连这次出书……好吧，这个下次再谈。总之，在您的著作这大约三十页里面，许多事实上不正确的东西被加以宣称。人们没有多少理由把《马尔特》当成一座传记材料的矿山来开采（这一点我曾经警告许尼希博士先生），同样，人们也几乎不可以将您有时采用的那些可怜的小故事诠释成个人的经历。是的，那些室内画并没有再现男孩勒内① 的环境氛围！这里堆积着——好像不可能是别的什么——错误和错误的结论，重音都落在错误的元音上。军事学校：它

---

① 里尔克成年以前的法文名字，后来改为莱纳。上面提到的小故事和室内画都是少年里尔克在军校时的习作。

的重大意义，因为它成为早期十足的诱因——引向"返归"，引向通往内心之路，直至最内在的中心！简而言之，这里本该强调的或是别的一切。可是怎样，就是说，从哪里获得这方面的指导呢，因为那些小小的无能的习作也就只是些想象而已，是些小小的无奈的谎言，以便证明自己和维护自己，面对那些人，他们根本不知如何帮助一个学生证明自己。

您自然明白，尊敬的海格洛特先生，以上所述不可能表示任何指责。我若是去读探讨我在生活空间中的处境的那些文章，就得做多少订正的工作呀！但是就您的书而言，我对此确信无疑，除了这些次要的错误，书中包含许多的见解、许多的认识，尤其是许多同等重要的快乐。单单这个就肯定怎样都是对的！

向您表示感谢！

我虽然现在必须少写信（前些年的迷惘在我身上还始终占上风），可是我会对您深怀感激之情，如果您愿意在今后的岁月里偶尔以数行短笺延续并维持我们的关系——它准是可以证明的！

您忠实的

莱纳·马利亚·里尔克

14. 致伊尔莎·布鲁门塔尔-魏斯

谢尔上部穆佐小城堡

1921 年 12 月 28 日

我早就下了决心，圣诞前肯定该有一纸短笺送到您那里，以略表我的思念；因为您在十一月那个星期天写的信还一直摆在这里，未曾回复！但是我得偿还这么多的信债，我的笔也就不能及时完成通向您的旅程。刚才，我正要提笔，至少向您献上"来年一切顺利"，可是瞧：您的邮件到了，令我惊讶，也令我欣喜。您本来想把它送给四号[①]（顺便说我从来不过生日），它却花了更多的时间，但是现在它（拥有比生日

[①] 12 月 4 日是里尔克的生日。

所能要求的更多的权利）走进绝不可能完全征服的圣诞，这个节日使我（虽然我没有欢庆）怀有一些传统的期待。——为此衷心地感谢您，也为您的美好的书信。——您肯定过高估计了我那些书本在您心中产生影响的力度和效果；一本书功效不大如一个鼓励，起不了什么决定性的作用，如果它的读者不曾由于完全不可测度之物而对更深的吸纳和接受有所准备：如果他的内省时辰总之尚未来临。将此时辰移入意识的中心，然后有下面一个就够了：有时一本书或一件艺术品，有时一个孩子的仰望，一个人或一只鸟的声音，是的，或一阵风声，地板的响动，或者，坐在壁炉的柴火前（生活中我有时就这样），凝视火焰的变化。这一切以及许多更细微的事情，似乎偶然的事情，都能引起并强化一种自我发现或重新发现自己（就像您现在所庆贺的!），诗人，是的，有时候就连他们也情愿遇上这些良机……不是出于谦虚，绝不是，却是因为他那无比强烈的艺术几十年来对我始终意味深长，时常引导我专注于自己的内心，我想表明，对于您那些美好的可喜的经验和进步，雅各布森的功绩确实要大得多。您就把荣耀献给他吧，以及此荣耀的可爱的孩子……而且，您若非此不可，献给我，但我不过是数以百计不可命名的力量中的一个无名者。信仰!——没有信仰，我似乎说过。只有——爱。强迫心灵将人们通常称为信仰的那些东西当成真实的，这毫无意义。人们首先得在某处找到上帝，对他有所经验，作为如此无限、如此非常、如此神秘的实在；尔后须是畏惧，须是惊奇，须是没有呼吸，最终须是——爱，至于尔后人们将他领会为什么，这几乎已无关紧要；但是信仰——这种强迫趋向上帝——并没有这样的地方，在那里一个人已开始发现上帝，然后这种发现再不会停止，不管他始于哪个位置。而您作为犹太人，血液里有这么多最直接的上帝经验，也有这么古老的对上帝的恐惧，您应该根本不必关心什么"信仰"，而是应该直接地感觉，在您的此在之中感觉他的亲在：而且是当他——耶和华必须被畏惧之时，之所以此时，只是因为在许多情况下没有别的方法达到人与上帝彼此亲近，除了畏惧。对上帝的畏惧的确只是，可以这样说，某种状态的外壳，其实质并没有畏惧的滋味，而是可以最终成熟为最不可言说的无名和甜美，对沉醉于畏惧之中的人而言。您别忘记，在您的血统中有宇最伟大的神灵之一,人们不能像某个时候皈依那位基督教上帝一样皈依他;人们属于他,此乃民族的缘故,因为他自古以来在先祖中造就并塑造了一位,于是每个犹太人便栽在他之中(和任何人都不准斗胆称呼的那位之中),不可分割地种在他之中,以他的舌头为根!

我非常信赖那些民族,不是别人劝他们信仰上帝,而是凭借自己最独特的民族性,在自己的种族中,他们对上帝有所经验。譬如犹太人、阿拉伯人,在某种程度上还有信正教的俄罗斯人,以及按另一种方式,东方民族和古代墨西哥的各个民族。对他们而言,上帝是起源,因此也是未来。对于其他民族,上帝则是一个派生物,他们对它本来陌生,或者变得陌生,于是他们离它而去却又尽力趋近它;因此,他们一再需要中介者、联系者,他把他们的血统及其方言翻译成神的语言。这些民族的成就当然也就是"信仰"了,他们必须克服自己并教育自己,对起源于神的民族而言本是真实物的那种东西,他们则将其视为真实的,因此他们的宗教很容易蜕变为道德,与此相反,一位从起源上被经验的上帝对善恶加以划分和区别,不是为人着想,而是为了他自身,他为这些非常操心,为人亲近他、忠于他、属于他,此外再没有别的!宗教乃是某种无限简单、无限单纯的事体。它不是认识,不是情感的内涵(因为一个人探究生命之时,一切内涵从一开始就已被承认),它并不是义务和放弃,也不是限制,它是在宇宙那完满的旷远里:一种心之方向。尽管一个人行走并迷路,向右和向左,尽管他磕磕碰碰,跌倒又站起,这里冤枉人那里受冤枉,这里受虐待,那里自己又妄求、虐待并误解别人;这一切却化为伟大的宗教,并在其中维持和丰富着作为宗教之中心的神。人毕竟还生活在这种圆环的最后的边缘,他属于这个强大的中心,恐怕他只有一次,也许临死之时,已将他的脸转向此中心。阿拉伯人在特定的时辰转向东方并匍伏在地,这就是宗教。这几乎不是:"信仰"。这没有对立物。这是在一种此在之内自然受感动,上帝之风一日三次徐徐穿透这种此在,当我们至少是这样:躬曲。

我想,您对此必定有所察觉、有所感受,就像我认为的那样,因此,但愿这些以某种方式进入您沉寂而敞开的心境——您称之为您的痊愈,并在其中继续促成您的确信和欢乐!

您的莱纳·马利亚·里尔克

您何时再给我写信?

15. 致伊尔莎·布鲁门塔尔-魏斯

1921 年 12 月 29 日

我只需匆匆回一封短信,因为当您二十六日的信寄到时,它带来的那个愿望已经实现并完结了(见附信及其附件——今天就要寄走!)。

是的,玛丽安娜·阿尔科福拉多,① 贝雅的修女,她的声音属于那些最神奇最奏效的跨时代的声音,今天一如从前。那里什么是可能改变的呢:呼喊将永远是呼喊。(只是并非每颗心在悲苦时皆有这么强烈的声音!)——女人真的只有这种无限的心灵的活计,这是她们全部的技艺,而男人总之在忙乎别的,他们不过暂时地,作为半吊子和门外汉,或者更糟糕,作为窃情者关心此技艺,而且刚刚还兴致勃勃,随即又叫人摸不着头脑。有些人,此为男人,被束缚在功效上,他们在女人身上体验到某种幸福感,这可能更强烈更紧迫地驱使他们追求功效,他们认为,必须把爱情中获得的激情转化为功效;于是他们变得疏远,他们的心思本来在外面,在他们的工作上,他们在那里学习,在那里盘桓,在那里流连忘返;他们偶尔回来,半是心不在焉,半是贪得无厌,他们几乎分不清(除了在某些求偶的时刻)妙招与误着,当本该他们护理爱情花园之时,这花园永远在守候,常常被遗弃,被弄得失魂落魄。这是一些人。另一些人,女人们,仅仅拥有这个花园,是这个花园,这个花园的天空、风儿或静寂,她们不能活动,除非在内心之中,她们只能在期待、实现和离别的节奏里打发生命和四季。——葡萄牙修女的声音呼喊出这种不可战胜的厄运,比别的任何声音更强烈、更纯净,或许只有萨

---

① 葡萄牙修女,她的书信——《葡萄牙人的书信》由里尔克译成德文,1913 年。——原注

福例外——这声音有理由这样呼喊,永远有理(虽然德·沙米伊伯爵[1]为自己似乎过于轻易地给了她理由!)。

遗憾的是,那五封信我翻译得太晚:那时我已不再如此接近它们,就像我当初发现它们的时候(几乎可追溯到二十年前),因此我也放弃了为这本小书写一篇序言或书评。——

我怀着感动读这篇小小的译文,像是以手指弹奏我的言语的乐器,在特别轻柔的寂静里。

感谢。

也感谢您的新年祝福。但愿新的一年给您和您喜爱的人们带来吉祥。

不,我独自一人住在这个中世纪的小城堡里,是一位朋友替我租下的。最近几年动荡不安,给我的内在和外在生命带来可怕的中断,在此之后,我只需要这一个:长久的、长久的独处,也许永远。除非这样,我才有希望重新建立我的内向的工作和思考的连续性。

您的
R. M. R.

16. 致阿曼-福尔卡特夫人

(瓦莱)谢尔上部穆佐小城堡

尊敬的最仁慈的夫人:

这是一个何等可爱的奇想,您在您的邮件和加以补充的书信中如此清楚、一目了然地向我介绍了"柔荑花序"的基本知识;根据此信,现已完全无需您进一步的或更准确的答复:我已确信无疑!就是说柳树并没有"悬垂的"柔荑花序(这倒是奇怪),就算有某个热带罕见的例外,但我也用不上。我想按真实情况加以订正的那段诗[2],是否妥帖则与此

---

[1] 玛丽安娜·阿尔科福拉多深深地爱他,但还是被他抛弃了。
[2] 指原来描写柳树的诗行,在《杜伊诺哀歌》第10首结尾。——原注

相关：读者应该，以第一感觉，恰恰把握并领会柔荑花序的这种沉坠特点，否则该处使用的比喻就失去了一切意义。也就是说，这种花序的非常典型的现象必须冠之以名；面对您的书本中清清楚楚的插图，我也一下子就明白了，多年前给我留下现在用于我作品中的印象的那种灌木一定是榛子树；它的枝条密密麻麻，在树叶抽芽之前，缀满长长的垂直悬吊的柔荑花序。因此我现在知道了当时必须知道的事情，在诗中用"榛子树"替换了"柳树"。

亲爱的最仁慈的夫人，我要为这个实情和这份大有帮助的惊喜对您表示感谢，正是这份惊喜使我出乎意料地获得了实情。我还想从书中获取种种有益的教导，然后它会——在几天之后——归还给您。

始终怀着衷心的爱慕和忠诚，您的

里尔克

17. 致露·安德烈亚斯-莎洛美

瑞士，（瓦莱）谢尔上部穆佐小城堡
1921 年 12 月 29 日

亲爱的露：

我当时"追补的信件"没有任何结果，我的生存摇摇晃晃，极不稳定，使我根本静不下心来，这种情况一直延续到十二月初，因此我惶惶不安；后来多亏友好的援助，为我留在这座古老的穆佐，一切已安排妥当，但此时由于马克贬值而且始终没有回升，整个事情似乎再次受到威胁。现在，刚好还可以节俭度日，暂时就这样，所以我坐在我坚固的小城堡里；我其实才开始充分利用它的庇护、它的寂静，并仅仅期望能安静地长久隐居，不被中断。

虽然必须深居简出，但在这里我还是明显感觉到中立国家的福乐，以及这片美妙的风景（使我想起西班牙和普罗旺斯）。我竭尽全力坚守在这里；这座古旧的楼房——我坐在里面——对于支撑我的努力并非无关紧要。起初，我觉得它似曾相识，现在才明白，我的书房和旁边的小卧室在分布上，在大小比例上，在某种说不清楚的感觉上，有时候，尤其日近黄昏时，令我回忆起施马尔根多夫的"静树林"① 的楼上房间，在奎特夫人那里。此外，这层楼上只剩下一个（空着的）小屋子，所谓的"祈祷室"，屋门还完全是中世纪的，装有石头门框，门上是一块深浮雕，很奇怪墙上刻出的不是一个十字架，而是右旋的"卐"字。现在只有我同一个沉静的女管家住在这里，关于房子、关于此地大概还可以讲述许多；至此我们终于讲到我了，重要的是在此也要始终准确。可是我觉得，这似乎只能口头摆谈。如果我再次去德国（由于露特的订婚，来年肯定有一个不会推迟很久的机会），我就首先去看你，如果日期正巧是在你大概需要我的日子里。

但是先得有一个沉静的冬天。如果它可以长久一些，不被中断，我就希望走得比去年在贝格时更远一点，即使没有完全赶上自己，但也如此之远，我得以看见自己走在前面，不过相隔喘口大气的距离而已。由于几年大战的中断状态，极难专心致志成了我的后遗症，因此，没有这种最严格意义上的独处我是不行的。在我看来，每次告知都成了成就的竞赛，远甚于从前，正如也许在每个人那里告知都变成这种情况，人人越来越仅在意一件事并因此而表白，不管向内还是向外，人人宣称这件事、相同的事、同一件事。几天前别人提出送给我一条狗，你可以想象这是何等的诱惑，尤其是因为这房子独处一隅，有一个看守大概是可取的。但是我立刻感觉到，要是我接受这样一个同伴，恐怕就连它也会引出太多的关系；面对任何有要求的动物，我都认为它是绝对有理的，其结果便是，等我发觉它耗尽我时，我又必须痛苦地抽身撤回。

你在维也纳吗，亲爱的露？替我问候弗洛伊德；我高兴地发现，在长期装聋作哑的法国，他现在已开始产生重要的影响。从那里传来的消息不多，只是偶尔有纪德的只言片语；唯有保罗·瓦莱里的作品完全令我震惊，我翻译了他的一首诗，《海滨墓园》，② 而且取得了这样的等

---

① 里尔克在柏林郊区的住宅。——原注
② 里尔克的译文收录于：保罗·瓦莱里，《诗歌》，1925 年。——原注

值，依我之见，在这两种语言之间几乎难以达到。一旦我对自己的创作又有一点把握，我也希望试着翻译他的散文；那是一种绝妙的对话，《厄帕利诺或建筑师》，如同瓦莱里为数不多的全部作品，言语透出一种静谧、沉寂和镇定，这些你也会感受到的。保罗·瓦莱里师承于马拉美，大约二十五年前发表了一篇奇文（达·芬奇的方法导论），后来他于一九一九年加上一个非常优美的引言交付出版；但始于马拉美，这就要求在随后的半步陷于沉默，"在一种极纯净的艺术沉寂中"[①]，情况也正是这样：瓦莱里沉默并从事数学研究。现在，大战期间，一九一五年或一九一六年，才又产生了——因此更纯粹——年届五十之人艺术言语的必要性；此后出自他的作品最为独特而且最有意义。

但是够了，亲爱的、亲爱的露：请给我一个小小的讯息，关于你的、你们的境况！怎样？在哪里？哈达的小怪物可有什么出息了？！我十分怀念你，现在正是两个圣诞之间——第一个与俄罗斯的圣诞……你以前能获得那边的消息；几乎让人觉得不可思议，在那边还有生活而且还可以传达到我们这边。

斯克腾出版社也有一份刊物（俄语和德语）；该社的这些出版物你见到过几本吗？此计划开始之时小赖因霍尔德·封·瓦尔特曾写信告诉我有关情况。

还有皮卡尔：你是否见过他的书《最后的人》，以及雷吉娜的《公路》（收有令人惊奇的短篇小说：一块古老的客栈招牌）？我想知道你对这两本书的看法，如果你不是太忙于别的事情。

这里寄上我的一篇短短的序言，是为小克洛索夫斯基那本完全以图像讲述的画集而写的；借法国人的念头（因为其中没有什么被转译为思想）引到我的路上，这使我很开心。

但就此再会并走进美好的一九二二年吧。

莱纳

附言：一种小瓢虫在我这儿过冬（在施马尔根多夫总之也可能发生

---

① 原文为法文。

类似情况）；一只特别滑稽的瓢虫——在这个冬天的屋子，它们不会都安然无恙——刚好爬过了信笺；就当它是个吉兆吧！

18. 致克萨韦尔·封·莫斯

瓦莱/谢尔上部穆佐小城堡
1921 年 12 月 30 日

尊贵的封·莫斯先生：

由于处理急事，今天我才有时间为那番良言向您表示感谢，由此也证实您已经收到我的信。

不，我绝不对此感到失望，您"极少"写出诗歌之类的东西，也并不对自己抱有这样的希望，在此领域达到一种完美的和最终的境界。恰恰相反，现在对艺术创作王国的一切界定，几乎都被欲使一切通俗化的那些人推翻了，废弃了，在这样一个时代从您身上看出这种克制，反倒令我欣喜。当时机成熟之时，毫不动摇地创作一件负责的和必要的作品，就此而言，从事另一项固定而具体的职业（您想干哪一行？）恰恰不会对您构成妨碍（您的偏重塑造的语言的手法好像已经确定了，准备好了）。我想强调，我对您的信任，在这种意义上，是一种非常可靠的信任。如果需要的话，您也确实有足够的例证，说明可以这样做而并无妨害，即在兼职中完成灵魂的最荣耀的崇高事业：您不妨想一想马拉美，或者更近的例子，想一想您那位伟大的施皮特勒，如果我没有记错，他最经得起时间考验的作品诞生之时，他还几乎没有把全部力量投入这项浩繁的工作。还有瓦莱里，沉默了近二十年之久，我相信一直从事数学研究，甚至还有公务员的职业，他难道不把他的诗意言说之静穆和恒定或许归功于这种长年忍耐的克制？

父亲当初要求我附带地从事艺术（同时以军官或法学家为职业），而我以为自己注定是干这一行的，那时我当然作出最激烈最持久的反抗：但这完全是因为我们奥地利的情况和我成长的狭小环境；在那种环境中，况且还如此接近上个世纪八十年代的艺术低潮，要想坚持一种真实和笃定的艺术追求，而且以分散的力量，大概是完全不可想象的；是的，就只为了有个开端，我必须从家庭和故乡的条件中脱离出来；我属于这一类人，他们到后来，在第二故乡，才能验证自己血液的强度和承受力。从那以后，许多情况发生了变化。许多先锋工作已经完成，艺术被发掘出来，只要谁内心有艺术需求，他就有相应的空气和空间（至少在战前）……正如我自己常常为此感到遗憾，没有一个日常职业，否则我可以一直、每天单纯地从事这个职业，而不依赖滚滚激流般的神恩，我也会劝告每个年轻人，在他的生存完全适合艺术家的无情要求之前，他应该在这类任务中至少继续无忧无虑地过日子。

我最衷心地向您问候，祝愿您来年取得很大的进步和成绩。

您的

R. M. 里尔克

请您保留维尔哈伦诗歌译文的校样；三份校样都是准备送给您的。

19. 致 E. D.

瓦莱/谢尔上部穆佐小城堡

1922 年 1 月 4 日（晚上）

你也许能想到，你的信在新的一年的第一天送到我手上（而且在一大堆不算肤浅的邮件中，几乎太多了，一下子送到：尽管如此，你的信还是有了它的位置，并在此激发了特别的欢乐，因此我要立即感谢你）。

谢谢你满足了我的，如你所言，"重大的要求"……是的，但你本来有这种要求吗？你常常让那么多空间渗入这种值得描述的寻常日子，空间和间隙空间、天穹空间、宇宙空间和最敞开的仰望的一切空间，以至于你的形象在它们中间浓缩为最微小的形象：我希望是在内部，但刚刚在那里，你立刻道出管风琴……和小提琴……复又激起一个无边无际之物，以便迅速消失于其中。刚才在花园里，有一瞬间我以为望见你了，但你顿时又被那二十个年轻人及其"无奈的"钉耙包围并遮蔽了。

好了，好了。我也一样，要是我能向你表明，我年复一年何等渺小地待在这里，枯守着我打算做或委派我做的工作；我也就立刻为此所遮蔽，而且更严重，鉴于必须做的本来早在一九一四年前后就可以做了；现在这必须做的虽然没有变大，因为它当时已经成形，况且原本无从比较，但是险恶的岁月已经把我像卵石一样卷入滚滚波涛之中，几乎磨破了我的心，使得它现在已过度贫乏，枯守着它（历来）最重大的使命。①

翻译米开朗琪罗的美妙的十四行诗②，将其真实地化成德文，此事我多年以前就打算做，因为对原来的译文颇有异议，它有很多不足之处，幼稚的押韵游戏，只有那几首例外，赫尔曼·格林以此证明了自己沉静的高超技艺。不，当我把那些诗交给我的语言来表达时，我当然并未在其中道出自己的意思（我算什么，可容我这样做）。它们的确也不是米开朗琪罗的整个生存之见证；你想想，它们不过是随意的副业，而旁边一个什么样的事业惊人地崛起（有时候它们像是概括了他的厄运——或许正是艺术创作之厄运!），你要把它们当成这个，使之远离我：它们并不涉及我的厄运。我要是把我的厄运整理成十四行诗，那会很贫乏（即使有理由这样做）：因为在我旁边我另外没有超过这种写作的事业。

是的，正是这样，当时有几天里我强烈感觉到你：通常不是准定在十号，在我写作之时；很可能早几天和晚一点（在二十号？我不记得了）。但是，我有意不待在你以前可能朝我走来的那个角落；我从来没有听谁讲过哪怕是我的一句诗（确切地说，有一个例外：按霍夫曼斯塔尔的愿望，里亚·罗森几年前有一次对我谈过《女盲人》这首诗），我不喜欢这样：只要还活着，我就知道得更清楚，不想让自己受到干扰。当然人们没有理由把较早的东西（为了统一的缘故）放到结局处，尤其在我这里，除了《时祷书》，几乎所有较早的东西都已作废。不，谁也不能——说句真心话——把一个人压合成一个完整的、圆满的东西，更何况我呢，我才开始行走，还有遥远的路程……

---

① 指《杜伊诺哀歌》。——原注
② 现收入里尔克全集第6卷，第211—271页。——原注

就是说你现在有了冬天，你，园丁，并且被俘虏了。而且已经，我发现，转到一座新的监狱。在那里过得自在些。搞出点绝活来。

R.

20. 致格特鲁德·莪卡玛·克诺普夫人

尊敬的朋友：

我该说些什么呢？——近来您几乎无能为力，在抄下了那些记录[①]之后，另外还给我写点什么，我自己现在也似乎难以向您倾吐心声，只要我还是那些纸页的读者，一篇一篇地埋头细看，从早到晚，尽管时常抬头仰望。我当初根本没有预料到这一切，对那种病发作的情况我也知之不详，而现在它借一个人成了引子，将我带进一个从许多方面感动、攫住、征服我的事件。假若人们读到这个，知道它大概涉及某个不认识的少女，或许这已相当贴近了。现在我正写到薇拉，对我而言，她那种神秘的、奇异糅合的妩媚简直难以忘怀，而且闻所未闻，可以召至眼前，以致在写这些诗的时候，我害怕闭上眼睛，以免感觉到她的娇容一下子在我此时此地的存在中，完全将我超越。

她已何等、何等、何等是这一切，对此，您这些痛苦的回忆正作出如此深刻的最终的见证，而且，不是吗？一个人是多么神奇，多么唯一，多么不可比拟！现在生成了，当一切都可以耗尽之时，突然，当另外怎样一种长久的此在（何处？）可能呈露之时，现在这少女的心中生成了这种极度的光，她心中正现出——而且被无限地照亮了——她的纯粹认识的两个最外层的边缘：这一个，即痛苦是一个迷误，一个发源于肉体之类的模糊的误解，此误解将其楔子、将其石头楔子打入天与地的统一之中；另一方面，她那颗已向万物敞开的心，以及存在着与延续着的世界的这种统一，前者与后者的这种不可分割的合一，这种对生命的允诺，这种喜乐的、这种激动的、这种近乎全能的归属：属于此

[①] 克诺普夫人所作的薇拉·克诺普的病史记录。——原注

间——唉，就只属于此间?！不（在中断和离别的这些最初的拼搏中她还不可能知道这个！）——属于整全，即一个远远多于此间的。哦，当时她何等何等地挚爱，她以她心灵的触角何等超越了此间可把握可拥抱的一切，在那些甜美的、飘荡的病痛间隙里，那些充满痊愈梦想的时刻毕竟还是给她的恩赐……

亲爱的朋友，好像命运看重的是这个，引领您越过寻常的边缘，仿佛每次都把您带到一道生命的悬崖上，送到死亡峡谷的入口，而您的心也愈来愈袒露。现在您生活、观察与感觉，皆出自无限的经验。

但是我觉得，最尊敬的夫人，在新的一年的第一个晚上我允许占有这些记录。我觉得这对于我最内在和最严肃的事体，以及（虽然我只是正从远方趋近它）我最福乐的事体，已经像是一项重大职责。

您的　　里尔克

21. 致诺拉·普彻尔-维登布鲁克

瓦莱/谢尔上部穆佐小城堡

1922年1月12日

亲爱的最仁慈的夫人：

我复信已迟：本来不能为此请求原谅，除非我得以实现，在您的宠爱的保佑下，不至于空手而来之愿望。尤其是现在，您亲切可爱的书信已送达我处，还附有如此友好的补充。这些东西真教我满心欢喜！特别是那张小画，在"诺拉和尼娜·普彻尔"的名字下呈现出一种如此迷人和幸福的亲情。这个幼小的，对，像您说的，"阳光般的"宠儿脸上露出既顽皮又稳重的表情，格外讨人喜欢，性情像父亲，准会让你们俩感受到生命的真实和真诚，而且每天都又纯又新。此时此刻我很想念你们并送上晚到的祝愿，但是我从她、从你们的小女儿开始：但愿一九二二年也在小尼娜身上开始，快乐而圆满，以及从现在起，对于您和朋友普彻尔，新的一年将会在一切转变中美好而又丰饶。

根据那些小画图所能展示的情况，我仔细考察了你们美丽的环境，首先是为这个：是的，希望刚刚开始的一年使我如愿以偿，来感受出自你们的眼中和你们对家乡的喜悦的这一切。你们俩在画面上讲述了许多赞美了许多；最后我感兴趣的，你们能够想到，不仅是景物，还有语言本身，这种赞美之"歌"，在普彻尔的盛大的"沃特湖风景"里面，也在您轻盈欢快的"湖滨别墅"之中，透过画面悠悠传来，如此差异却又如此谐和。

另外，在一个非常美丽的画册里您甚至占有了我的徽章狗，对此我不可能有别的感觉，只是当时才真的听见了呼唤！

在同一个邮件里我给您寄来一本小书[1]，它没有忘记描绘几条狗，虽然是拿小猫"咪丑"作幌子。(在我的序言的这个地方，普彻尔准会找到自己美好而忠实的乐趣！)是的，书中确实有我的一篇短短的序言，是用法文写的，我这样做是为了讨这个小男孩喜欢，您将会看到，他自个儿用四十幅图画记录了他一生中的第一次奇遇，这段经历对他来说意味深长，因为它是以一种真切的痛苦结束的，最初的痛苦——"同实际的痛苦一样大，甚至更大"[2]……这些画儿都是悄悄画出来的，在失去咪丑后的一年里，相当于一种日记，我们后来才发现；从一开始我的小朋友压根就没想到出版。现在您二位不仅受命充当这些画页的观赏者，而且对巴尔图斯和对我而言，这是很有价值的，有一天能听取你们怎样评价他的处女作。遗憾的是影印时由于黑色融合，把好些画面弄得污浊、不清晰，几乎无法辨认；这不能算到画师头上。现在你们就仔细看看吧；同我一起尽可能地欣赏这种真实的讲述，它使得言语成为多余，并如此新颖地取而代之，仿佛出自一座不自觉的、童真的（但已近乎熟练的！）造型之宝库。

今天就此驻笔，尊敬的善良的伯爵夫人。我这沉静的穆佐正在经受考验，我也在其中经受考验，但我不如它。严重的是，极难专注的问题——已经拖到大战之后——老是缠住我，使我始终还忙于对付。哪里去了，我从前熟悉的那种轻易的、幸福的潜心内省！现在则是同真实的、臆造的和回忆的阻碍作斗争；但是，只要在寂静和孤独之中坚持，

---

[1] 指画册《咪丑》。——原注
[2] 原文为法文。

我就希望最终取得一个小小的或中等的胜利。

为此请您帮助我，通过您的亲切关注和思念给我以友好的支持。

永远是

您忠心的

里尔克

22. 致伊尔莎·布鲁门塔尔-魏斯

谢尔上部穆佐小城堡，1922年1月25日

最仁慈的夫人，您的两封友善的和始终美好的信件已经收到；但是我先得限制自己只写满这一页，因为现在一段针对我的戒信时间确已开始，而且非常严格，在此期间，我也许好几个月只在万不得已之时才允许自己破例，还要尽量简短。

首先应在此表示我的愿望，您身体欠佳并由此引起诸多不便，但愿在此期间均已克服；但是您安之若素，倒也从中得到了好处：宁静和潜心思考，对此，《马尔特·劳里茨·布里格手记》也起了一定的作用。我感谢您对这部书稿的热心关注，书稿完成距今已有很长时间了（顺便提一下，我所有的出版物都是这样）。只要本己的和最本己的东西进入那里面，就已获得无限的变化和转换；我们将它提升到某种有效性可以达到的最高程度，正是为此，生命和命运才被特别托付给我们——艺术工作者；如果这种提升成功了，已实际发生的就被取代了，再也不值一提。此外，即使在经历本身之中，哪里是本己之物的界限呢？

谁若是培养自己的感觉，使其最单纯最深切地关注世界，什么样的一切是他最终不能成为的呢？

如此看待事情，不是最美好和最丰富的吗？

我听从这页纸叫我结束的指令，并利用最后一点空白向您表示许多美好的祝愿。

您的

R. M. 里尔克

23. 致阿尔温讷·封·凯勒

瑞士，（瓦莱）谢尔上部穆佐小城堡
1922年1月26日

尊敬的最仁慈的夫人：

埃娃·卡西雷尔，我们共同的可爱的朋友，吩咐我向您回复我刚刚收到的她的书信，这是我更乐意的，较之于当初——一年前您写给我那封美好的短笺之后——把您的名字预先记在我的通讯录上；因为我毕竟——正迎向当时的前景和希望——一直不允许为一笔如此丰厚的捐赠私下向您表示感谢。

埃娃·卡西雷尔的书信（您一定了解）使得我颇费踌躇，本来我乐意对它加以考虑，但是我不得不，无可奈何，先说一个"不"字，这大概也就意味着结束我的一切思考。

她所倡议的那个尝试面临着一些实际困难，相当棘手；但还不只是这个。恰恰在这件事情上恐怕并不妥当：侧重于顾及一个陷入困境的年轻人的生命，而不是把注意力和同情心转向他的内心冲突，甚至完全为此而介入其中。我的天性也许会取这种态度，甚至违背我的意志；但是，我不允许将我的内心使命带入危险之中，在这个时候如此耗费自己，现在我已决心完成这些使命，哪怕最低限度的向外分心也会有所妨碍，因此我必须承受最严格的孤独；我过着离群索居的生活，怀着沉重的心情疏远了人们；因此，如果我现在禁止自己施加任何个人的影响，甚至完全不由自主的影响，这是可以原谅的；当然，面对一个值得同情、为自己而痛苦的年轻人，我原本非常乐意跨越这个禁令的界限。

这倒并非说明，对年轻的F. H. 的命运已有些了解，我也不会脱离眼下的情况去加以思考。在他这个年纪，倦于生活确实只是对生活的一种重大估价之负面，这种估价始终以失望为伴，于是注意力最后牢牢定在空洞的形式上，因为本该试图"浇灭"此负面的那些力量遇到了阻碍。人们也从未比此时更接近一个"转折"，即当生存甚至在最细微平常之处都似乎"不可承受"之时，恰恰这时候再等待一会儿，想必至少是好奇心的一个任务。这个年轻人无疑已经分享过许许多多美好的事物，好让信念能在他心中变得相当炽烈，如果信念不足，说明一切都"糟蹋了"。请您帮助他，最仁慈的夫人，让他认识到心灵是多么纯洁无邪，而且我们根本没有能力去扭曲心的本性，使得常新的纯净不再从心中产生！

今天就这些，好尽快结束；但愿您能找到一个幸运的解决办法——而且有一天来此告诉我满怀信心的情况。

完全忠实于您的
R. M. 里尔克

24. 致封·翁格恩-施特恩贝格男爵

瓦莱，谢尔上部穆佐小城堡
1922 年 1 月 28 日

亲爱的翁格恩男爵：

……

您说得很对，单是计划也已将许多动感带入我们心中，谁知道，当计划让我们处在某个位置之时，我们也在计划中漫游了多少地方。激动感却也反映在您的诗句和那些如此从容的《献词》里面，其中有几首让我感到极大的乐趣。多美呀（只举一例）那首《悲诉》。非常美！（而且我当时并不知道鲁道夫·奥尔登堡去世了！）其他诗节里汇集了许多思考和缜密的深思，我甚至给自己抄下了《音乐》和优美的《柏洛托士[①]》（它的内容我完全赞同），我预先估计，您会友好地予以认可。在这两首诗中，就形式而言，语言的成功带有某种特别的幸运，因此不是技艺精湛，虽然相当熟练和奇崛，令人惊讶；同时一点也不花哨。譬如第三节这两行多么优美：

一声声嘲讽、伤悲和苦难，

笛音缭绕而宛转……

[①] 希腊神话中变幻无常的海神。

……

我钤上我们的灵猩图章；可惜我所有古老的印章都同我在巴黎的财物一起丢失了，还有我曾祖父的那枚硕大的纹章（菩提树边的卡麦尼茨之主人，在波希米亚），在中断近百年之后，他第一个重新使用徽章。家族在萨克森拥有土地那段时期（家族的极度繁荣到"旗手"①的年代已经风光不再），使用的是攀登之犬族徽，而在我们本来的发源地克恩滕时期——那里至今仍有"里尔克"之姓氏——除了攀登之犬，还出现了奔跑的灵猩，堪称最古老的形式。在有关克恩滕最古老贵族的文献里，我发现大多都提到这个族徽，在克拉根福那座老式宅邸里，它还出现在壁画上，而且一再被修补，年份是1276（如果别人告诉的情况是正确的。至于家族历代定居的地方，我是一无所知）。我现在使用的图章，则是有次在巴黎按十八世纪的一个"纹章图样"雕刻的（很差劲），上面那条过分高大的戴头盔的狗叫我开心：图案上它颇有魅力，在印章店里它不幸被复制了，不得不容忍时而将其当成公山羊，时而又当成马。但幸运的是，就纹章而言，确实始终比其他的更有光彩。

……

由于十分担心，我会落在您一直为我认定的内心的使命后面，这里的孤独常常对我变成了磨难；我也感觉到时间正大口大口地迅速吞噬似乎如此丰富的必要之物——日日夜夜，日日夜夜：从前我几乎不知道，人们可以这么快地翻阅这么厚的岁月之书页——就像我现在所拥有的。难得偶尔有一个夜晚为我保留比较舒适的生活；保罗·瓦莱里始终还占用了我最多的时间。为了毕竟比一封匆忙的书信回复得更多一些，我给您寄来一期《新法兰西杂志》，其中刊登了他的《厄帕利诺或建筑师》（他写信告诉我此处不完整）。我相信，您也会理解并分享我对这篇对话的赞赏……如果有朝一日我在自己的事情上取得如此大的进步，让我觉得自己又更坚实了，那么我非常希望能全力以赴地翻译瓦莱里的几乎所有文章；我最初试着译出了他的《海滨墓园》，像我曾经告诉您的，结果还不错，于是我敢于将他的伟大艺术——只要未超出共同的语言规范

---

① 指《旗手克里斯托夫·里尔克的爱与死之歌》的主人公。

之外——完全等值地转换过来。

亲爱的翁格恩男爵,您把我这个地方形容为"超越了时间",说明您凭纯正的直觉对它已有很好的把握;有时候,我断言它有《圣经》的气息,其实是同样的意思。眼下它被大雪团团封住了,这使我有点恍惚,我不大会与雪相处,除非它像祖父母一般慷慨仁慈,可望在一座小城堡里给我以证实。在我这古旧的楼房里(况且里面格外荒凉),我所缺少的恰是壁炉的火焰;多少个夜晚,去年在贝格城堡,我独自守着壁炉,望着炉火,望入内心和自由。

……

您的

R. M. 里尔克

欣喜地盼望着《八行诗》[①]——

25. 致洛蒂·封·韦德尔

瓦莱/谢尔上部穆佐小城堡
1922年1月28日

尊敬的最仁慈的夫人:

是的,如您所言,现在有些回信被推迟了,以便穆佐的有利的孤独也在文字方面日益受到考验;但是您的书信给我带来了极其友好的、极其明显与我相关的消息,因此我不得有半点耽搁,而须至少先给您写上一番感谢的话语。

首先我为您处于一种快乐和积极的状态并且如此坚强而感到高兴,同时也为自己许诺一切皆好,美好会从一切之中逐渐显露出来。最令人幸福的是这样的日子,人们又可以真正给自己派上用场,不管现在是适于筹划,还是宜于回忆;当然最好是二者齐头并进,顾此而不失彼,方

[①] 让·莫雷亚斯:《八行诗》。德文译者罗尔夫·封·翁格恩-施特恩贝格男爵,柏林,我们出版社,1922年。其中第7页:《醒来,我的灵魂,醒来吧……》,由里尔克翻译。——原注

有乐趣和自由。我离这种良好的转折始终还很远；可以这样说，要"拆除"战争年头的障碍，一块一块地抽掉围墙的砖石——这堵墙好像将我与过去、也与本可到来的一切隔绝开来——这还一直是我的不大显眼的工作，我不知道还需要多久；但是，既然最终我们最必需的就是忍耐，所以更好地学习忍耐，这个借口想必也适合于我！

书归正传：您讲到托雷-德拉斯达纳斯，我顿时就有了兴头，虽然我曾经对自己承诺，在结束一定的工作以前绝不考虑任何旅行计划，但我还是情不自禁地卷入到再下一个事情之中，凭借由此带来的诸多收获，或可指望有同样的成果。"一九二三年春天"，我给自己写下了有关我未来的格拉纳达的日期，否则，读您的描述简直叫我迫不及待。好吧，我会好好地合计您的建议并置身于您的庇护之下，以便在那里一直推进到"不可到达之地"！您想必已何等经历并接受了这一切！

沙克的译本[1] 我已记得不是很清楚（当然从上大学以来我就再也不曾翻阅）。如果不考虑《西东合集》（它纯属将发现东方的幸福移升到德文之中），那么我对阿拉伯诗歌的最初印象是建立在马德鲁斯给他的《天方夜谭》译本所添加的那些丰富多彩的诗句上。罗丹以前有时候，由于四行或六行这类诗句的缘故，手持翻开的书本来到我这边，好让我立刻分享在他看来如此绚丽的文字，简直流光溢彩，奇花、美目、芳唇……每一首单独的诗，不比医生的药方更长！后来在突尼斯和埃及，我在阅读阿拉伯文方面取得，呵，好像取得了迅速的进步……那时我心中就萌发了一个希望，也许有一天为领会和传译这些诗行作出自己的贡献……

此外我那时还获得了与您之所言相同的经验；从埃及回来的旅途上，一走进我如此喜爱的那不勒斯博物馆：一切皆抛之于脑后，只盯着那些画像，它们不仅充实而且在各个方面拓展了我的回忆。这个出类拔萃的女王。我不忍心今天就把照片[2] 重新装入信封；在我看来这不成问题，我允许将它们保留几周。否则——会这样吗？您就将其召回吧！在

---

[1] 封·沙克伯爵（1815—1894）翻译的《我默·伽亚谟诗章》(1878)。——原注
[2] 出类拔萃的女王即纳芙蒂蒂（Nefretete），封·韦德尔夫人将其（现收藏于柏林博物馆）照片寄给了里尔克。——原注

伟大的古埃及时代那是一个什么样的宁静时刻？哪位神灵屏住了呼吸，好让阿孟霍特普四世时代的这些人如此返归自身？他们，突然，从哪里发源？时间将空间赋予一个"存在物"——将此物"贮藏起来"，那时间又是怎样在他们身后结束的？！

到此为止！信笺命令停笔。怀着衷心和感激的思念，永远忠实于您的——

R. M. 里尔克

26. 致格特鲁德·莪卡玛·克诺普夫人

瑞士，谢尔（瓦莱）/ 穆佐小城堡
1922 年 2 月 7 日

尊敬的亲爱的朋友：

在激情突发的几天之中（本来打算做别的事），我被赐予了这些十四行诗。①

您一读就会明白，为何您必定第一个拥有它们。因为，联系虽然很松散（只有唯一的一首，倒数第二首，即第二十四首②，将薇拉本人的形象引入这种奉献给她的激动之中），但它还是控制并推动着整体的运行，而且越来越多地贯穿着——诚然很隐蔽，以致我渐渐才看出来——这种不可遏制的、令我震撼的诞生。

您就亲切地将其纳入您神圣的怀念之中吧。

若是希望《致俄耳甫斯的十四行诗》公之于众，那么其中两三首大概应该换成别的诗，我现已发觉，它们本来也许只是为主流作导管（例如第二十一首③），主流通过以后就一直是空的。然后或许也该谈一谈，您想让姓名（在副标题中）以哪种形式出现。在取得您更详细的认可之

---

① 即《致俄耳甫斯的十四行诗》。
② 现在是第一部第二十五首。——原注
③ 原第二十一首的首行是："哦，朋友，这个不是新颖……"现收入《晚期诗稿》第97页。——原注

前，我现在的初稿上也只写着：W. O. K.①

您的
里尔克

27. 致格特鲁德·莪尔玛·克诺普夫人

瓦莱（瑞士）谢尔/穆佐小城堡
（1922）2月9日晚

这里，针对七日的信件，立刻就有个补充——
尊敬的朋友：
因为想到原来列为第二十一那首诗，② 我有一种极不舒服的感觉，即

---

① 克诺普夫人的女儿，姓名缩写。《十四行诗》的副标题即是给她的献词：谨以此为墓碑献给薇拉·莪卡玛·克诺普。
② 原第二十一首（冯至译）：
啊，朋友们，这并不是新鲜
机械排挤掉我们的手腕。
你们不要让过度迷惑，
赞美"新"的人，不久便沉默。

因为全宇宙比一根电缆、
一座高楼，更是新颖无限。
看哪，星辰都是一团旧火，
但是更新的火焰却在消没。

不要相信，那最长的传递线
已经转动着来日的轮旋。
因为永劫同着永劫交谈。

真正发生的，多于我们的经验。
将来会捉取最辽远的事体
和我们内心的严肃溶在一起。
冯至先生只选译了十几首十四行诗，其中就有这首，显然他很喜欢。在写同类题材的诗歌里面，这一首肯定算得上佳作，却被诗人删除，由此可见《十四行诗》总体水准之高。

那首"空的",其中出现了"传送带"("哦,朋友,这个不是新颖")……请您立即将其贴盖,换成这首,今天才写的,春天的儿童之歌,它更加丰富了主调,而且作为对称摆在那里不错,与供奉之白马照应……①

这首短歌是我今天醒来时诞生的,前八行已完全定形,剩下的随即完成,在我看来,似乎相当于一首"弥撒曲"的注解——没错,一首真正的、好像以悬挂的哗哗作响的彩带欢快伴奏的弥撒曲:唱诗班的孩子当年唱着它,我不知道歌词是什么,但就是以这种舞步,在龙达的小修道院(西班牙南部),孩子们唱着它,我现在听见,用三角铃和铃鼓伴奏!对吧,这首歌切合于——如果希望这样——《致俄耳甫斯的十四行诗》的那些关联:作为其中最明亮的春之声?(我相信。)

(纸张是否大致一样?我希望正好相同。)

只谈此事——因为第二十一那首诗像是我良心上的一个污点。

您最诚挚的里尔克

28. 致玛丽·封·图恩与塔克西斯-霍恩洛厄侯爵夫人

瑞士,谢尔上部(瓦莱)穆佐小城堡
[1922] 2 月 11 日晚

终于,

侯爵夫人:

终于,这个赐福的、神恩浩荡的日子,现在我可以向您——就我目前看来——宣告

哀歌

全部结束:

十首!

写完宏大的最后一首(仍采用早在杜伊诺就已起头的开篇:"愿

---

① "供奉之白马"出现在上一首中,即第一部第二十首。

我有朝一日，在严酷的认识的终端，/向赞许的天使高歌大捷和荣耀……"）写完最后的这首，是的，当时也已设想由它来压轴，——写完这首——我的手仍在颤抖！就在刚才，星期六，十一日，傍晚六点，它完成了！

全都在几天里，那真是一阵无名的狂飙，一场精神风暴（像那时在杜伊诺），一切，我全身的纤维和组织，都在喀嚓作响，——根本没想到进食，天知道，是谁滋养了我。

但如今它在。存在着，
阿门。

就是说我已到达那里，我挺过来了，穿越了一切。仰仗一切。而这正是从前亟需的。只有这个。

有一首，我献给了卡斯讷。整个是您的，侯爵夫人，怎能不是呢！拟定此名：

杜伊诺哀歌

我想，书中不会有献词（因为我不能赠与您从一开始就属于您的东西），而是：

出自……之财富

现在，为您的书信及其所有消息表示感谢；这些是我急切盼望的。

至于我，对吧？今天就只这个……是的，终于，它算得上一点"名堂"！

再会吧，尊贵的侯爵夫人。

您的　　撒拉弗博士

刚收到奥廷根侯爵夫人一封友好的书信。请代我向她问好并请她原谅。我会尽快回复。也向侯爵、卡斯讷等人致以最衷心的问候。

附言：请您不要认为，亲爱的侯爵夫人，这是我偷懒的借口，如果我说出为何不现在就把几首新的哀歌抄寄给您；您自己读哀歌的话，我会有点儿醋意。我有此感觉，仿佛我就应该，无论如何，第一个为您朗读哀歌。何时？好吧，希望尽快。

撒拉弗博士

29. 致露·安德烈亚斯-莎洛美

瑞士（瓦莱），谢尔上部穆佐小城堡
［1922年］2月11日（傍晚）

露，亲爱的露，就是说：

在这个时刻，星期六，二月十一日傍晚六点，在完成最后一首哀歌——第十首之后，我扔下了笔。那一首（当时就定为最后一首），其开篇在杜伊诺就已写出："愿我有朝一日在严酷的认识的终端／向赞许的天使高歌大捷和荣耀……"当时它已颇具规模，我都给你读过，但现在只保留了前面这十二行，其余全是新作的，而且：的确，相当、相当、相当出色！——想想吧！至此我终于挺过来了。凭借一切。奇迹。恩典。——一切在几天之内。那是一场飓风，就像当年在杜伊诺：我身体的一切，纤维、组织、骨架都喀嚓裂缝了，弯曲了。压根没想到饮食。

你想象一下，还有一组诗，取了另一个背景，就在这之前（即《致俄耳甫斯的十四行诗》，二十五首十四行诗，写成了，突然之间，好似风暴的前奏，作为献给薇拉·克诺普的墓碑），我写出来了，做成了，那匹马，你知道的，那匹自由的幸福的白马，脚上还套着木桩，有一次，傍晚时分，在伏尔加河畔的草原，迎着我们飞奔而来——：

怎样

我是怎样将它做成的，当作献给俄耳甫斯的一个"祭品"！——何为时间？——何时为当下？跨越如此漫长的岁月，怀着完满的幸福，它驰入我豁然敞开的感觉之中。

就这样一首接着一首。

现在我又熟悉自己了。哀歌未存在，就好比我的心残缺不全。

如今它们存在。它们存在着。

我走出门外，抚摸这小小的穆佐城堡，它替我守护了这个，它将其，最终，赐予了我，像抚摸一头巨大的老兽。

我之所以没有给你回信，正是因为最近几个星期，我不知道在守候什么，却一直默默等待着这个，而且怀着一颗愈来愈内敛的心。而现在，今天，亲爱的露，也只有这个。你很快就会获悉一切。你丈夫也一样。还有老太太，① 和整座房子，包括那些陈旧而美好的凉鞋！

你的老莱纳

附言：亲爱的露，我昨天夜里一口气抄下的诗稿，这两首，已誊清，再也写不下去了，今天星期日，所以我利用时间，替你抄录已完成的哀歌中的三首（第六、八、十首）。其余三首，我将于近几天慢慢抄完并很快寄出。这样很好，你手头有一份哀歌。此外，如果它们还存于某处，在外面，是准确的手抄本，安全保存着，我才会放心。

但现在我得出去走一走，趁外面还有周日的阳光。

普罗沙②

30. 致露·安德烈亚斯-莎洛美

瑞士，（瓦莱）谢尔上部穆佐小城堡
星期天［1922，2，20］

亲爱的、亲爱的露！正好你在家，向我证实了这个，简直教我心花怒放！读到你美好的、知情的书信：我再次多么强烈地感觉到这个，这种来自各方面的肯定：如今它存在着，在此，这个如此长久、这个一直在复活之物！

我准备今天就给你抄录其他三首哀歌，因为又已经是星期天了！但现在，你想象一下，在一场辉光闪射的后续风暴里，又一首哀歌应运而生，"江湖艺人"。这是最绝妙的补充，现在我才觉得哀歌之圆真正画成了。它不是以第十一首添加进去，而是（作为第五首）插入其中，摆在"英雄-哀歌"之前。原来排在那里的诗稿，我反正觉得，由于是另一种结构，所处的位置不合理，虽然诗本身很美。"江湖艺人"将取而代之(而且绝佳!)，被挤掉的这首可以收入"断章"篇，作为哀歌这本书的

---

① 原文为俄文，可能是一条狗的名字。
② 当是里尔克的俄文名字。

第二部分，它将辑录与哀歌同一时期的所有诗稿，即凡是——可以这样说——在形成之前就已被时代摧毁的，或是在写作过程中被截断，因此作品呈现出断面。于是现在也有了"江湖艺人"，他们原本从最初的巴黎时期以来就与我休戚相关，而且从此一直是托付给我的一项任务。

但这还嫌不够，这首哀歌刚落到纸上，《致俄耳甫斯的十四行诗》又有了进展；今天我整理了这个新的组诗（作为十四行诗的第二部），并且很快也给你抄录了在我看来最优美的几首（保存！）。全部出自这几天，还是热乎乎的。只有我们的俄罗斯白马（它在怎样问候你，露！）是出自较早的第一部，出自本月初。

今天就此结束。我得补写信件，现已积有好些书信需要回复。

我很明白，随即会出现一种"反应"，这样被高高抛起之后总要落到某处；但我终将掉进这里已经更近的春天里，然后：既然我从前可以有耐心，长久的耐心，慢慢走向现已达到的，那我怎么不能作出小小的附带的忍耐，度过较差的日子；最终感激之情（如此之多，我还从未有过）即使在这样的日子也一定会压倒令人心烦意乱的一切！

感谢，虽有许多工作，你却立即给我回了信！

你的老莱纳

第五、七、九首哀歌：马上！

31. 致露·安德烈亚斯-莎洛美

1922 年 2 月 27 日

露，昨天是星期天，也真是按太阳取的名，① 从早晨到晚上（太阳已像是这里的夏天了，照耀着这个那么遥远但连土地都是它所熟悉的地方）。早晨我来到工作室，那里摆放着玫瑰，而且，下面，早餐桌上，没有特殊的缘由，一盒钝圆锥形的空心蛋糕和一小瓶最早的报春花，采自我们的草地，还软软的，花茎很短，但已是春意盎然。这一切碰巧凑

---

① 德文"星期天"，直译为"太阳日"。

在了一起，尔后你的信晌午前也来了，就像约好了似的，塞得满满的，充满见识和喜悦！它给了我推动力，于是我接着在下午还为你抄下了其余三首新哀歌，先是"江湖艺人"，然后一首又一首；天刚好黑了，我结束的时候，快到六点三刻了！就是说现在它们已归你所有。随信附上带有首行的目录；你现在不该拥有第三首和第四首？然后我也会抽时间再为你抄录这两首；但重要的是，现在这些新的、这些再度去接受的①哀歌，全在你手中，亲爱的露，同你一道生活：

普罗沙
莱纳

32. 致克萨韦尔·封·莫斯

瓦莱/谢尔上部穆佐小城堡
1922年3月2日

亲爱的封·莫斯先生：

您友好地还给我这本小书，目前我并不急需，如果您借用的时间已经足够，对于您所期望的收获以及推动您的计划，它能有所裨益，为此我会感到高兴。

在这个邮件里您又添加了一些自己的作品，这使我十分愉快；我把它们同以前的放在一起，等到您的诗稿在我这里渐渐积成一个小集子，我会给予评价的。这些最新的诗稿也使我觉得舒服，是因为有其特点：沉静而公正的观察，像是在观察中透出某种无意识的平静，由此可能形成人们后来称之为个性的那种东西，而这些特点也使我对最初认识的那些特点有了非常特别的印象；那种无意识，即这样而非别样理解，似乎是艺术家在自己成长过程中常常发现的，但是它一再离他而去，只要他奢求让它来大有帮助地支配自己的意图，这里所说的就是那种始终比他自己更宽厚的东西。

---

① 里尔克觉得哀歌是出自神的恩赐，这里当指希望听取莎洛美对哀歌的意见。

这非常好，您能为有关维尔哈伦的论文或讲演收集这么多的文献。您的研讨会究竟何时召开？

介绍我的作品一事，您已将其推迟，这也是我所希望的；或可提出的看法恐怕大多已不再切合实际，因为我的作品的关注者只能从那些文本得出自己的结论，其中最新的距今也已有十年以上了（几篇翻译例外）。穆佐的孤独给人以期盼，希望它使我能够最终给那些很早的作品增添一些更有价值的东西并使之完整。

至于这里的大山，是的，您有理由感到惊奇，看见我移居于群山之间，而不是从一开始我就更亲近的平原；山峦事实上是违逆我的天性的，我很晚才形成其宏大的概念，也就是面对阿特拉斯山脉之时，在沙漠边缘：对我而言是第一条山脉，我"感悟到"它的秩序和崇高。当然还有别的，比利牛斯山脉对我的感悟已是一个预备阶段，现在通过瓦莱的神奇景象，我总之又与这条山脉、与普罗旺斯和西班牙亲近起来（这两个地方对我正在从事的工作仍然有着巨大的影响）。并不是本地的山峦令我信服，而是这种奇特的情形，即山峦（不管是通过造型、还是也通过特殊的分布）大有开创空间之势：像罗丹的雕塑本身携有一种独具的恢宏并将其向四周发散；在瓦莱的这些区域，峰峦和丘陵——在我的眼中——就有这样的态势；空间无穷无尽地散发并在群山之间显现出来，使得这道罗讷山谷一点也不狭窄，完全不同于那些（譬如常常诗情画意但拘限感觉的）格劳宾登的山谷。我的一位朋友，我与他在秋天里，在一个格外天高日丽的下午漫步去洛爱奇城，他指的大概就是这个，这种空间里的创造性，当他回望并惊呼：这出自创世之初；① 总而言之：同我亲身经历的一样，我觉得瓦莱不只是我曾经见过的最壮丽的地方之一，而且以其恢宏的气势也能为我们内心世界的表达提供多种等值和吻合的素材；它从未成为一位伟大的画家展示的题材，也从未召唤一位——在我们的意义上——诗人来更深地感受：顶多可以想到年轻的路易斯·德·库尔唐，但他毕竟属于这类诗人，他们很早就惨遭非命，被突然中断了，可是对这种命运的预感大概并没有从根本上而且持续多年

---

① 此句为法文。

地丰富和完善他们的成果……

够了。我得结束了。但为了不让这封信没有更多的补充就发出去，我给您附上保罗·瓦莱里的一首伟大的诗（这个名字，如果我没有记错，曾经出现在我的一封书信中）。您读读他这首美妙的《海滨墓园》（我的译文附在后面，是去年完成的）。手稿不必急着归还。

致以问候和对您的工作的祝愿，

您的

R.M.里尔克

33. 致多里·封·德米尔

穆佐小城堡，1922年3月10日

亲爱的朋友：

虽然您在穆佐的拜访似乎具有一次拜访的一切特点（以后瞧瞧它是什么），但我俩若是有一个，随着时间的推移，宁可把它当成一个美梦，就会使我为这个美好的真实感到遗憾。我自己，我得承认，曾经濒临这种危险，原因一方面是您在此的时间确实短如梦幻，另一方面也缘于那种奇特的内心的旷远、恢宏和圆满，这些似乎却又与最低最窄的程度和范围限定——好像靠一种魔力——达到了协调。它是如此短暂，却又是一次从容、丰富、整全甚至确实还有点挥霍的团聚！它怎么可能避免仿佛不由自主地朝梦幻一边偏移呢？（还有一件事令我迷惑，您的火车刚刚脱离视线，气候就骤然退回到冬天，而且如此决然，以致穆佐今天立在皑皑雪地里，呈现出一派隆冬的景象。现在您想想我们在贝尔维埃露台上的阳光和屋檐上的蜥蜴：这难道不是梦？！）

简而言之，为了杜绝这种事后的解释，昨天我决定给您提供一个拜访属实的现存的证明；您可以在带有金色条纹的本子里找到它，请您把它，尊敬的朋友，放到藏书室的角落里，同其他可供证明的东西保存在一起。这个包裹中其余的全是瓦莱里；四篇各有特色的作品，都是散文，若要了解他的诗歌（我有些心大），您应该首先读那首《海滨墓园》，我可以立即为您呈上我的翻译（一旦年轻的克萨韦尔·封·莫斯将译稿寄回）。

（即使撇开瓦莱里的精微的对话，《十九世纪的芭蕾》[①]对于您也会是饶有兴味的，譬如关于萨尔瓦托雷·维加诺的那篇文章以及类似的文字。）

事后我为此感到惭愧，您在穆佐竟没有享受到任何口福之乐！糕点还没有做好；但本来还有些剩余的，像是特地留到此时享用，我肯定过后才想起！有一个小罐子，圭多·萨利斯用他的徽章加了封印，圣诞节才送到这里，后来萨利斯在信中作出解释：" '马兰斯葡萄渣酒'，意大利语叫作'格拉帕'；适合调配汤羹、乳酪食品、牡蛎、水果和咖啡……"所以说！那个小罐子本来正当其时？！孤独一人，我不敢开封，更何况在这段工作时间，像每回投入工作一样，滴酒不沾，我也活得下去，也对付得了。您瞧，甚至做这种为人诟病的事情本来也还有时间。——错过了！

现在我希望，气候骤变不至于给远在沃韦的您带来太明显太糟糕的影响；在家里——我想您现在又已到家了——您就能对付恶劣的天气，还可以享受到（按我的想象）某种壁炉火焰。但现在您是否终于至少使扬相信，那个"素不相识之人"确实还存在并托您向他致以问候？

此人即：

因卡

34. 致鲁道夫·波特伦德尔

瓦莱（瑞士），谢尔上部穆佐小城堡

1922 年 3 月 13 日

亲爱的：

首先需要说明，这封信回复已迟不是我的过错。昨天我才收到您的

[①] 原文为法文。

来信，三月十二日，正好在您写信之后一个月。通常是这样，岛屿出版社把收到的我的信件转给我，而且只是偶尔一批批地寄来，这一次自然更缓慢一些，因为人们知道我在工作中，总之不喜欢任何通信。因此我不能指责出版社，恐怕我倒会严厉地谴责自己，假若我现在还想找某种借口不予答复，我知道，几周以来您等待着我的回信，况且推迟答复对我而言大概也是反常的，因为您信中的内容让我在心中反复掂量。

当然现在还有另一个问题，我是否具有这种能力，在毕竟篇幅有限的信中，找到一个不会让您的期望落空的答案。这些简短的（部分是劝告的）话语是否也能够真正抵达您，朋友和兄弟，主要取决于我们之间搭成的桥梁是否可行和可靠。至于这个桥梁，我现在确实认为，我可以信任它的足够的承载能力，因为在您的来信中，那些感人的相关话语包含着如此充分的证据和见证，从中如此清晰地透露出您对我的作品所下的功夫，所以我相信，即或是一页纸的断片和急就章，也可以大致准确地被纳入您已有所体验和有所准备的关联之中。现在，我想尽量设身处地地尝试与您，亲爱的，谈论那个内心冲突，您并未详细地告诉我有关情况，只是作了一些暗示。可是我相信，我抓住了它的核心。您自己称之为"精神义务与现实义务"的冲突。

我现在回想起我的青年时代，当时是迫不得已，我必须离去，哪怕给人带来伤害和痛苦。我无法向您描述我们奥地利那时的情形（要是再加上八十年代到处蔓延的虚伪和迷惘），这个国家本身看来已没有指望，已经僵死了，于是我的直觉告诉我，由此起步，逐渐进入生活替我设定的角色——它本不适合我，哪怕竭尽全力，也是根本不可能的。您还需考虑到，在这些不可能之中（几乎一切可纯粹经历的好像都被托词和偏见阻绝了），我从十岁起就被嵌进一种既定的生涯（奥地利军官的生涯）；我还那么小，却已被放到一条平滑的生活轨道上，在那上面，每个运动都让我越来越远、越来越快地滑离我的目标，它与我的不可言喻的秉性及其隐秘的意图相契合；因此您可以理解，只有出轨，只有最顽强的抗争，最执着的追求，我才能保持我的气质和天性。

我的艺术创作也许最终将在某处显露矛盾的痕迹，借助于此矛盾我才走近了我自己，——可是，如果您问我，从这些作品主要可得出什么结果，那么，我不希望是这个：要求某种反抗和自由，摆脱对年轻人的包围和强求，请他们——我但愿如此——切莫从我的文字中推出这样的结论；我反倒期望，他们以一种新的平和的心态接受限定、苛求和也许必要的一切，与此相对时不是向外而是向更深处退避，不要强行抵抗现实的压力，而是利用压力，以便借此潜入自己本性的更密实、更深厚、更独特的层次。

今天我这样讲，即反而赞同持接受、和解及忍让的态度（我自己并没有做到），倒不是一个将老之人的屈服（这方面我反省甚严），而是时代真的变了；我的童年那最沉重的十年与如今（哪怕最落伍的）观念相比，有一种几乎断难以时间的长短来衡量的差异；现在，父子之间的代沟虽然每天都重新被掘开，跨越代沟的某些理解却已变得可能，甚至如此寻常，人们再也记不住有多少次谅解。尤其这一点：虽然都孤独，都是被遗弃，我们却饱受了一切决定命运的痛苦，而现在的年轻人远远没到这一步：单是同龄人相处就有一种特别的契合和信赖（从一九一三年起，我对一位早逝者的著作始终怀有敬意——亨利·弗朗克，方舟前的舞蹈——这种经验大概在此书中首次被歌颂，其旋律感人至深）；我相信这并非自我欺骗，若是我现在还年轻，我会在最频繁的交往中成长，被我的同龄人所吸引，分享他们的大多数爱好，也以自己的心灵去感受他们的苦恼。

在我的作品中生活老是"被看得沉重"，其实这并不是忧伤，亲爱的（此岸之"可怕"与彼岸之"慰藉"，您如此感人地信奉后者，但二者将在这些作品中靠拢，日渐趋近，直到最终化为在它们之中的一个，它们唯一的、本质的内涵）——那种看得沉重其实无需是什么，对吗？只是按真实的重量去看，即看得真实（Wahr-nehmen）；一种尝试，以心之克拉去衡量事物，而非以怀疑、幸福或偶然。不是否弃，对吗？！不是否弃，哦，恰恰相反，何其无限的赞许，始终还是对此间-存在的赞许！

但现在还有一件事需要考虑和说明。您没有告诉我，中学毕业以后，从家里出来，别人强求您做什么，哪种职业，哪种工作；"唯一的工作"，如您所言，朝着上帝的方向奋进，并不一定受阻或落空，如果您把精力用到似乎别的比较肤浅的地方。您不要忘记，譬如在某些时代，手艺还是生命般的温暖，上帝能够让他的几乎所有旋律一再从那些单纯的心中升起；是的，人的那些关联具有隐秘的伟大性，人在哪里将此伟大性成功地引入不显眼的卑微的物之中，赐予人的不可比拟的唯一恩惠也许就在哪里最彻底地显示出来。诸多迷惘使我们更难看清今天的事物的条理和秩序，况且这些迷惘交织在一起，危险地日益增多，使得艺术的呼唤常常被理解为呼唤人趋向艺术。这样一来，艺术活动的种种表现——诗歌、绘画、雕塑和飘忽的音乐造型——不是作用于生活之内，而是将越来越多的年轻的、未来的人们诱唤出生活之外。这种误解使生活失去了许多本来属于它的元素，艺术领域充斥着被诱骗者和逃亡者，但终究只有几个伟人有资格留在那里。诗的任何宗旨都不亚于在读者身上激发出可能的诗人……一幅完美的画毋宁是说：瞧，你不必作画；我已在此！

因此，最后我们必须对此达成共识，朋友和兄弟：艺术说到底无意催生新的艺术家。它不想召唤任何人投奔它，是的，这一直是我的猜测，艺术也许根本不在乎某种功效。但是，当艺术形象不可压制地从永不枯竭的本源中涌现出来，挺立在事物中间，异常沉静，异常优秀，那时或可发生一个事件：凭借自己天生的无私、自由和强度，艺术形象总之不自觉地成为每种人类活动的楷模。

问候您——鲁道夫·波特伦德尔和您那些可爱的志同道合者！

莱纳·马利亚·里尔克

35. 致格特鲁德·莪卡玛·克诺普夫人

瑞士，（瓦莱）谢尔上部穆佐小城堡
1922 年 3 月 18 日

尊敬的亲爱的朋友：

这次悲伤而艰难的散心使您一直待在魏玛而且没有空闲，您也是在那里最后给我写信（2月20日），考虑到这些，我有意不曾告知任何新消息；但是为了这种克制，我不得不苛待自己。首先因为您领会并接受了致俄耳甫斯的十四行诗,而且颇有感觉,对此我本来乐意立即向您表示感谢,其次恰恰那时就应该承认,组诗的数量在此期间增加了一倍!一旦我这支现在着实有些疲惫的笔获得可供抄写的喘息机会,这个新的十四行诗第二部就应该为您在一个(与先前那个尽可能相配的)本子里找到安顿之处。今天我只给您附上其中的一首十四行诗,因为我认为,在整个关联之中,它是最贴近的,而且处在结尾,总之是其中最有价值的。①

此外我只请求,以随信附上的定稿取代现在也还是排第七那首②(只保留了第一节,第一稿过于激情,总让我觉得不对劲,我这里早已划掉)。原来的第三首(新的随信附上),我将其——至少暂时——作为第二十三首插入,于是这个从现在起的"十四行诗"第一部就共有二十六首。(第二部则有二十九首!)

今天就这些,致以一切忠诚的问候

您的
里尔克

---

① 指第二部第十三首:你须领先于一切离别……——原注
② 第七首十四行诗初稿如下:
    赞美,只有赞美!一个受命赞美者,
    他像矿砂一样诞生于
    岩石的沉默。他的心,哦,逝性的榨汁器,
    酿造非人所能穷尽的葡萄酒!

    这可能令你们疑惑,谁若在陵墓里面
    揭开国王的裹尸布,朽坏了,虫蛀了,——
    脑袋和臀部的废弃固然教他
    痛苦不堪,顿时神色惨淡,

    但怀疑对于他是可耻的。
    他竭力驱散臭气并赞美
    白昼于白天和黑夜于夜晚,

    因为谁识得变形的恩典?
    他跪下,从蛆虫的集市
    捧起完好无损的金羊皮。
    ——原注

36. 致 E. de W.

瑞士，（瓦莱）谢尔上部穆佐小城堡
1922 年 3 月 20 日

亲爱的尊敬的朋友：

您的书信从前几行起，就以丰富的讯息带给我扑面而来的欢乐；原来我可能确实担心，我不得不让那次长长的暂停延续了整整一个冬天，这会阻断您对我畅所欲言。但情况并非如此；正如我最近觉得，您也早已觉得这是自然的：将暂停看成我们交往的一种节奏，与其说它中断交往，不如说它分划并调节交往，我将这一点算作我们的关系的特性并为此十分感激您。您的这种反应为我们持久而可靠的联系作出了可喜的担保。您就让我陶醉于这种经验吧。

结束一种持续已久的、艺术创作的紧张和期求之后，就会出现某种状态（一种最初空虚的自由），当然，根据您自己的工作经验，您对这种状态颇有同感想必是可能的；在此您堪称一位体察入微的知情人，并不令我惊讶。这是一种危险的状态（艺术活动者的诸多危险状态之一），一种瞬间的放松，在翅膀疲乏之时；一种过于放松。心被悬至某个表面。早些年头这类状态会使我极度迷惘，因为这种闲暇只是解脱负荷的一个方面；刚刚感觉到，闲暇就已转化为又已变得过多之意识。为了在一定程度上避免太轻的小船上的这类摇荡，我尽了一切努力，为卸得空空的时刻随时准备好一个可靠的、总是可以抓住的负担；但是，要么我的力量不够大，不能这样分配，要么顶着童年和青年时期太多的困难，我太晚才推进到纯属我自己的工作之处，要么是我接受这些工作的时代提倡这样一种片面，即仅限于一件事：我未能成功地为自己建立一种真正持久的平衡，虽然有一些已经开始的研究。后来我勉强这样安慰自己，分散力量会使艺术受到损害，况且艺术毕竟是一项太长久的使命，甚至对最长久的生命也不例外，那时候，罗丹对我从事这门手艺的巨大鼓励来得非常及时，好让我将全神专一的意志置入自己最内在的中心，而且直到最终都坚信它在此适得其所。但是我并没有罗丹那种对此大有帮助的手艺，我没有一门这样的手艺，它本来能够给我以帮助，通过可见物身上这种每天摸得着和靠得住（作为持续的实在）；我也缺少大师那种活力，凭借此活力，他逐渐能够带着许多工作建议不停地迎向他的灵感，于是灵感不得不接受他所提供的一项建议，而且几乎不会出现停顿。这种"协调"是靠优越感取得的，得来也不无心计，它使得强大的艺术家对他的灵感颇有把握，于是他简直可以否弃灵感的存在和干预：他随时可以达及的灵感震荡在任何方面都不再区别于他自己的力量，他支配它就像支配他自己；直到他生命的最后几年，终于显露的老年疲惫使罗丹变得拿不准了，在最本己的事情上盘剥而贪婪，这种关系便也造成恶果，正如对太伟大之物、对超越我们之物、对自由而不受约束的神性之物的每次征服有朝一日必然自食其果：那时他偶尔创作，以灵感之手段，但没有灵感，是的，违逆灵感……这位艺术家受到的威胁何其之大，危险环绕他生长，恐怕超过他的伟大许多倍。

亲爱的朋友，如果您告诉我，您被迫长期疏远这种对您来说如此自然的追求，是由于一种与此殊不相容的学习，那么不管怎样，目前的情况并不使我为您那些在我看来具有纯粹价值的艺术才能而担忧。虽然我现在还不明白，您打算通过法学博士学位将来为自己开辟哪条尘世之路，但是我觉得，您的两项工作所形成的这种鲜明对照恰恰是适宜的；因为智性、意图、意愿之类就其本质和培养而言越是种类和方式不同，它们就越能保护灵感、不可预定的显现物、从深底被激荡之物。（与此相反，哪里有两种这样的工作，艺术性的一种与另一种，较为相近——譬如新闻与创作以及许多别的例子——哪里就会形成灾难性的影响，即损害并滥用比较纯粹的媒介物。）此外，若是我今天还年轻，我绝对会找一个大不相同的日常职业，并尝试在一个务实的行业尽力保障生存。也许人们今天会更好和更谨慎地服务于艺术，如果能使艺术变成某些日子或岁月的一件私密的事情（当然这倒未必意味着外行似的附带从事艺术，试举一范例，马拉美就做了一辈子英文教师……），但这个"职业"本身充斥着侵入者、没有资格者、形形色色混入行业的寄生虫，若要更新此职业，是的，赋予它新的意义——不这样做，这种急欲引人注目的暴露下一步就会变得荒谬——则只能依靠那些沉静的个人，他们并不把自己归入其中，也绝不接受文学家认为有效并使之通用的一切行规。如果文学家现在可以是个靠财产生活的人，或者隐身于一个自己擅长的职业平时并不引人注目，他反而会为匡正早已变得不可能的局面作出自己更大的贡献，超过他最深沉的倾诉甚至他作为诗人的沉默所能起到的某种作用。例如这位诗人，在与我同代的法国人之中他获得了我最高的赞赏和敬佩——保罗·瓦莱里，这对他并非无关紧要：他有毅力将一段长达二十五年的沉默，插入他最早的作品与一九一九年之后他赖以展露才华的那些美妙的诗歌和文章之间。如果我没有记错，他搞过数学，对这个领域的学识既广博又精湛，因此他能够早于其他法国学者察觉并道出爱因斯坦的重要性。

在创作《布里格手记》那段时间，我觉得对戏剧颇有认识，即它的所有嫩枝幼芽几年之中都必须被剪除，以便它靠最基本的根部重新生长得更茁壮更必需；现在这也是我对一切艺术的看法和警告：它们已经被杂草缠住，眼下急需的不是给予鼓励的园丁，不是照料的园丁，而是手持剪刀和铲子的：抨击的园丁。

就此驻笔，为了从冬天的尾声中现在就预先告诉您一点小成绩，我随信附上一首（我喜爱的）十四行诗，不是出自主要工作之体系（杜伊诺哀歌），而是出自所谓的"致俄耳甫斯的十四行诗"：一个小小的诗歌系列，作为墓志铭献给一位年轻的姑娘。

时刻关注着您，亲爱的朋友。

您的
里尔克

37. 致鲁道夫·波特伦德尔

瑞士瓦莱，谢尔上部穆佐小城堡
1922年3月23日

年轻的朋友，我也多么乐意好好地回复您新寄来的信笺，可是在此很难措辞。我相信没有看错，总而言之您的想法是正确的，您把那种冲突理解为一种纯属您自己的冲突并愿意经受它，您努力去体验，哪些身心条件能弥合该内心冲突，以及它也许会出现于它们的哪一个交点上。这肯定是最负责任的想法，不过，您同时强调一种过于自责和负担沉重的努力，这倒完全用不着。亲爱的，重要的是：您要放下包袱去奋斗。今天，在我们这些国家没人能"了结"此事（像此表达所意味的），这种已很罕见的要求在谁那里都将变成一系列内心冲突的诱因，而自负的市民"克服"得最少，他苟且于许多暧昧的出路，并证明自己是绝对无辜的。总之我们存在于此——您不要忘记——完全在无辜之领域。——可怕的是，我们并没有一种宗教，在此宗教中这些经验，如此字字清晰和伸手可触（因为：同时如此不可言说和不可触及），允许被提升到神之中，一个象征生殖力的神的庇护之中，这个神也许必将是第一个，还有一群神随他降临到人们中间，在相当漫长的缺席之后。究竟靠什么支撑我们，当种种宗教帮助失效之时，它们掩盖而非彰显这些体验，它们想抽除我们的体验，而非将其植入我们之中，使之更美妙，超过我们的奢望。在此我们是难以形容的被遗弃者和被出卖者：因此在劫难逃。当各种宗教熄灭于表层并把越来越多已经熄灭的表层拼接起来，当宗教蜕化为道德观念，它们也把这种现象，它们及我们的此在的最内在的现象，移植到已经变冷的道德基础上，随之必然挪到边缘。人们将逐渐认识到，我们这一代的巨大厄运不是在社会或经济领域，而是在此，在于爱的行动被逐至边缘；有眼光的个人如今竭力将爱的行动至少重新移入自己的中心（如果它已不在共同的世界中心，恐怕难免有此结果：拥有诸神的世界立刻血流遍野，江河横溢！）；与此相反，盲目的生活者总之乐于"享受"可以得到的边缘的东西，但也为他这里的无价值（非他所愿看得很清楚）而自食其果，因为他既寻求又鄙视这种享受。——表层上的否弃不是进步，为此耗尽"意志"也没有意义（自古以来本能有理，与此相比，意志毕竟是一种太年轻和太新的力）。爱的否弃或爱的实现，二者除非在那里才是神奇而不可比拟的，即整个爱的体验，连同其一切几乎不能互相区别的欣喜（它们相互交替，以致灵魂与肉身恰恰在那里再也分不开），允许占据一个中心位置：在那里（在一切时代和一切宗教的某些爱者或圣人的沉醉之中）否弃与完成的确也随即化为同一。在那无限者完整出现之处（无论它为正值或负值），先前的标志即可消去，呵，人的标志，作为完美的路，现在走过了，留存的是抵达，存在！这大致是，亲爱的，对我们最伟大最衷心的秘密可以（暂且）招述的言辞，如果有人追问。——我相信，只要您仔细品味这番话，肯定能将您的整个奋斗提升到一个新异的从未毁损的层面。（如果有一天您爱上一个人，如果到那时您对信文的理解还不透彻，还不能从自身出发重新阐发信的内涵，那您就和她一起读这封信吧！）

如果您从那个中心，从追求"存在"出发（即追求尽可能全数的、内在的强度之经验），那么，您对某种突发的、诗性的推动力的构想也将得到澄清。那时绝非一切都必须被压制；在您的日益强健的良知面前，什么显示出有权被塑造，您可以平静地赋予它所要求的形式。以这种方式现在可填满一页日记，或形成一封书信（可否寄出倒无所谓）——甚至一个产物问世，在艺术领域有它既定的故乡。一篇文字是否属于那里，不是由将其发表或博得赞赏的愿望或渴求来证明的（边缘之俗癖也在这里玩那套迷惑众人的把戏）；毋宁说，一个物成为艺术，取决于自身更高的、凭自己本性超越实用之物或日常表达的振荡度，其附带结果方才是萌生此意图：为超逾消逝之物和——用一个套词——私有之物的这样一种造型创造一个处境，在此该造型可望更恒久地、几乎比宇宙更恢宏地延续并存活。"创作"在这里无从谈起，更不用说，为了一个在更重大的关系中自发产生的现象，真的就走出去——这只是一件偶然的事。——不管从事哪种职业，不管能否忍受，您在这样的精神倾向中酝酿的东西始终有理由写下来，而且，不管现在是否有人知道并了解它；这样生成的每句话将会帮助您，不只是帮助，总有一天会告诉您，它属于哪里。

还有一点，如果艺术需要在您身上做好准备，在双重基础之上——您的职业将在您的此在中铺垫并加固此基础，那您就想一想，我们这个时代最细腻"最厚实的"诗人，斯特凡·马拉美，可以作为英文教师度过市民的一生……

以此祝您，亲爱的，获得信心和欢乐。

RMR

38. 致伊尔莎·布鲁门塔尔-魏斯

谢尔上部穆佐小城堡，1922 年 4 月 25 日

亲爱的最仁慈的夫人：

　　本来我早就应该为您的友好思念表示感谢。这份谢意如今虽然来得有些迟，但现在具有双重理由（复活节到了）；请您相信我的感谢发自内心，虽然我的表达必须比我乐意的更简短。我的笔已在工作纸上走了这么远的路程，所以几周以来它总是不情愿地踏上信笺的林荫道，即使那里兴许有美丽的景观，如您的沉思和关爱，邀请它去漫游和盘桓。

　　《圣弗朗茨的花腔》与我的心灵可以说是老交情了，至少就最早的文本而言。几年前，在意大利南部整整一个冬天，我每天早晨把我的邻居召集起来，给他们朗读这些简短而亲切的圣徒传说；他们总是仔细地听完一段，这足以使他们怀着特别的心情步入新的一天，然后每个人都以自己的方式利用或消磨这个日子。

　　至于贝尔-霍夫曼的《献给米里亚姆的催眠曲》，[①] 您现在提到它，同样给我带来特殊的回忆；我了解它大概是从它诞生起。当时（大约1902年）它是贝尔-霍夫曼所作的唯一的诗；凭借他那极其罕见、精益求精的创造性，后来另一首近乎完满的诗即第二首又问世了，我无法说出这些珍品的数量在此期间是否有所增加。如果从最初相识起（那时它无比美妙地出现在《潘神》里面）我就格外欣赏《催眠曲》，那么令我快乐的是，在后来的岁月里为它（我可以背诵）赢得同样无条件的欣赏者。我在瑞典住了半年，当时居然发生过这种事情，人们从别的农庄专门为我派车到我们的农庄来，就像派人去接一位医生，只是为了让我向听说这首诗特别优美的素不相识的村民朗诵这些诗句；每次我都为这一要求而感动，并怀着我自己也一同欣赏的无比幸福受命前往！

　　这里我还可以继续谈论您上一封信提到的另一个题目：犹太人的命运。在我看来，贝尔-霍夫曼（如此多的犹太人则似乎只是在民族的

[①] 里夏德·贝尔-霍夫曼：《催眠曲》，《潘神》第四卷，第88页。——原注

诸多危机和避难险途中演示这种沉重的命运）始终是犹太人的伟大和尊严的一个范例，即使在漫长而窘迫的流亡期间，这种伟大和尊严的实质也绝非不得不放弃。从我以前的一封信中（有关"信仰"）您已知道，我觉得犹太人——还有阿拉伯人和信东正教的俄罗斯人，以及其他东方民族——被赋予了何等的特权，凭借他天生的民族与宗教的统一，正是这种统一为他确保了一再显现的领先地位。他失去了脚下的根基，不得不在一块借来的土地上安身立命，这有好的一面，也有坏的一面；若不考虑个别伟大的例外，他必须滥用他的优点，以便在被排斥和无根基的处境中生存下去，他通常滥用了自己和他人。自我维持教会了他耍手腕施狡计，他以此改变了自己不稳固的状况，化不幸为优越；他既小气又贪婪而且怀着敌意滥用这种代价惨重的优越，不自觉地为自己报仇，这时他就变成了害人虫、侵入者、拆台者。可是当同样的事情，即战胜命运，发生在一个矢志伟大的人物身上时，从同样的逆境中就产生了那种崇高，对此斯宾诺莎大概是一个著名的例子。内在中心的灵活性和可移植性，它的独立性（但同时还有无根性，若非意识向下直至根源进入上帝之中）——那原本可运载的灵是通过犹太人的命运来到世上：一种闻所未闻的危险与一种闻所未闻的活动自由。根据不同的情况强调这条犹太人的出路的这一面或另一面，人们大概必须害怕或称赞该出路；同时下面的情形始终存在：这条出路导致的结果对我们全体最终是不可或缺的，是不能以思考和愿望消除的。当这种酵素足够长久地发挥作用之后，也许它又必须被收回并积存在它的最独特的容器里。从纯犹太人的冲动中产生的犹太复国主义意识，恐怕是走向这种也许必需的分离的一个开端。重新获得从前古老的土地，这种新的本土性于是既可从文字上，也可从象征上去理解和解释。只有当我们认识了犹太民族——这是很可能的，尤其是它一再被丑化，它不知所措，它那种被扭曲的有时乖戾的固执，当我们从它怎样历尽磨难中汲取一种力度，它必须从自身获得的强者之观念才会令我们惊骇，这是一个得到委任、担保和宠爱的民族！这些人哪怕流亡他乡也如此丰饶，他们还在成长，兴许会达到一种不可抑制的、上帝之中的丰饶；延续那段激情澎湃、硕果累累的丰收之历史，这将使《旧约全书》——不管我们在哪里翻开它——成为我们的事件和我们的气候。

就此驻笔。我向您，亲爱的最仁慈的夫人，致以永远忠诚和感激的问候。您的来信始终令我愉快。

对我们大家而言，剩下的愿望是：但愿姗姗来迟的春天终于可以为自己辩护，毕竟大致遵守时令。因为冬天已经够长了。

您的

R. M. 里尔克

39. 致克拉拉·里尔克

瑞士，（瓦莱）谢尔上部穆佐

1922年5月12日

我亲爱的克拉拉：

衷心感谢你五月九日迅速回复的短笺，昨天就到了：是的，你可以想象，我的心神简直与你们在一起，在我耳畔的欢声上。值此转折的紧要关头怎么可能是别的情形呢。这种与你们同在还会日益增长，直到十八日。[①] 我多么欢喜呀，布雷德瑙[②] 变得这般美丽；而且它会始终喜气洋洋，延至庆典之后，十七日和十八日欢庆的温暖将使小小的新居真正成熟。

我这里附上两封书信，是给露特和卡尔的，你可以凭你的感觉在十七日或十八日交给我们的孩子。这不是信笔挥洒之时：露特必须主要从她自身尽量意识到我很关心并予以确信，其次才是靠这样一种外来的表示，卡尔则一定会相信她的话：我将全心全意地参与这个喜庆的转折。

你自己，亲爱的克拉拉，对此也知根知底，我不必费力向你证明。一句话：我与你们亲密无间，一片真情！

[①] 5月18日，露特·里尔克与卡尔·西伯尔结婚。——原注
[②] 克拉拉·里尔克的住地，位于菲舍尔胡德。——原注

至于我个人的结婚礼物，我想等到我去老约克塔看望年轻的新婚夫妇时，亲自瞧一瞧那里最喜欢得到的是什么，那时再决定也不迟。我可不想毫无把握地草率行事。

对我而言格外美好：由于露特的喜事和人生转折，"1922"是值得纪念的，这一年对她和对我——此外还由于结束了我的伟大工作《哀歌》——永远都是美妙而意味深长的。

另外，温特图尔的那位朋友购置穆佐一事这几天就要定下来，迄今为止小城堡正是由他租下的；可能他将在同一日期来此完成交易。这对我也是一件值得高兴的大事。维尔讷·莱因哈特本人大概很长时间都不会住在穆佐，因此我——较之于他的其他朋友——始终有一定的优先权，可以时不时迁回这座给我提供了大有裨益的庇护的老房子……

最衷心的思念，你们的

莱纳-马利亚

40. 致鲁道夫·卡斯讷

瑞士，（瓦莱）谢尔上部穆佐小城堡
1922年5月13日

亲爱的卡斯讷：

您的书[①]恰恰来到这几天常常烦人的忙乱之中，所以此前我就是无法向您，亲爱的卡斯讷，表示感谢——虽然我已在两个安静的下午为我的朋友们朗读大作。

此外，完全准确的情况是，我已有此书；平时我虽有一些修炼项目，其中之一就是不要没有耐心——这次我还是迫不及待。岛屿出版社曾经不得不向我承诺，您最新的作品一出版就寄给我，四月一日书已到我处，二日（星期天，如果我没有记错）我一直读到深夜，因为不读完我就停不下来。

---

① 卡斯讷：《相面术基础》，1922年。——原注

大概不光是我有此感觉，这些（因为卷首语而更加恳切的）论文将自己再次引向《数字与面孔》，[1] 而且觉得现在才真正有能力完全参与到这部巨著之中。《基础》大概也旨在为其铺路，它时常是通向这部主要著作的一条去路，时常是一条回路或绕路，时常却又从中引出一个新的方向——进入自由之物、尚未触及之物；令我欣慰的是，我发觉您尽量克制，并未立即一同道出下一个和再下一个您几乎已熟悉的事物。因为"完整之物"大概从最初开始就处在您所有的著作后面，并且愈来愈多地集中于每部单个的著作中，很快这就再也无法掩藏，书中谈论的始终是它，只需是那一个、那个决定之物。

衷心的问候，亲爱的卡斯讷

您的里尔克

41. 致洛蒂·封·韦德尔

瑞士／瓦莱／谢尔上部穆佐小城堡

1922 年 5 月 26 日

最仁慈的夫人：

收到您的信和两个附件，难道我不该因此而乐意表示最快和最愉悦的感谢！

我知道，我把我的请求交到了多么善良的手中，因此看见它通过您的父亲而且以乐意成全的态度得到满足，并不令我十分惊讶；现在我才意识到我的要求可能相当过分。

至于那位杰出的女王，[2] 她的图片又回到我这里并应当属于我，这令我特别感动。您说得很对，其实应该把它放到日常环境的那些最独立的器物中间，而且它们是完全可以忽略的，这样才会在"火花"意外闪现之时，突然被它们不曾稍减的、复又翻新的强大存在所震惊所征服！

---

[1] 卡斯讷的著作，1919 年。——原注
[2] 参见第 25 封信的相关注释。——原注

就是说，这幅双头肖像又回到它平常的位置，在一个古雅的柜子上倚墙而立……

您打算去玛格丽塔城的春季旅游被迫取消，是的，由于迟来的春天，这或许不大值得遗憾，但是，身体的老毛病现在成了一道障碍，使您不能像迎接贵客一样盛情接纳已经来临并全力追补的春天；我也觉得这是完全不对的。全然不对，因为这里面临的是海德堡的春天。我有一位瑞典女友和一位俄罗斯女友，她俩曾经在海德堡学习，大约十年后都已出嫁了，几年前她俩再次重逢，我听见她们在一次宴会上交换对大学生活的回忆，准确地说，必须这样表达，她们彼此加深并鼓励这样的回忆……作为旁听者我并不熟悉海德堡，但每隔一阵我就忍不住问自己，真的可以想到这里谈论的是一座德国城市吗？它的花园，它的山路，对，它的重重天空：这里所回忆的一切充盈饱满，景色处处透出酣畅的激情和南国情调，透出一种极度舒心惬意的气氛，以致我可以推测这至少是在法国南部。而现在您自己恰恰采用了"令人心醉"这个词！

一种沉思的、一种同样知悉我们的命运……是的，人们常常期望靠这样一种命运来加强和证实自己；但它不也随即是一种从外部观察我们、一种在旁边关注我们的命运，有了它我们大概不再孤单？我们被置入一种"盲目的命运"之中，存在于其中，这在某种程度上毕竟是我们自己的目光和我们那种观照时的无邪之条件。凭借我们的命运的"盲目性"，我们才与宇宙的神奇的模糊物，也就是与完整之物、不可估量之物和超越我们之物有着很深的亲缘关系……

昨天我读了一本书，一个童年的故事，[①] 我觉得极其优美。在这些书页中，使容格-施蒂灵的童年如此感人的那种东西，百年之后再来估量，难道它会没有从现在起一切可能的、关联上的增长，它不会同时更多样地、处处联系更紧密地被包含到"模糊物"之中？

当"女王"回来时，我就在家里四处搜寻一件适当的回赠礼品，这本小书正当其时，我对作者素怀仰慕，请您允许我，最仁慈的夫人，把它当成一件礼物放到您手中，恰恰适合这几天与春天互相谅解的康复

---

① 汉斯·卡罗萨：《童年》，1922年。——原注

期。祝您尽快恢复健康，好在身边春意渐浓之时，您还能享受几分绚丽春色！

您的

始终忠心的

里尔克

42. 致多里·封·德米尔

穆佐小城堡，1922 年 6 月 23 日

尊敬的朋友：

您希望《罗兰之歌》能使五月的日子变得充实，这个愿望没有实现：这部煌煌巨著——为此我怀着期待和预先的欣喜向您表示感谢——还来不及翻阅，除了留有您可爱的字迹之处。因为耽搁太多，尤其因为五月份穆佐变卖给维尔讷·莱因哈特；他自己不能料理此事（因为他准备去西班牙旅行），于是我，作为代理，跟穆佐成了亲，我俩现在真的做了夫妻。随此变化而来的结果便是工匠开进来了，因为有些装修工作已不能推延；这些人前脚刚出门，我的（本来早已盼望的）客人后脚就到来了，而且像每次一样，全部到齐了。在这些日子我属于家里的朋友们，您也正巧把几本书寄回来，还有明信片，上面呈现出您的房子，居然也有您自己和扬，既真切又饶有兴味。因此未能立即回复和感谢，虽然塔克西斯侯爵夫人，在我这里待了两天，托我向您致以问候，十分真诚的问候。侯爵夫人来自威尼斯，但是在意大利（她也在罗马待了近六周）失去了您兄弟的踪迹；他是否还住在他的普拉佐，在佩萨罗上面？

塔克西斯侯爵夫人不吝对哀歌予以接受，经历这样的反应对我是一种深深的感动！有一天我给她读了全部十首哀歌，第二天五十首致俄耳甫斯的十四行诗，后者与前者形成绝妙的对照，正是由于这次倾听，我才可以感觉到十四行诗与哀歌的内在统一和关联。这两部作品仿佛不是我的（因为就其秉性而言，它们总归多于"属我的"），可以说本是赐予

我的；侯爵夫人当时惊叹，而我呢，如果允许我实话实说，是的，我也一样惊叹，没有别的，只有最纯粹最真挚的惊叹。——一切究竟何以天衣无缝。

这里已完全是夏天了，有时几乎可以说，比夏天有过之，或者允许至少用七个"M"书写这个词，① 并把它看成"somme"②的派生词。但是雨水比去年多。南锡和科尔马气候怎样，舍南贝格的情况怎样?！

一个请求：您还记得那种绿宝石般的浓缩薄荷糖浆吗（纯开胃饮料）？它是您母亲在巴塞尔（何处？）发现的，我从威尼斯返回时，正是以此饮料为印象概括了（我害怕是这样）那里的全部经历。在此若有这类饮料以度炎炎夏日，倒是一种口福。要是您去巴塞尔，能否替我买一瓶寄来？但只在方便之时！

一千遍问候，
您的
因卡

43. 致诺拉·普彻尔-维登布鲁克

瑞士，（瓦莱）谢尔上部穆佐小城堡
1922 年 7 月 14 日

亲爱的最仁慈的夫人：

您美好的（始终还是最新的）书信于一月二十五日到达这里并一直未予回复！事实上，大概我并未把心思完全放到我们愉快的通信上，我不得不为这次停顿和我的散漫而忧心。但是那段时间我就要最终进入我已长期无法着手的最重大和最具决定性的工作之中心；我如愿以偿，于是我随后长时间无暇他顾。但尽管神圣的心灵风暴后来又渐渐趋于平息，我还是不想与人交流，因为从那里复归于人，路程相当漫长……这

---

① 德文的"夏天"（Sommer）只有两个"M"，这里以此形容酷暑。
② 法文：睡意，困倦。此处由德文的"夏天"联想而来，当指热得使人昏昏欲睡。

种事情我自然不必向您过多解释；您自己心里就有对那种极度着迷的诸多回忆和证据，我只需引证您的经历，您就能明白我的艰难和福乐。就是说这次取得了一个胜利，我牢牢依靠古老而美好的穆佐，它则为我保佑了这个胜利并使之成为可能。

到了六月终于可以重新转向外部：一些亲切的来访对此颇有帮助，其中包括玛丽·塔克西斯侯爵夫人的拜访。您可以想象我多么欢乐！我能向她展示，一九一二年始于杜伊诺的工作终告结束，现在它将永远明确地与这个地点连接在一起。这对我们俩（在十年之后！）都是一种难以言状的感动。

今天这封信算是对您和您的亲人的情况的一个询问。希望可以听到全家安康的好消息，首先是尼娜，往下直到年幼的、您上次写信之时新添的猎狐犬。

此外还有一个问题：在这个夏天（或初秋）期间，我去克恩滕拜访对于您是否同样适宜，可以同样方便地列入您的安排，如像去年一般？我不想草率地断言此事确定无疑，但是可能性确实大得多，现在，长期中断并受到威胁的工作既已结束，我便萌生了某种度假意识（至少偶尔）。另外，由于家族事务①前往维也纳，也许还去波希米亚，恐怕此事到八月份就已势在必行，不容推卸；简单地说：谨慎对我告诫，要及时向您询问，以免与您错过或是突然通知教您措手不及。

您就给我写上三言两语吧。关于小巴尔图斯，我会口头为您讲述，我打心眼里感到高兴，您对"咪丑"有这么多关心的看法并能这么热情地予以接受。我这位小朋友的母亲②（她本人善于在她的画中如此幸福地表现自己）下周来此探访，准备夏天在穆佐住些日子，她也与穆佐颇有缘分：因为去年我们一起发现了古老的小城堡，而且后来它真的派上了用场并被"驯服"了，这主要是我这位坚定的女友的功劳。

您想一想，那该多好呀，如果现在这个夏天，一九二二年，能以下述事件记载下来：我为自己找到并发现克恩滕，我的血统的发源地，由

---

① 里尔克的外甥去世。——原注
② 克洛索夫斯卡夫人，画家。——原注

于这样的重逢,我准定对我的血统(谁知道它?)有所察觉,也定能大致明白家族的变迁。除此之外,我还终于可以同您握手言欢。

怀着这种希望
您的
里尔克

44. 致伊丽莎白·封·德海特

瑞士,瓦莱/谢尔上部穆佐小城堡
1922年8月17日

尊敬的亲爱的封·德海特夫人:

我心中何等震动,紧握您的手:请让我,以自己的笔迹,重复,是什么,昨天就已经,我向您保证,赶在我的电报之前:消息传来后我每时每刻都处在令人震惊的噩耗的影响下。希望您能感觉到,我是这些人中间的一个,他们对卡尔·封·德海特,鉴于他的沉静深厚的懿德,始终是忠诚和喜爱的:如实了解这种关系便足以顿时明白,此关系必定早在怀念他之前就已变为最持久的,这自然加重了悲哀和敬畏,而且是为其实质增添了不可言说的蕴涵。

甚至简短的讣告也让我察觉并知晓,在过去的几年里,您看在眼里记在心上的,大概是何等忍耐和克制的范例,何等忍受和顺其自然之证明,日复一日和最终何等的勇气。

在我看来,似乎我并没有像当时情况看来那样疏远这一切,虽然如此,虽有这种可以感觉的内心亲近,现在我还是一遍又一遍地谴责自己:在最后那段时间以及之前,为什么没有与这位忠诚而明智的多年好友常通音讯。我的沉默一部分是由压抑和焦虑造成的,我的笔因此提不起来,因为我很清楚,只能给他写些愉快的书信。同样令我欣喜的是,那时候我可以为他预备一个真正的好消息,不久即可告之:本来很快我就能向他讲述,十年来始终悬而未决的一项重大工作已告终束;我之所以还在推迟这份报道,只是为了尽可能同时随信呈上一些校样。我时常想象,恰恰这个慢慢成熟的新成果对他会是如此可爱和亲近,就像当初他还年轻时的《时祷书》一样,这本诗集就是诚挚的、常常大有裨益的信赖的真正基础,而我可以为他那方面的信赖感到自豪!卡尔·封·德海特再也不能被列入有朝一日这本书应当赠予的那些人之中,猝然永别不啻是我那种此外靠许多回忆滋养的痛苦那最敏感的一处……

我或可请求您,也让帕尔姆男爵夫人和您的亲人,特别是耶尔达-多萝西娅,此时想到这一点:由于意识到我自己的损失,我感到同样被包括到他们巨大的灾难之中。您准会同意给予我这种痛苦的权利,我从中也得到一份恩惠,那便是可以永远忠实于您,亲爱的封·德海特夫人,忠实于昔日的友谊。

您的

里尔克

45. 致 E. M.

(瑞士)瓦莱,谢尔上部穆佐小城堡

1922 年 9 月 13 日

我的善良和尊敬的朋友,单单看见您的笔迹,在我阅读之前,就让我害怕某种沉重眼下支配着您;现在这种极度沉重竟出自极度的美妙:如此沉重的感觉能出自如此福乐的感觉吗?既然您自己现在还不知道,这种刚才还是福乐的感觉是怎样解脱、解放并激励您的。直到何时?为何不再?

您的信有两种读法:昨天我的推测是,你们俩(也许相互)使对方过于长久地受到那种伟大情感的最强烈的照耀,如此长久,直到刚才还带来增长和丰盈,那同样的照耀显得太多并开始摧毁:你们现在势必不自觉地为此自食其果。

今天我的理解又不一样:根据这种经验——您仍然处在其中并竭力挣扎——您似乎必须将自己看成这样一个人,他作为恋人(当求爱结束时),由于内心的厄运而觉得自己非此不可:采用仇恨的手段和工具,同样是不自觉的,把它们当成一种更深和更神秘的享受的代用品……这种发现当然可能使您无限痛苦和迷惘，但未必令您惊慌：大概它只要求您接受这场与您最内在的本性的偏执和迷误的斗争，谁知道，恰恰为此您大概已靠那些变化和成功多么完备地武装起来，而它们正是那个人的爱慕和倾心在你们相交的一定时间内为您带来和促成的。如果您现在对自己感到害怕，因为您发觉，您这个人对一度到手的那个宠儿正变得放肆和可怕，对那个人成了一种折磨，那么为了改变这种情况，您不妨试着这样去想，世上没有这种事情：获得并占有一个人，于是便有权为了自己的（经常以许多厄运为条件的）享受而使用他，是的，世上没有、不允许有、不可能有这种事情：使用一个人；尔后您会发现那种距离和敬畏再度形成，它们使您以求爱期间您自己的那些标准去重新衡量您的恼怒。这种事情经常发生，您所经验的某物既被爱也施爱，像此物一样，一种幸福不仅在一个年轻人身上释放出新的力量，而且尤其揭开他的天性的其他更深的层次，于是最阴森的发掘物从中惊心动魄地冲撞出来：但我们的诸多混乱从来就是我们的财富的一部分，当我们为混乱之暴力惊恐不安时，我们却只是对自身力量的未曾料到的可能性和敌对感到害怕；只要我们对混乱取得一点距离，混乱就会立即在我们心中激发对新秩序的预感，而一旦我们的勇气愿意哪怕最低限度地介入这样的预感，混乱也会顿时激起我们的好奇和兴趣：建立那种还无法预定的、未来的秩序！

我写下了"距离"这个词；如果有某种看法算得上一个忠告，在我看来是自己有能力向您提出的，那大概就是这种设想：您或须努力寻找这种距离，即与现在的惊恐，而不仅是与您的心灵那些新的状态和增长保持距离，后者当时出现时，固然为您所享有，但是您还完全没有从根本上占有它们。一次短短的分离，几周不要见面，让自己再次开始，重新归纳它们的特性：极度丰盈而现已解除，这样做或可提供最大的可能性，以挽救似乎在自身之中和通过自身而摧毁自己的那一切。无论现在我的第一种读法言之有理，或是另一种更接近您的经历和您令人痛苦之真实，或者是否总之还可以从您的只言片语中得出完全不同的理解：那个唯一的忠告大概在任何情况下都不可能不对。使人们陷入错误之中而不能自拔的，莫过于天天重复这个错误；多少人彼此束缚于最终僵化的命运之中，有时借助于短暂而彻底的分离，他们本来能够为自己确保那种调和，它足以使他们心灵的神秘活动深深地贴近宇宙内空间，从而永不枯竭，变化无穷。

我能说出的大概就是这些了，我不揣浅陋，尝试以此报答您的信任。祝愿您很快觉得自己更有信心。

R. M. R

附言：虽然您的刚刚收到的明信片要求收回上一封信并取消其部分内容，可是我并不想因此也废弃我这封信。这样倒更好，如果您已自己找到了它试图告诉您的办法并付诸行动：这张明信片的语调果敢而又清醒，可以让我如此推测。

46. 致赫尔曼·比内曼

瑞士，（瓦莱）谢尔上部穆佐小城堡
1922 年 9 月 15 日

尊敬的先生：

您这封考虑周全、措辞优美的书信几天前就已到了我手中；我想立即说明，只是由于外来的耽搁我才未能即刻回复。现在我饶有兴致地提笔写信，因为您向我提出的建议正合我意，并不需要反复思量。其实一读完您的信文，我就已决定接受这项特别愉快的任务，至少当它是一个尝试：至于您是否认为我的工作是成功的，因此"委托"业已完成，这将由您来判定。

这些年来我虽然较少接触日本艺术，但有些关系和渠道在此之前就已建立起来，我并不怀疑，铃木春信①的那些侍女肖像（其中有几幅我大概曾经见过），通过更仔细地观赏，也许能给我带来一种心境，这或可充分地加以利用，即移情至有关版画，让我沉思或触类旁通。

简而言之：您可以发现我已做好尝试的准备，而且对您能想到提议

---

① Harunobu：1718—1770，擅长仕女图的日本画家，在此与完成这项委托无关。——原注

由我来做此事，今天我就已怀着感激之情：因为我的创意能否有一个好的结局，能否取得您大致期待的那种成功，眼下虽然还未见分晓，但另一方面已可断定，有关您收集的木刻系列的研究工作——不管从中得出什么结果——对我一定大有裨益并带来诸多感受！

就连您对此"委托"所期望的样式——不仅由于您的铺垫和慎重——也根本没有令我惊异。

我承认自己有时暗自惊讶，为何某个诗人一旦技艺精通，就再也不插手这类事情……为何无人想到，用一个负有特殊要求的诗句去修饰并从精神上赞美一匹心爱的马，或亲如朋友的狗，或一个每天喜爱的物，或是他的公园里面某个一日不见便若有所失的地方。既然诗人一再强令自己倾心于某个虚构的人物或地方，他怎么会觉得这样更虚假呢：以他感人的手法去探索一个真实人物的诚实经历，让自己很好地驾驭一个得到承认并给他独特感觉的客体，于是他才能够有目的地发挥自己把握下一个被提升的要素的能力，使之超越真实，转向虚构。

您的委托之结果不得公开采用，因此这个委托对我尤其适宜并颇具诱惑；那种（可以照常设定的）图像配置，连同纸夹本身以及画图之精美，大概注定永远是您个人拥有的一个收藏物，可以说是您本人和您的家庭的一部分；您所建议的这一点也许最初和最终决定了毫无保留的欣然受命，请您从字里行间揣摩领会。

  怀着真挚笃诚的忠实
    您的
      莱纳·马利亚·里尔克

47. 致伊尔莎·雅尔

瑞士，（瓦莱）谢尔上部穆佐小城堡
1922 年 12 月 2 日

你，可爱的姑娘：

一个小小的奇迹：你的信最终找到了我，二十多年来我再没有住在最初投递之处。可是此时，你应该知道，我为它那纯洁的声音感到愉悦。这声音怎么可能对我微不足道呢，既然任何楼板的嚓嚓声都会令我动心。您肯定感觉到：我的世界是从物开始的；所以其中哪怕最渺小的人也是惊心的伟大，是的，几乎是个极致。你真的也并非如此贱微，你，感觉中的少女。你还该知道，我从来不读"别人"为我的作品所写的东西，不管在报刊上，还是在已有"学术"味的书本中；我对一切一无所知，因此每个真实的合乎人情的声音都可以在我的心灵中找到最丰富的空间。但我随即继续引导你，从我走出去，靠近我为自己，在外部，建立的形象——更有效更持久。要是你觉得那个形象伟大和优异，你就求助于它吧。谁知道我是谁？我实施转变并转变自己。它则是我的转化之界限，是其纯粹的边缘；要是它向你辐射爱，达及心灵，那好吧：就让我俩信奉它。

莱纳·马利亚·里尔克

48. 致维托尔德·封·于勒维

（瑞士）谢尔上部穆佐小城堡
1922 年 12 月 14 日

尊敬的先生：

您的信以这个词结束：宽容；但是现在它有更多更多的理由为我的书信作起首语，因为我耽搁了回信，没有及时感谢你们令人愉快的切实关照。由于普遍的不安，今天人人都有诸多窒碍和阻障，我这次恶劣的延误也该归咎于此；收到并读完您美好的书信，尔后我只有一个念头，审阅了您的罗丹版本[①]就立刻回复。至少为这个版本，为这本漂亮的书（里面收录了由您翻译的我的文章），当时我可以马上抽出时间，是的，我的俄文知识，虽然有些淡忘了，甚至定能在一定程度上帮我破译您的导言。我的感谢并非纯属客套，我向您保证，您打算用我的文章作那套

[①]《论罗丹》的波兰文版，1923 年。——原注

传记丛书的开卷，真让我感到荣幸。

对于真实而准确地估价罗丹及其作品，我写于二十年前的东西（该书第一部分确已年代久远，另一部分也只晚一点），大概算不上最重要的文章；若不考虑我的观念过于幼稚，我还缺少距离，我接近大师的整个方式是片面的，完全取决于此，即从他那里获悉并向他学习对我必要的和大有帮助的东西。倘若我今天再来描述那个伟大的事业及其创始者，恐怕钦佩：甘愿钦佩和必须钦佩一定始终还是本人观点之标准和表现手法；但是面对诸多厄运，它们（从更大的距离加以审视）已经威胁并最终压倒了罗丹本身的存在和他以此奠定的成就，这种钦佩如今想必已变得难上加难。当然，我那些随笔至今也还有一种合理性，在我看来，为此提供保证的则是，正如您已正确地看出，它们合乎人情地沉醉于伟大的典范，它们坚信，创造艺术是一项最朴实和最艰巨的工作，但同时是一种命运，而作为命运，它比我们每个人都更伟大、更强悍，直到最终不可估量。您想在您的故乡为此信念赢得读者和朋友，为此我最衷心地感谢您。

此外，可归入我名下的其他作品，您也有所接触，对此，我只能用剩下的空页向您表示谢意；尤其让我高兴的是，您还谈到了布里格手记。那本书之后，就是说十多年来，我的确没出版任何东西；"岛屿"现在又才印制两部诗集：《致俄耳甫斯的十四行诗》和《杜伊诺哀歌》。

最后让我为您自己的创作给您写上几句美好的祝愿：祝您创作愉快，在形式和最深的内涵上皆日益精进。

感谢并忠于您的

莱纳·马利亚·里尔克

附言：既然您也从事法文翻译工作，我现在就请您关注保罗·瓦莱里的著作，他的散文作品以及诗歌（最后一部诗集《幻美集》，1922年）。这是一位最富有塑造力的诗人；大概这是一个重要尝试，您应该致力于向您的同胞们赞颂他而且——如果可能的话——报道他。（我正着手把他的几部作品译成德文。）

RMR

49. 致克拉拉·里尔克

瓦莱/谢尔上部穆佐小城堡
1922 年 12 月 20 日

亲爱的克拉拉:

你十一月二十四日的来信使我无比快乐,但你确实不必为十二月四日再对我有什么新的表白,更加亲切生动的话儿恐怕也说不出来,既然我已常常收到你那些真实的、对我意味深长的祝愿,所以在这个生日我也确信不疑,你的祝愿一如既往。

露特给我写了信来,既温馨又欢快,我们俩的生日排得凑巧,于是我正好可以随即为她的生日向她回致万事如意。昨天我又收到她一封愉快的书信,信中向我报告,卡尔已获准休假;现在他俩满心欢喜,可以在你那里、在布雷德瑙度过圣诞。我感到这对你们大家将会多么美好呀,而且我也在最真挚的思念中启程前往,好让你们——至少从只言片语——愈加感觉到我也在场。怀着信心高高兴兴地庆祝这可爱的古老的节日吧;可能我今年也会再次给自己做一棵小小的圣诞树,在下面餐室里;此外节日那几天将与平时完全一样,除非我恩准自己暂停写信,去亲近那些等待我安心阅读的书籍。自从我的老管家回来以后,一切都走上了平常有条不紊的正轨,这让我觉得非常惬意;只是,虽然面临这件大事,时间也过得太快了些:圣诞已临近,我不知道怎样来临的!

给露特准备的贺礼,我已于十二日随生日礼物一道寄往约克塔,从露特欢喜的言辞看来,贺礼就是她最中意的。至于你,我想可以把新书寄给你(当然露特也有一份),"岛屿"尚未给我任何通知,我相信印刷和装订没有及时完工。所以先只寄出一册《岛屿船》杂志,上面有几首十四行诗,[①]让你先睹为快(望你切莫将其据为己有)。还有一张美丽的相片,是罗丹和罗丹夫人的近影,它有权把这两人终于领到你面前:于是我们就最终认识她了!它会在你心中唤起多少回忆。早在春天我就

[①] 《岛屿船》第 3 年度第 6 期,第 241—245 页,里尔克:《致俄耳甫斯的十四行诗》节选。——原注

从一期旧《插图》上为你剪下了相片,可以看出不过是杂志上的劣质纸张,在你的画室里却是适得其所!

(你可不要着凉了,在"简陋的楼顶间"。)

我亲爱的克拉拉,祝你和孩子们一切顺心!如我所言:我的心与你们在一起!(也问候外祖母和赫尔穆特。)还有一个问候给新朋友平托,我对他颇有兴趣!

你们的

莱纳-马利亚

50. 致霍恩洛厄亲王

瓦莱,谢尔上部穆佐小城堡
1922年12月23日

尊敬的亲王:

怀着何等的喜悦,昨天晚上,我认出了您的手迹并当即拜读:这是为新的一年送给我的第一份祝愿,我几乎尚未想到,旧的一年的界限已近在咫尺;可是,我虽然住得偏远过得孤独,日子却这般飞速逝去,真的就要逼近此时——了结这个(即将告终的)年头,就像撤掉已经吃腻了的一道菜肴。这个够了!"请上下一道菜!"人们会叫嚷并希望"能按著名菜谱精心准备和烹饪"![①] 否则我们的胃口确实值得怀疑。

现在我要向您回致最衷心的祝愿,尊敬的亲王,遗憾的是我必须由此开始,但愿发生在您身上并只给您带来疼痛和烦恼的这个"纯属多余的"意外事故,接下来可以相当正常而迅速地结束!何等的不幸啊!除此之外,我的祝福涉及凡是能够有益于您的一切。关于普遍的情况,我其实是这样看的,不可能变得更糟,这是一种知足的看法,希望得到更好的,即它最终——我这样想——必定感动亲爱的上帝。听说您"在外面"颇有难处和不如意的事情,这叫我无比伤心,唯愿这些麻烦也日益

---

① 原文为法文。

缓解，您当时选择巴登魏勒为下一个避难地，看来是作出了暂时最妥当的决定，这毕竟算是尽力而为了。

我能至今——而且能继续——在我古老的塔楼里坚持下来，为此我得表扬自己，天天表扬自己（除了夏天到图恩湖去了一趟，我从未外出），前一阵似乎有此希望，我可以冬天去巴黎，但这个海市蜃楼很快就消散了，我明白，坚守在此是最正确的，只要还没有一股真正能承载而且可大致信赖的激流推动我在此抛锚停泊的生命之舟。

普鲁斯特——您提到普鲁斯特：您对他的作品怀有好感和兴趣，让我无比欣喜。由于一件偶然的事情（我以后再讲给您听），我当时是《在斯万家那边》①最早的读者之一（1913年！），因此也是马塞尔·普鲁斯特最早的敬佩者之一，这是那次阅读之后立即产生的自然结果。最近借他的葬礼的机会，安德烈·纪德勾起了我的回忆，在这位伟大诗人最初的敬佩者中间也有我的位置；现在您可以想象，当年我是怎样以同样的状态出一卷就读一卷，这个名人去世又令我何等震撼。眼下还根本无法预测，这些著作为我们以及未来的人们开启了什么样的一切，书中充满了发现之宝藏，最不可思议的则是运用了最大胆的、常常闻所未闻的手法，况且那么自然随意，风格上那么沉静；若是换一个人，大概只能把事件之间的连接线当作辅助线并敷衍过去，但在普鲁斯特笔下，这些连接线立刻同样呈现出装饰之美，即使作为花纹，它们也有长效并反复出现。他敢于用直觉的线条勾勒出最怪异的搭配，但此时又让人觉得，他仿佛只是追随一块打磨过的大理石里面固有的脉纹，同时他那完美的解说节奏再次令人惊诧，他的解说从不黏滞于某处，而是游乐，好像刚要在某物上盘留一番，复又将其放走，既显出难以超越的精确，却又容许并留存简直不可估量的事物。他只是偶尔在夜里离开他的房间，在这个墙上砌着软木板的（近乎寒碜的）屋子里，这位罕见的真实言说者想必目睹生活在眼前不断敞开，犹如一只巨手，掌纹一目了然，于是再也不能令他惊异；只是还有，日复一日，无穷无尽的任务！一旦走到这一步，人们必定多么热爱工作呀！

---

① 原文为法文。

尊敬的亲王，您询问我的工作结果：那两本书也许在印刷中，但是还无法预计何时完工。确实一切都遇到阻碍，被拖延了，我感到惊讶，在如此荒唐的情况下有些事居然可以完成。不管怎样，他日给您寄来我的"新作"，对我都是一种快乐（的确也始终是我的愿望！）。

这次再会吧。我把自己完全托付给您亲切友好的思念。

永远忠于您的

里尔克

51. 致盖奥尔格·莱因哈特

谢尔上部穆佐小城堡
1922年12月27日

亲爱的盖奥尔格·莱因哈特先生：

您以这本美妙的书《温特图尔的莱因哈特》给您的家族、朋友们以及您自己带来了极大的欢乐；我要感谢您，因为您如此友好善良，愿意将我算作有资格在圣诞餐桌上见到此书的那些人；它无比快乐地丰富并装饰了我的餐桌；不仅如此，它还果真为我准备好了圣诞节日：就在这一天，周围一片安静，我几乎把它通读了一遍！我觉得，这个美好的实现与您大概计划以此表达的往事正好吻合。在选择修订者方面显然您非常在行，他们俩表现出那种最纯正的风格和那种诚实的准确，如果没有他们，完成这样一项任务是不可能的，要么很难令人满意。基调定得极好，既避免了枯燥的列举，但又始终与数据密切相关，而且没有加以改动（有时候大概难免有这种诱惑）。

这类家族史具有朴实而纯真的价值，应该给予高度评价。在很多情况下，瑞士能够提供这类史料，比较而言未遭损毁（某些方面与其相似的斯堪的纳维亚国家也有此好处），它也以此为一段真正市民的历史作出贡献，这段历史有许多匿名然而持续的成就，但是整个被忽略了，人们偏重于引人注目的事件、战争、国家的举措、显赫炫耀的活动，历史的法衣便是由这些拼凑而成。从一本这样的书中，读者可以获悉多少关于人的情况呀，同时怀有某种感觉，此感觉又会对个人更加沉静的本性产生决定性的影响并大有裨益；在此，往昔之寂静拂荡而来，渗入当代之寂静，因此几乎不可怀疑，家族精神和这种意识——传统上而且并非偶然地属于某个特定的人群，从这些书页中透露出来，继续影响此书首先涉及的那些人，同时又给予告诫、启迪和安慰。阅读之后还有更多的话要讲：但我希望，凭以上寥寥数语您能看出，您美妙的礼物特别令我欣喜，我怀着最急切的心情将其据为己有！

为正在来临的美好的一年表示祝福，现在真的已是时候了：请您接受我最衷心的祝愿，为您的尊敬的夫人，为您自己，也为围绕你们俩那小小的逐渐成长的未来。特别的祝愿留给您即将启程的远大的旅行。

一月初您就要踏上旅途，如果情况不变，大概等您返回特塞托伯尔时，我才能给您寄出（也可能带去）我那两本在穆佐完成的新书；因为出版社通知我，新书寄到也许还需要一个月。我非常高兴把书送给您，今天就此问候您，以向您伸出的双手，虽然明显是空的，但确实充满真诚。

永远忠心耿耿，您的
里尔克

52. 致露·安德烈亚斯-莎洛美

瑞士，（瓦莱）谢尔上部穆佐小城堡
1923年1月13日

我亲爱的露：

今天想必是俄罗斯的新年！但是近来，在西方新年的早晨，以及圣诞夜与这个早晨之间，我已常常想念你，觉得同你在一起：那时我还想到，要是把写信推迟一点，就可以随下一封信寄上哀歌和十四行诗；我的估计大有失误：在去年最后一天见到的不是首批样本，而只是哀歌的复校，错误还相当多，于是我只好把校样铺开，而且恰恰铺过新年的门槛。午夜告终，一九二三年的第一刻寂静，此时我正好在校对和阅读

第五首哀歌！我很高兴，可以这样开始（既然某种分割总之应予承认）。而你呢？我经常忧心忡忡，亲爱的露，为你，为你们，我听说并想象，德国的一切怎样变得越来越荒谬，生活和赞美生活几乎已变得不可能。当初大家本来能够为和衷共济做好准备，但现在看来，唯一适当的时机已被各方耽误了，这正是一九一九年给我的印象，目前意见分歧日益加大，失误之多不胜枚举，已经积成多位数；无奈、绝望、没有诚意、合乎时代精神的期望——不管代价多大也要从这些灾难中捞取好处；这些错误的力量使世界偏离了轨道……

但也许世界没有变动，也许政治上什么也没有发生，不管在哪里，人们一旦进入政治下面的一个层次，一切看起来就不同了，人们认为，某种最隐秘的成长及其纯粹的意志只是利用那些混乱，好使自己在那下面安然无恙并回避别有所图的好奇心。（恰恰在法国，在那些不参与政治的人身上，在那些发挥内心作用的人身上：有多少转折、更新、审慎、一种突然——几乎违背其意志——被继续反映的精神又有哪种新的定向……我不知道你是否关注过普鲁斯特，他的影响是空前的，但不仅他的影响仍具有转化作用，而且曾经从他那里起作用的东西，正在从别人和更年轻的人那里同时起作用……）我这里条件有利，能够关注这一切而困难不大；我翻译了保罗·瓦莱里，觉得我的译文与他的伟大美妙的诗歌相当吻合，以前翻译时，从未如此有把握有眼光，当然这次常常十分艰难。（你知道，他，瓦莱里，纪德的朋友，师承马拉美，几个早期出版物之后，沉默了将近二十五年，从事数学研究，自一九一九年以来又才潜心于诗艺，现在每个诗行，当其运行之时，皆有这种深深的憩息相依相伴，这是我们任何人都无法驾驭的。极其美妙。）虽然瓦莱里由于语言障碍，完全被排除在德语之外，可是秋天在瑞士巡回朗诵时，他写信给我："Vous étiez l'un des Objects principaux de mon voyage."① 一切真实的关联多么富有预感和不可阻止呀。遗憾的是，我当时未能与他见面，由于最荒唐的原因；因为不可能让人寄来奥地利或德国货币，我现在被幽禁于穆佐的老房子里，越来越像个囚犯，这里一切东西只还够

---

① 法文：你是我旅行的主要目的之一。

用一阵子，但是向外的每一步，哪怕只到洛桑，都越来越不可能！诸多窒碍或许会将我围困并禁闭，但毕竟是在不大偏僻而且受到保护的地方，这样一想，我又为何不该比较看轻眼前的窘况呢？现在我不可过于看重外出走动；这大概只会使我陷入困境。去年夏天我曾有各种计划；但还只是接近最低限度的实现，立即就有许多儆戒，于是完全相反，我竭尽全力让自己勉强留在穆佐。倘若世界不是这样乌烟瘴气，那么在这个对我十分重要的结束之际，换一个环境肯定有意义，而此意义也会迟早见效。但当时最好如此，牢牢抓住现有的和经过考验的东西，对它忠诚并深怀感激。尤其因为我的健康正在经受特殊的震荡：任何激动，包括工作的激动（经常让我几周都不能平静地进餐），日益频繁地投射到胃窝里面那个中心、交感神经、"太阳丛"，在那里我倒真是可以取消的，对那两个中心的对抗与协调，我有着奇特的经验，即大脑的中心与那个中部的中心①，后者估计就是我们的中心：对于可见之物以及不可见之物！

　　然而，我并不过分担心这些侵犯中部器官的波动；顶多如此，我使用我的能量，在进餐的时候"关掉"出自精神或心灵的剧烈震荡，借用我对付失眠通常奏效的方法。这个伟神：睡眠；我对时间毫不吝惜，每次奉献给他——时间与他有何相干！——十个、十一甚至十二小时，只要他愿意按他的脾性大发慈悲，沉默而柔和地照收不误！不过遗憾的是，现在我难得有一回早睡；晚上是我的阅读时间。手持诱人的书卷，四周是那么的静，简直难以想象，于是我通常午夜过后还迟迟未眠。高高的墙垣之间有许多从未发现的空隙，一只老鼠在里面过着小日子，这也为增多那个秘密作出了一份贡献，这片大地的神秘的黑夜，永无忧虑，正是靠此秘密滋养。

　　我曾深深体验到本地风景的恢宏气势，而且必须有意地将其尽量保持在眼前，以便继续分享，可是对这风景本身，我现在居然麻木了，夏天就已经这样，令我惊讶。环境触动我们的感觉，而环境之当下总在重新调配，在这种情况下，感觉迟钝真会如此严重吗？那么面对人和事物，习惯也会使我们变得麻木不仁，而且大有过之：人们是否应该以此

---

① 即胃窝里面那个中心，胃处于人体中部。

安慰自己，兴奋之曲线在内心领域继续延伸；但是怎样追踪它，在那里，它肯定会在密实的媒质中断裂，也许变得无法辨认，只是在那里显得厚重，即同样失去来源的其他曲线与它交叉之处，在那些交点的奇特骚乱之中。

亲爱的、亲爱的露：很快就会有你的消息吗？你曾经外出，何处？生活日益沉重，在这种太多负重之中你们总之还能过下去吗？偶尔你有俄国的消息吗？一句话，请写信给我，这一年并没有真正开始，如果我没有先在这里面，在新的空间之中，听见你说出一番话来。

自结婚以来，露特好像生活在巨大而充实的幸福之中；她的一切能力——幸福快活地过日子，都得到运用和发展。在公婆的大农庄里，他俩住的是那个老旁侧庄园，因此，目前情况虽然恶劣，苦难咄咄逼人，在每座城市都不可避免，他俩倒没有完全如此受其主宰！

再会，亲爱的露！向全家致以许多美好的问候。

你的

老莱纳

（大叔在做什么？）

53. 致福斯特博士

瑞士，（瓦莱）谢尔上部穆佐小城堡

1923 年 1 月 17 日

尊敬的先生：

瑞士的朋友已经向我通报，有一篇十分值得重视的文章发表在《逻各斯》杂志上；[①] 您想将其单行本献给我本人，我现已收到，因此我有义务向您表示真诚的感谢并立即作出一番陈述。也就是说，请您对此给予谅解，如果对您的赠书之内容我不会发表任何意见，现在不，将来也

---

① 奥古斯特·福斯特：《神秘主义的虔敬在里尔克笔下的诗意表达》，参见《逻各斯》第 II 卷第 2 册，页 224—255。——原注

不。这是我二十年来的习惯,从不阅读和了解有关我的作品的任何出版物;只有唯一的一次,在埃伦·凯那里,[1] 我强令自己破例是出于友情。我把这种做法固定下来,因此我有意使用"习惯"一词,它任凭每个人将其看成一个坏习惯,是的,几乎诱使他这样去看(本来就没有什么好习惯;一切好的行为,而且这么频繁、这么不由自主地一再重复,每一次都是新的和自发的)。

够了;我清楚地知道,人们可以抨击我这个最基本的矛盾,可以指出,仅仅在出版之事实中就已包含与公众争辩的决心;但对此我可以保证,若不考虑最早的和年轻时的作品,我没有一个成果旨在以这种意义问世并引来闲言碎语。反倒是我很早就觉得,在某些精神产物的本质之中仿佛存在着一种感觉,即感到在我们身内和我们身边没有足够的保障;于是这可以说是这些产物独具的驱动力,它将它们向上或跨越式地提升到一个领域,在那里它们——并不受制于我们的无能——可望延续一阵。下述观察引起我越来越多的思考,我观察艺术作品的这种延续是多么的纯粹,因为作品从自身之中开拓出它自己的空间,这个空间仅仅表面看来是与公共空间同一的,后者当然声称占有了这个新东西。

如果有一点令我感到遗憾,那便是您未能将岛屿出版社——在中断十年之后——正准备推出的那些较新的作品纳入您的考察范围。但是这又有好处,不久我就会拥有两本书,以此我可以从根本上回应您的关注。

请您相信,我很高兴这样做,并请您接受我所有感谢的问候。

莱纳·马利亚·里尔克

54. 致 L. 特罗尼尔-富诺夫人

您惦记您的书一定很久了!迟至今日我才满足您的请求,您瞧,对

---

[1] 埃伦·凯:关于《一个寻找上帝的人》(里尔克著)的出版情况,现收入《灵魂与作品》,1911 年,页 153—232。——原注

这无法估量的延迟我确实惊恐不安。这些反常的岁月强加于我诸多外部和内部障碍，它们应当对不可弥补的疏忽承担责任。

我必须如实说明，平常我总是回绝这类要求，以使书中的题辞只能看成是个人交往，这大概以彼此认识和彼此感动为前提。但是，我已让您久久地等待，对此必须有所补偿；此外，发现书页之间夹着许多玫瑰花瓣，我顿时便有一种成人之美的心情，这也正是我的习惯，于是我觉得您的关注和您的愿望更加贴近、更加亲切。

但愿这本回归的《时祷书》以及题辞能给您带去我的美好心意，它已有一段时间借我的环境充实自己，最后您就以这种友好来弥补它长久的缺失吧。

莱纳·马利亚·里尔克

> 朝着上帝下行很难。可是看：
> 你只有空空的水罐，虽费尽心神，
> 但突然：是女孩，少女，女人——
> 足以满足他，永无极限。
>
> 他是水：你只需做成纯净的碗盏
> 用两只情愿伸出的手掌，
> 然后你跪下：他便源源不断，
> 超过你的最大容量。

55. 致阿内特·科尔布

瑞士，（瓦莱）谢尔上部穆佐小城堡
1923 年 1 月 19 日

亲爱的阿内特：

您那本小书，如果没有记错，我在寄达的当天就已阅读，并在书中认出和陪伴过您；但是对此和对您美好的书信，我的感谢实在太迟了！

看来您真的还在巴登魏勒，现在甚至正式被授予宗教职务……"一座小房子……在密林深处"①，这在今天已相当不错，甚至只有这样才能确保某种意义，这种意义正是您适合——在这座小房子里面——在自身之中找到，而且代价再大也要维护的。

这种在内心培养并已成熟的意义在命运中变得多么坚强伟大呀！您介绍他的新书的前几天，我正在读《我们不愿死去》，颇为欣赏，而且越往下看，就越是深受感动。值得注意的是，此书直接出自一个人的存在，出自一种在某个方面变得丰富的本性之纯粹而有活力的积淀，如今，大多数人从不表述自己思考的问题，这本书却非常特别地摆在那里，配有可靠的方法，好对读者加以考验，并在必要的情况下让他感到不安，当然它也完全能够安慰那种人并使之陶醉，如果这是他们应有的报偿。

不行，很遗憾，很久以来我就不再公开谈论与我相关的书②——外面一般读者也许已对我隔膜太深；有关我的情况，我倒是在书信中向更亲近的人倾诉得更多，我的经验告诉我，这样做的效果有时比一篇评论更可靠。

当然，自从工作——本来的工作又把我抓住，我也成了一个懒散的通信者。至于去年冬天的成果，连我也还没有见到任何书本，不久前，我以为可望收到首批样书，但寄来的居然还是复校稿！看来到完工还需要几个星期。

当我写这些作品时，最令我惊奇的是，我现在确实可以与一九一四年的断裂面衔接起来，是的，使之随每个更深沉的工作日渐渐愈合；这是一种无与伦比的施舍，以此也建立了一种连续性，本来我对此几乎再不敢奢望。

是否您，亲爱的阿内特，有朝一日也会继续做那时中断的事情？（我想起一个下午，手持书卷，在马林巴德宾馆的花园。③）我又相当清楚地意识到，我们已多久没见面了，我以这个重逢的愿望结束此信，在

---

① 原文为法文。
② 这里指评论辑录，被收入：R. M. 里尔克《书籍，戏剧，艺术》。编选者：理查德·封·米泽斯，1934。——原注
③ 在巴伐利亚。——原注

您那里或是这里，或是您的小房子与我的塔楼之间半道上的某个地方。（当然初夏以前我几乎不会动窝！）

怀着旧日的友情，亲爱的阿内特，

始终是您的　　里尔克

56. 致多里·封·德米尔

穆佐小城堡，1923年2月7日

亲爱的朋友：

不，什么也没有澄清，就是说"巴舍兰"（die Bachelins）始终是个奇迹，但是我觉得自己足够强大，可以同扬一道信仰仙女和巫师。

对于您兄弟驾车旅行，我也完全倾向于将其归入这类美好和高尚的力量，我等待着他这样到来：（就像我对他一直盼望和期待！）假若您也一同坐在开往穆佐的轿车里，那才会是什么样的仙女巡游呀。——现在我翘首以盼，但愿哪天能见识把您拴在巴塞尔那件神秘工作的结果！

我现在没有考虑外出走动，只因前几周我觉得不大舒服，常常勉强维持最低状态，才可能提起"心不在焉"之话题，但是，多亏周遭镇日的寂静，剩下的精力倒还足以维持大量阅读和翻译。我已译出保罗·瓦莱里美妙的诗歌，美妙之巅峰，迄今为止，即使是我最好的译文，还从未赐予我这般的贴近。这当然让人十分愉快，身体的种种不适及其纠葛便由这些成功与最纯净的文字渐渐调和化解了。您自己听一听《棕榈树》[1]中的这一段，对似乎踌躇无为之时的艺术忍耐，对怎样让果实成熟，诗中道出了赞赏之辞。这里是开篇：

（我的译文）

忍耐，忍耐，忍耐，

---

[1] 参见保罗·瓦莱里《诗集》。里尔克译，1925年，57—60页。——原注

忍耐于蓝天之下!
我们欠沉默的宿债
准定让我们成熟!
刹时信念有报答:
风起了,鸽子飞来,
某种契机显露,
临风的女人一倾身,
这场雨随即落下,
谁跪在雨中感恩!

瓦莱里的原文(因为我拿不准,您是否有《幻美集》一书):

忍耐,忍耐……①

  我没有读到 Ch. 克莱尔对您谈论的那期《巴黎评论》,但是,最新的《新法兰西杂志》(一月卷)篇幅扩充到三百十四页(!),从头到尾全是对马塞尔·普鲁斯特的隆重纪念。我大概还能得到一本杂志,或可赠送给您(手上这本我正在读),要是您没有的话。上面也附有一些插图,意味深长,非同一般;人们还可以见到一篇复制的手稿以及那二十个本子的最后一页,在此页的边沿上他终于可以写下这个词"结束"②。临死之前他还在修改——现在出自自己的经验——他的一个人物垂死挣扎的过程!但是大概根本不需要这个几乎已成逸闻的细节,人们照样知道,他已怎样与一切合一,不再过于羁留于此间,因为他眼前的事已经了结,在那间严酷的、墙上装有软木板的病室和工作室。

  就此驻笔,我当然很高兴,如果卡尔·布鲁克哈德十八日左右到来,只希望到那时身体状况较好,这是我所需要的,以便有充沛的精力去清醒地感受他的来访。

您的
因卡

---

① 原文为法文。
② 原文为法文。

57. 致克萨韦尔·封·莫斯

瓦莱/谢尔上部穆佐小城堡
1923年2月10日

亲爱的封·莫斯先生:

我良心的压力越来越沉重。但不只是这个促使我终于寄给您一封短笺,同时起作用的还有这个愿望,我不想看见我们的联系在太长的停顿中渐渐淡化:我是真心想知道,您的身体怎样,日子过得怎样。

我没有任何表示就单方面中断了通信,原因在于工作,在这个(此地极其严酷的)冬天,我的工作不幸常常被身体和神经的毛病所妨碍;这又带来了下面的结果:我不得不集中精力并几乎完全忽略了通信。我确信,您会原谅我的沉默,如果您对此有所察觉:我越来越感觉到恰是同一支笔必须完成两种文字,工作的文字与交往的文字,当精力似乎有限时,我会首先顾及第一种能力,其次才是书信,虽然后者本来是我喜爱的,而且作为我的生活和我的所作所为的一个真实部分,也是理所当然的。

您的上一封信里附有您母亲十分和善的短笺,却一直未见回复以示感谢,可是此事怎该由我承担责任呢?

九月份时看来还是这种情形,好像我确实应该去奥地利旅行,我现在还记得,当时预计我可以通知准定前往卢塞恩,于是才有了第一次推迟。后来则工作繁忙……简而言之:请您在方便之时代我向您的家人解释。

瓦莱的诸多印象——就像它向您展示的那样,以及策尔马特周围风景的印象,是否已逐渐在您心中酝酿为创作的冲动?遗憾的是,上次相聚如此短暂,我俩还未能单独相处,否则我们可以就您信中只能简述的某些问题展开讨论。

我并没有忘记"马人"[①]:我觉得您的译文不够直接:埃雷迪亚的这个金属般的浮雕并未明显凸出底面,但是在光影效果中表现得如此精

---

① Centauresse:希腊神话中半人半马的怪物。

确，对比强烈，要将其再现出来，无疑是一项最艰巨的任务。我从未尝试过翻译他的十四行诗；这个对您颇具诱惑的东西大概必须制作出来，其实也没有什么障碍，但恐怕必须有一个"铸造就绪"的时机（假若铸造奖章的娴熟技艺中有"铸造就绪"这个技术表达），它或可促成这样的成功。

此外（在第一个三行诗节），您没有从根本上领会意思；这里的含义在某个关键上更可怕，更具悲剧性：确切地讲，因为马人与女人有过私情（"...poursuit la femme éperdument"①），从此以后，他们在女马人身上所感觉和寻求的便只是牝马！

您还想尝试一下改铸吗？那么也包括前几节（更精确更激情！），或是您现已太深地投入别的工作？

出自始终相同信念的美好问候和祝愿！

您的

R. M. 里尔克

58. 致雷吉娜·乌尔曼

瑞士，（瓦莱）谢尔上部穆佐小城堡

1923 年 2 月 20 日

善良的雷吉娜：

你的信中处处有你，它像一个圣诞蛋糕，也真的写成了蛋糕！满是面粉、香料和杏仁，它一直放在这里，却没有使它变味；但现在我要谨守更新鲜的、用铅笔补充的附言，它赋予此信一种真正的现实性。我很悲伤，雷吉娜，三月五日在巴塞尔我不会来听你朗读！我常常觉得瑞士这么小，对于这件事情现在却又太大：你在一端，我住在另一端——确是"居住"，永远无法挪动，在我的古堡里面成了我自己的囚犯。具体原因和其他原因纠结在一起，只为截断我的旅行；我一个接一个地问过

---

① 法文：狂热地追逐女人。

房中的三张地毯：无一会飞！恐怕你在巴塞尔的旅馆房间里也找不到一张床前小地毯，或能飞越整个瑞士送你到我门前？（我的房门那时自然会为你敞开。）我多想再次见到你并听你讲述：你的生活与工作。你只到巴塞尔，或也去其他的瑞士城市？（去圣加伦吗？）总之，只要我们是在同一个州，就请你告知你的计划，祝你一切顺利并取得成功。代我多多问候埃伦，如果她同你在一起。我还是要说再见，这是我日夜盼望的，很快或不久之后！

莱纳

59. 致伊尔莎·雅尔

瑞士（瓦莱），谢尔上部穆佐小城堡
1923 年 2 月 22 日

亲爱的姑娘，几缕阳光和几缕烛光，自圣诞节以来，照透了你那幅流光溢彩的剪纸，使它显得既生动又柔情，上面的形象，你的形象和你高高的草丛，你的月亮和你的星星……常常，当我一眼望去，从中透出你的渗入悲苦之中的信赖，和你对属于生命的一切的喜乐，好似你生长之绿色的血，你，青春的花苗，你的血在里面静静流动。最后我必须告诉你，这一切并没有一到我这里就消失殆尽，虽然我沉默！我这个冬天一直是个差劲的写信人，尽管我有巨大的孤独和漫长的夜晚。这是由于我的笔——（很遗憾是同一支笔，它必须完成工作以及通信之旅！）——去年冬天已经在无穷无尽的任务中精疲力竭，而现在，今年，只够用于我决心做的翻译和最必要的书信，我的通信数量极度膨胀，所以这始终还是一件繁重的差事。

可是我坚信，你会理解我，亲爱的，你内心深处难以平静，如果我请求你，只管向我诉说（无论是仅仅感觉到的，还是有时记下来的），而不必在乎我的看得见的回答；像这样去想，你就不会感觉不到我的回应和答复，即使我起初，即使我久久沉默。

或许你也绝非迫不及待地求教于现在的我；或许你的攀谈和欢呼都

是冲着二十年前的我,当时我写了那些书——成了你最亲近的,简直是你的书,最初也是它们使你变得敞开,奔涌如潮,向着人,向着人性和情谊。(……这个,与人相邻和相近的这种联系,我也是很晚才遇到,若是年轻时我没有在俄国度过某些时期,要想被赋予这种联系,而且如此纯粹如此完美,像人们必须有幸经历它那样,以便无需伪劣的铆钉而被嵌入整体和生命的美妙境界之中,这恐怕是我一生都很难指望的。)当初我从物开始,它们是我孤独童年的真正的知心朋友,及至我与动物交往,没有别人的帮助,那已是相当可观……可是不久,俄国向我敞开了,赐予我兄弟般的友情和上帝的幽暗,在此幽暗之中只有关系。因此,我当时也称呼他,向我袭来的上帝,我长久生活在他的名称的前厅,向他跪拜……如今你几乎再也听不见我称呼他,我俩之间有一种无法形容的秘密,从前邻近和贯通之处,现在铺展出新的遥远,就像原子中的情形一样,新科学把原子也看作微粒中的一个宇宙。可把握之物在逃逸,在转化;人们学会了关联,而非占有,一种无名性产生了,它必将重新在上帝那里开始,以便完美无缺,没有托词。情感经历隐退了,取而代之的是对一切可感觉之物的无限兴趣……那些特性从上帝——不再可言说者身上取走了,复归于受造物、爱与死……也许始终就只是同一件事——曾经发生在《时祷书》的某些地方:上帝从呼吸的心中的这种上升,天空因此云层密布,以及他化为雨的沉落。但是,对此作出的任何供述似乎已嫌太多。基督教的经历越来越不在考虑之列;亘古的上帝无限超过它。有罪并以需要赎罪作为趋近上帝的前提,这种观点越来越悖逆一颗领会了大地的心灵。不是尘世之人身上的罪孽和迷误,恰恰相反,他纯洁的天性现在成为根本的意识,罪确实是通向上帝的最奇妙的绕道——但那些从未离弃他的人为何非要转圈子呢?只有承认上帝与我们之间横亘着深渊,坚固的内在震颤的中介者之桥才有意义;但正是这道深渊充满了上帝的幽暗,只要有人察悉它,他就应当爬下去,在里边嚎叫(这比跨越它更有必要)。对于一个人,除非深渊也是一处栖居,当初被打发的天堂才会返回他;一切此岸的,如此深邃而真挚,一度被教会私售给彼岸,复又归来;一切天使唱着颂歌,决然趋向大地。

你太年轻,亲爱的姑娘,还不能现在就理解我的意思;可是你看见了,有件事现在对我比其余一切都重要,那便是较真。我不愿让你可爱的心在我已不在的地方寻找我;因此你真的不会失去我,倒是相反,你对我的担忧,包括对我当时的心境,自会释然,只要你明白,它已在哪种精神中得到拓展。这些秘密如此伟大,你现在还难以感受,但对此你已知道很多,既然你能够写出:在你"所爱的、上帝的大地"上,一切都是美的,不过恰是"各异的美"。你要广泛地领会,别让这些把自己吓住或弄糊涂了。

今天就此驻笔,再会吧:

莱纳-马利亚

60. 致雷吉娜·乌尔曼

瓦莱/谢尔上部穆佐小城堡
1923年3月12日

善良的雷吉娜:

一次又一次,常常是突如其来,我感到无比喜悦,我们终于又见面了!我们能够给我们的此在相互提供如此欢快的见证,既涉及内心世界,也同样深刻地关系到我们彼此相处的位置!你的两封信随后还添上了对那番直接经验的美好证词。

在此期间,埃伦的优美快乐的书信也随之到来,还有十分诱人和有趣的附件。请向她表示感谢,我会很快回信,眼下我让我的笔全力以赴,仔细抄录瓦莱里的诗歌译文。这比工作本身更累更费时。

因此,我还一次也没有重读你那辉煌的巴洛克教堂!但我很高兴,在此重新拥有你的手稿。你也许已注意到,评论杂志预告下一期(五月)刊载你的短篇小说。

瓦莱的小帽!你只想想,后来它在此几乎引起一场革命:有人看见一位陌生女士——据说——戴着一顶瓦莱小帽!……其影响大概相当于,仿佛我,在谢尔,突然身穿当地宪兵中士的制服逛了一圈。当时我不知道，瓦莱的少女多么严肃而恐惧地看待她们祖先的盖头。① 多好呀，在深夜的旅馆房间，那时完全排除了这类影响！

就此驻笔，亲爱的雷吉娜：你现已了解这里的一切，奶牛已变得多余并化为神话，② 作为补偿，我一句最小最急的话也会把许多穆佐一同捎给你。

写信告诉我，一切安顿得怎样，给我报个信，如果你已被授予宗教职务。

我希望并祝愿你诸事成功，而且同你现在需要成功一样迫切。

莱纳

61. 致利奥波德·封·施勒策

瑞士，（瓦莱）谢尔上部穆佐小城堡

1923年3月30日

亲爱的封·施勒策先生：

最近几周穆佐接待了许多朋友的来访，话题一再涉及罗马（引起此话题，时而是由于塔克西斯侯爵夫人从罗马到来，时而由于安娜·封·巴滕贝格公主即王后的妹妹光临此地）；这样的被回忆和回忆总是频频浮现于我的脑海，我也［并非］③ 没有重新想起您，以及我俩在那个非同寻常的地点相聚，但这次回忆特别清晰，我想到我们在兰特别墅拜访，在您的房顶露台上度过的那些夜晚，还有您向我讲述封·龙德夫人，那一刻我真的还历历在目……而现在，仅仅三四天之后，我收到您委托您的出版商寄来的书，④ 如我所见，这是您通过自己的许多工作和概述，作为纪念献给您的叔祖母的。您可以想象，您的礼物似乎以这样

---

① 作者玩了个文字游戏，旧词新用（Be-Hauptung），引申出帽子之意，权且译作"盖头"。

② 参见第7封信的注释。

③ 方括号里的字为译者所加。

④ 书名：多萝西亚·封·施勒策，哲学博士，《世纪之交（1770—1825）一位德国女人的生活》，1923年。——原注

的背景，十分独特地向我证实了我们之间延续数年、顺其自然的关系，我赶紧提笔，亲爱的封·施勒策先生，向您表示感谢，就在此时此刻，上述一切随感谢一道欢畅地涌上心头。

　　拜读您的著作，我会感到格外高兴，并且应许自己将其当作补写无数信件之后的第一份奖赏，近来由于客人在此，我已疏忽了这项工作。您一定觉得十分惬意，能够追随这么多"证据"进入一段有着细心和丰富的生活的过去，直到自己的血统和自己的回忆！维持传统——我不是指表面的习俗，维持真正来自源头的东西（虽不是在我们周围，在此它越来越受到现实的束缚，但是在我们心中），凭各自的天分聪明或不加思虑地延续传统，这恐怕正是我们（现已注定献身于过渡时期）最关键的使命。为完成使命作出一份自己的、比较切实的贡献，这个动力已在去年，短短几天之内，催生出许多十四行诗，今天我把诗稿寄给您（和您的可敬的夫人），① 作为对您的友好和贵重的礼物的一个小小回报。如果不知道某些前提，没有机会了解我对爱与死的观点，这些诗中大概有许多难以理解之处，但有些完全定形的东西会向您完整地呈现出来（是的，您并非没有与我更亲近的条件和联系，并且在长达数年的亲切关注

---

① 在寄给封·施勒策夫妇的《致俄耳甫斯的十四行诗》里面，里尔克写了以下注释：
第十首（第二段"或那些"）：（这里是指，在罗马时代的石棺之后，其他那些打开棺盖的石棺，在 Arles 附近著名的 Aliscamps 教堂墓地，石棺中开出花来。）
第十六首：致一只狗。倒数第二行：以"我主之手"建立了与俄耳甫斯的关系，他在此充当诗人之"主"。
第二十一首：参阅十四行诗后面的注释。
第二十五首：（致薇拉）
第二部
第六首：（第一行）：古代的玫瑰（Eglantine）只有单层花瓣，呈红黄色，颜色看起来像火焰。至今它依然开放在这里（瓦莱）的个别花园里。
第八首：（第四行）：（图画上的）羊羔只能借助于铭语带说话。
第十一首：参阅十四行诗后面的注释。
第二十三首：（致读者。）
第二十五首：与十四行诗第一部的春天之歌相对应。
第二十八首：（致薇拉）
第二十九首：（致薇拉的一个朋友）
——原注

中一直伴随着我的变化)。我的癖好——就是建立同最伟大最强悍的发源之物的那种联系,是的,我对此内心指令——在我的工作之内让这种尝试高于任何其他尝试——所持的顺从态度,二者也当能有助于为您解释最初阅读时的某些疑难之处;从这个角度考虑,(并未特意谋求而是完全出自内心旨意的)整体结构,以及第一部与第二部的诸多对应大概也就比较容易理解了。已经够多了,我觉得似乎不大谦虚,继续用这类"引导"来烦扰您!我只希望,在这种给予中我可以真正给予并澄清疑问。

向封·施勒策夫人和您致以我忠诚的问候,尊敬的朋友,以及一切感谢和深情厚意。

您的
里尔克

62. 致英加·容汉斯

瑞士,(瓦莱)谢尔上部穆佐小城堡
1923年4月5日

亲爱的英加夫人:①

那段时间——某种关心和赞许大概对您是莫大的安慰,正好是我的通信持续沉默之时!但是不言而喻,我本来必须在前年冬天过后立即向您通报,我遇上了大事,那么您不仅不会把我的沉默看成疏远,而且找到了理由向我——永远不变的朋友表示真诚的关怀。

一九二二年二月是我的重大时期!在最神秘的狂澜剧烈震荡的短短几周之内,我终于能够重新捡起(始于一九一二年的)宏大诗篇即那些哀歌,并将其完好地引向结束。兴犹未尽,灵感纷至沓来,如此迅猛而不可阻挡,我的身体几乎难以承受,于是还有一整本十四行诗同时恩赐与我,致俄耳甫斯的十四行诗(已在前几天、复活节前后出版),我明天就能寄给您。岛屿出版社写信通知我,宏大的《杜伊诺哀歌》也已在

---

① 里尔克作品的丹麦文译者。——原注

装订中，就是说随后将很快送交给您！如果您能真心喜爱这两本书，那么您几乎会再见到我，对我的沉默的任何其他解释都将一下子被忘掉。（我真高兴，可以如此清白地为自己辩护。）当然，我没有早些报道这一切，毕竟还是需要您宽容的。我当时很累——这可以理解，不知所措，而且心不在焉，因为生活上有些忧虑不安，直到随后的夏天和秋天。始终待在同一个地方，这个古老的穆佐已经成了赐给我的恩典，日子一天天过去，可是我不知道，这个避难所是否能为我保留，又能维持多久；也曾心怀渴望，拿巴黎与它调换，过上一段时间——希望在秋天破灭了；第二个又是完全孤独的冬天在我的瓦莱塔楼里完成了，它也再次充满巨大的内心激动，我如愿以偿，译出法国诗人保罗·瓦莱里的一整本诗歌，在翻译中我还从未被赐予这种程度的完美和等值，虽然我认为自己力所能及！

我一遍又一遍地重读您的书信，毕竟也有不少来自您的好消息与我这些好消息彼此呼应。您终于熬过来了，亲爱的勇敢的朋友！如果我没有算错，这个星期六，后天，就是您考试的日子：那时我同书和信一道正好赶上您大事已毕，可以松口气！

要是您五月得去巴黎，我可以写信给纪德；但我会特别将您介绍给一个年轻诗人（大约二十四岁），他正在翻译《布里格手记》，当由斯托克出版社推出！（可惜巴黎已变得相当相当昂贵，住宿很难：这正是至今阻止我的原因。）

代我问候您的棕发女友，我本人向您，亲爱的英加夫人致以问候。

您的朋友里尔克

63. 致克萨韦尔·封·莫斯

瓦莱/谢尔上部穆佐小城堡

1923年4月20日

亲爱的封·莫斯先生：

完全忙于抄录去年冬天翻译方面相当大的收获，我只能暂用这支笔

（抄写比工作本身还要劳累）给您送来简短的讯息；但这也是完全该做的事，只要您还在故乡的土地上并离我较近；因为您不应该再次外出旅行，如果没有带上我对您即将踏上旅程的美好祝愿，而且不知道我为此发现感到欣喜；我们的联系由于您美好的思念得以继续保持。

对于您不写作一事，我给予了合理的解释；新的情况使您觉得自己的心境（若不考虑短暂的突如其来的情感纠结）几乎无法把握，在我看来是非常自然的；这倒也并非首先取决于一种概括的了解。总而言之您并未感到失望，而且在大学所提供的可能性与您自己下意识的期望之间，您也并不觉得根本不可调和，这在我眼中已颇能说明问题。在这段最初的时间，您甚至能够阅读并较深地领会波德莱尔，说明您的早已发轫的内心秩序仍在看似迷惘和逃避的感觉中成长并得到证实。

您提到致俄耳甫斯的十四行诗：它们大概，某些时候，有点冷酷地与读者对立。它们也许是我曾经经受并完成的最秘密的神授记录，我自己觉得，就其产生和诗句自发趋向我而言，也是最神秘的记录；整个第一部是在独特的屏息凝神的听从中，于一九二二年二月二日至五日写下来的，没有一个词犹豫不决或可以改动。就在那段时间，我已经对另一项宏大的工作准备就绪，也已着手进行。由于自身存在上的这类经验，我的敬畏和无限感激怎能不与日俱增。我自己也才越来越多地探究这种使命的精神，而十四行诗表明自己正是该使命。至于这些诗是否可以理解，我现在完全有能力（复活节期间，朋友来访让我欢喜，我可以进行检验），一边朗读一边准确地讲出含义，这绝不是写成之后难以理解其关联的一种诗。不久前的检验结果使我备感充实和满足。

也许，若是如我所愿，一个美好的夏日也在今年又把您带到我的身边，您就可以坐在我幽静的房间里，倾听整本诗集完满地为您解答始终悬而未决的问题。我准会感到欣喜，今年在穆佐若有这样一个相聚的时辰恩赐给我们。

直到那时一切顺利。

您的

R. M. 里尔克

64. 致克拉拉·里尔克

瓦莱，谢尔上部穆佐小城堡
1923 年 4 月 23 日

我亲爱的克拉拉：

　　收到利林卡·克诺普-克劳斯的一封短信，我偶然获悉舒勒①去世，信中只是附带提到他，当天我就写信给利林卡的母亲，请她告知更详细的情况，在复信到达之前，我已得知详情，如我所期望的那么详尽，是黑德维希·耶尼兴-沃尔曼告诉我的（前两个夏天舒勒都喜欢待在她那里）。但现在你以自己深厚而真实的经验，将他那种取得和解与理解的逝去植入我心中，好像它将长驻于此，作为他的形象的补充和证实，在这个形象上，该秘密已经像我一直预感的那样被给定，作为此在。我为这些好消息感谢你，它们其实——在一种如此伟大的意义上——也报道了你自己；你归纳到他名下的那一切，就像是纪念舒勒之前的一笔捐赠；你没有忘记他的微笑，他脸上露出微笑，当他在沉思中对我言语或谈论我时，这种如你所言（我觉得栩栩如生）"明朗的微笑"使我特别感激你。除了有关他的一切，还想对此了解得更多，是我最后的需求。为了怀念他，我刚才采了一束盛开的水仙花，放到已被遗弃的乡村小教堂的祭坛上（在穆佐旁边），教堂现在由我照管；由于年久失修，里面不再望弥撒，所以它现已归还给一切神灵，始终充满了开放而单纯的崇敬。

　　致俄耳甫斯的十四行诗里面，有许多想法舒勒也会赞同；是的，谁知道呢，既公开又秘密地道出其中的一些，是否缘于我与他的接触；这些诗（不期而至，整个"第一部"诞生于一九二二年二月二日至五日，简直是朝我涌来，我只刚好有时间听从），我自己也是现在，在朗读中，才学会渐渐领会它们并给予准确的转达；解说之时我能够插入一些小小的提示，现在我善于以此来很好地引导整体的把握，处处都开始建立起关联，哪里仍有模糊之处，那便具有这种性质：它并不要求澄清，

---

① 慕尼黑的哲学家，死于 1923 年。——原注

而是顺从。如果你对某一首诗有疑问，我会尽可能地加以解答。那匹白马（"还愿画"，① 第一部第二十首，第二十六页），我曾经与露一道，一八九九或一九〇〇年，在俄罗斯的一片草原上"经历过"，再次奔腾穿越了我的心，况且一无所失！这难道不美妙吗？！

  第十六首十四行诗（第二十二页），你一定知道或能猜出，是写给一只狗的；我不愿注明，正是为了将它完全纳入整全之中。任何提示则会将它隔离并剔除在外。（于是它在下面一起走过，同属其中并受到警告，就像伦勃朗那幅《夜哨中的狗和孩子》。）对某些地方或许还可作出类似的说明，以后分别根据你的需要逐步进行。我最喜欢有一天能为你朗读所有的诗，现在有朋友（最近甚至雷吉娜！）来到我这偏远之地，我偶尔会这样做。写到这里我顺带想起，你真该读一读她的书，若是至今还无缘欣赏，《公路》（岛屿出版社），短篇小说《一块古老的客栈招牌》：在我看来，这个小故事极其紧凑与平和，显然是一部杰作，也堪称雷吉娜的胜利，就连她的一切巨大危险也在书中变得有助于这一种圆满的成功。同卢茨一道阅读小说吧：我想你们会赞同我的看法。两年来我一直欣赏这个作品，每次重新阅读或朗读，我都对它赞叹不已，并为欣赏那里如此平静、自始至终达到的境界找到一个新的理由。

  春天。瓦莱的春天尚未完全缓过气来，尚未达到自己独具的深度，它可以在此徘徊，这是达到深度的前提。三月份已过分炽烈的阳光，像是用螺旋开瓶器，从灰暗坚硬的大地拔出了一片新绿。随后这种气候便与可怕的迷信连在一起，不允许下雨；在某种程度上可以说怕雨，我觉得似乎不可思议；对迷信者而言，为了阻止下雨和驱散雨水，任何手段都是正当的；夏天人们几乎总是四处奔走，以求雨水浇湿自己，有时倒是一件舒服的事；但现在，大地渴求润物无声的春雨，这兴许是天空情愿写给大地的长长书信，人们却几乎对每天呼啸的狂风感到绝望，因为它正以难以形容的招数把晴云赶过山去。风暴常常撕裂着神经，还更凶地撕裂苗圃里面可怜的鲜花，它们无端受到鞭打和惩罚，丢掉了脑袋。

---

① 涉及白马的这段经历，里尔克一直想写入诗中，现在终于了此夙愿。

而我自己也有各种身体毛病,时不时让我难受一天或一夜;但没有哪一种我不曾有足够长久的了解,以便与它们——只要还过得去——和睦相处。我的笔忙坏了,这几周,抄录为数可观的译文,都是这个冬天的收获——保罗·瓦莱里的美妙的诗歌,在我看来,我在翻译上还从未如此精确和愉悦。我也向你,亲爱的克拉拉,致以衷心的问候。

你的

老莱纳-马利亚

向卢茨·沃尔德表示一切真诚的祝愿!

65. 致胡戈·封·霍夫曼斯塔尔

(瓦莱)谢尔上部穆佐小城堡

1923 年 5 月 28 日

我亲爱的霍夫曼斯塔尔:

我原来已有一些理由,最近几周以来,对这个反复无常的春天不满意;但是,从它给我造成损失以后——我是从您的信中知道的,现在我才当真对它加以埋怨。在此拥有您,对我本是何等的喜悦呀;我想,您已发觉自己心里对了解瓦莱已有特别的准备,而我这古老的塔楼在本地正是一个仿佛天生的位置,由此放眼远眺,只见山峰似点点浮标,组成宏大的星座。正好借助于您的来访,我在此有些疲惫的生活原可大力振作起来。但这确实应该予以弥补,要么在秋天,要么明年春天;在卡尔·布尔克哈特的社交聚会上,在他的轻便轿车里:我无法想象更舒适的旅行场景。

几天前您本来可以在此遇见玛丽·塔克西斯侯爵夫人,她(与大孙女)乘自己的轿车从意大利来到山上;她在这里有时也受到不利天气的影响。但是瓦莱有的是迫不及待的大风,不会让云层久留,狂风卷走了乌云,烈日突现空中,几个小时之后就带来了炽烈的夏天,比春天热得多。

可此时我得立即告诉您的,亲爱的霍夫曼斯塔尔,就是您以您对俄耳甫斯十四行诗的评语,着实给予了我实际的欢乐。借此机会[我想表明]①,我发觉,许多年前您给我写信到巴黎,信中对新诗集的价值和影响表示赞许,我一直记忆犹新;我很清楚,在我那些相距甚远的转折处,我每次都不愿缺少这种明确而重要的肯定,而有朝一日获得此肯定,则是我,甚至作为成年人,很早就抱有的期望!

为您夏天的一切计划和活动表示许多美好的祝愿,最真诚的思念向着罗道恩,同样真诚的问候(要是此信刚好还在舍内贝格赶上您)送给现在包围着您的共同的朋友们。

始终
您的
里尔克

66. 致安内特·科尔布

瑞士,(瓦莱)谢尔上部穆佐小城堡
1923 年 7 月 11 日

亲爱的安内特:

我刚刚回到家中(估计这次也只待三至四天),昨天晚上在等待的邮件中发现了您的书信和明信片。它们都在召唤哀歌,而且出自一种如此重大和美好的需求,于是我没有片刻的犹豫,就把我自己收到的第一本精美的样本赠送给您;为我印制了三本,超出规定数,其中这本大概没有更好的去处,除了在您手中和您的喜悦中。等到普通本出版之时,我才开始正式分送友人,当然我并不知道,普通本是否很快印制完毕。因此您就拿我现有的吧。

时间太仓促,只还祝愿不断恢复;凡是对此必需的,您都该赏赐自己:您的房子,我已经从多布任斯基侯爵夫人保存的小照片上看见了,觉得它对宽心静养相当适宜。您现在有了它多好呀。星期天我去蒙大拿

---

① 方括号里的内容由译者补充。

看望了封·勒叙尔夫人,看来她也为之着迷,而且真心想念您。就此驻笔,因为我还得写其他(急迫的)书信。

请您问候勒内·希克勒并转告霍恩洛厄亲王我忠贞的怀念矢志不渝。

您的
里尔克

67. 致克拉拉·里尔克

瑞士,四林州湖畔的贝肯里德,舍内克疗养院
1923年9月10日

我亲爱的克拉拉:

你的纯净而伟大的书信带给了我扑面而来的欢乐,我读了一遍又一遍,而且它预示着(在此疗养院期间,我有意只带了几本书)这样一种阅读,我会一再回到这里,就像离不开某个东西,它是最滋养的并直接给出最丰富的意蕴,你自己就会理解哪种深深的满足,是的,幸福,我已由此获得:你有能力如此接受哀歌,而且立刻感觉到哀歌与之和谐一致,那些给人以无限慰藉的见解,它们现在正从你天性的深处打动你(并使你遥遥领先,超越那个最确定的"苦难")。

在我看来,下面这些真是可喜的奇闻!露特已写信告诉我,你正在多么美丽多么生动地塑造感动你的一切,她本人和卡尔怀着何等的感动和喜悦在漫游世界中恢复了精力,非常开心,这世界,凭自己的力量,变成了你的世界。

我已从这里,八月二十七日,给她回信并写道,她在信中那么恳切地劝告我:想到自己和自己的健康,当时我已经在这样做了。为一次疗养牺牲我假期的自由,我倒是费了一番克制功夫,这一步我犹豫了一周又一周,直到看出此次非去不可。肠部的各种痉挛病痛早在战争期间就偶尔发作,如今则已变得纠缠不休,以致我那些无辜的、平常一直够用的对付手段不再奏效。对这些讨厌的症状(……其病因在哪里,大夫们

虽然天天观察，还是说不出个所以然），目前这里完全采用简单的治疗方法，就像我所希望的一样，借助于按摩、罨敷、淋浴和一些电疗；虽然至今还看不出任何效果，但只要疗养之后效果逐渐显示出来，也许就足够了。我有耐心，可以等待。——我还可在此待两至三周，绝不可能更久，因为舍内克疗养院于九月关闭。

由我送出的哀歌，即你拥有的珍藏本，不过三四册而已，我该得到的就这么多，这种珍稀版本很快就卖完了。所以你书上的大编号，我相信是XIV，并不意味着我可以支配这么多书，我得到了几个编号，是随意的。——所谓"普通本"出版之时，我才开始正式寄送，普通本因一般的困难而推迟，无论如何应该在几天之后送到书店（根据基彭贝格告诉我的全部情况）。

到时候露特将是获得此书的第一人（与珍藏本相比，此书的品相肯定不会逊色），而你呢，亲爱的克拉拉，我会再寄几册以供分送你的朋友（如汉斯-哈索·特海姆），你当然还可以得到更多，根据需要，不必再说什么。

就此驻笔。现在让我说出，我多么感谢你并多么深切地问候你：

莱纳-马利亚

68. 致福斯廷斯珀克托·布里

四林州湖畔的贝肯里德
舍内克疗养院，1923年9月15日

尊敬的福斯廷斯珀克托·布里先生：

各种情况导致我离开穆佐而且迟迟未归，这使得我在您面前深感歉疚；

您向我表示的那份美好的愿望，连同您的书信，因此被遗忘了；一个疏忽，我希望您见谅。

幸亏现在瑞士的赫伯特·施泰讷先生——他要告知我别的事——使我想起您始终还在等待。我很惭愧。

现在您可以想到,我在此(在一段疗养期)身边没有手写的文字。但为了尽量弥补我的延误——只要还不是太迟,我今天写下了一些诗句,而且是专门针对您预定的用途。我感到遗憾,没有为卢塞恩的"同志自由联合会"提供我的回忆文字,但此回忆一直栩栩如生并充满感激。

怀着这种心情向您告别,

您的忠实的
莱纳·马利亚·里尔克

为"同志自由联合会"而作。

卢塞恩,1923 年 9 月 15 日

虚拟的人生 ①

起初童年,没有目标和放弃,
也没有界限。哦,懵懂的欢娱。
突然间骇怕,规矩,学堂,顽皮,
跌落于诱惑,跌落于失去。

无妨。被扭曲者开始扭曲,
向别人报仇,迫使他屈服。
被爱,被怕,仗义,竞争,胜利,
征服一切,一步接一步。

后来独自在旷远、轻松、寒冷里。
但在那树立的形象深处,
呼吸衔接着本初的呼吸……
隐身的上帝突然显露。

---

① 为同志自由联合会的纪念文集而作,苏黎世,1923 年。——原注

69. 致克拉拉·里尔克

瓦莱/谢尔上部穆佐小城堡
1923 年 11 月 7 日

我亲爱的克拉拉:

你以如此美好的细节娓娓道来,讲述了我所关心的事情,我认出了这些细节并将其化作一幅幅画面,仿佛在我的直觉中早就描出了与此酷似的场景。这些期待的夜晚,你从床头隐约望见的树林上方这颗星,与当年透过空空的葡萄藤朝下窥望的那颗星,仿佛就是同一颗星,露特的先兆之星,现在传给了小克里斯蒂娜!露特有勇气怀孕而且真的有喜了[①],随即能够抓住新的幸福,这非常符合她那种已牢牢嵌入现实的天性,事情大概只可能是这样,只要辅之以适当的帮助。这个对她而言确实从不缺少,多亏你和卡尔考虑周到,也正因为如此,我想象,当时的气氛才自然地活跃起来,人人都显得喜气洋洋。那场景就像是出自一幅圣母产子图:明亮的房间里有许多帮忙的人,再往后面瞧,可远远望见宽敞的厅堂和宴席,全都吃饱了,喝足了,精力恢复了,大家欢庆祝贺。这么亲近这么贴心地出了一份力,你的心大概激动不已,备感充实;但愿你现在以这种心情庆祝你自己的生日,并感觉到我的愿望就是,给你过生日而且过得像模像样。我估计,为了二十一日,你肯定还留在老约克塔,虽然太姥(老祖宗)菲亚[②]写信给我,说你很快就得返回布雷德瑙。(至于她,在法兰岑斯巴德,她找到了这个颇合她意的庇护之处,难道不是一个无法形容的福祉吗?!必须尽一切努力,把她留在这个不缺吃喝和关爱的地方,并使她摆脱布拉格的阴影;你自己可从她的书信中看出,环境的改变对她简直大有裨益。)

离开孩子们之前,请你就露特的情况和小克里斯蒂娜的发育再给我一些消息。太好了,露特有奶喂养她;但在随后几周,露特肯定还不该负担太多,十四岁的女仆那时也足以照管厨房和其余一切并使之井井有

---

① 1923 年 11 月 2 日克里斯蒂娜·西伯尔诞生。——原注
② 菲亚·里尔克,里尔克的母亲。——原注

条吗？现在是否还可以找到某个临时帮工，好让她尽可能安静悠闲地坐月子？卡尔又已紧张地投入工作，但愿不会有损于健康；他恢复健康了吗？是以自然的方式一直保持正常睡眠吗？——这一切，还请你在离开之前告诉我。我会给露特写信，一旦穆佐又进入它冬天的寂静，有不受打扰的漫长的下午和夜晚。眼下一切都还刚刚在过渡期；收拾大丰收的苹果和其他家务让人分心，但属当务之急。

"岛屿"的哀歌普通本现已在此；只要写信给基彭贝格，我就会请他多寄几本供你赠送。大概你已经知道，他们本想去意大利旅行并来我这里，现已告知取消；与其说由于外部情况，不如说因为基彭贝格夫人，可怜的人儿，不得不一再与重病斗争，现在好像终于找到了一种更有盼头的新疗法，于是有了新的希望。

就这样：一切如意。而且为你的生日，我亲爱的克拉拉，深情地拥抱你。

莱纳-马利亚

70. 致诺拉·普彻尔-维登布鲁克

（瓦莱）谢尔上部穆佐，1923年12月20日

我亲爱的最仁慈的伯爵夫人：

想一想：那是一个夏日，我收到您的精美的邮件，饱含您的欢乐和艰辛的这份文本，我几乎不配拥有它，而且感谢（至少是说出来的：因为内心的感谢对我始终是必须的）半年之后才从我的被雪封住的塔楼发出去！

对于这次长久的延误，主要原因大概就在此：当时，您的礼物送达几小时之后，我就从穆佐启程了，至十一月初才回到这里；而且在此期间（一个漫长的——如今在我看来——丢失的夏天），日子被填得满满的，一直老老实实地接受疗养，但至少目前没有什么效果，一句话，没有健康，而这是一切行动和工作的前提与基础。其间还插入其他忧虑，这些在当代是无人能幸免的……此时此刻我感到惭愧，简直不知道是否

可以请您谅解,因为最终这才叫我无地自容,如果我奢望这样一种行径对您的宽恕来说是轻微的和自然的。

甚至在赠送我的两本书一事上,也笼罩着延迟之阴影。诚然,就哀歌而言,普通版我是现在回来时才发现的,几乎尚未开始寄送。于是倒让我高兴,由于我的延迟,我现在至少可以为圣诞节将其呈送与您。

您别忘了,哀歌一九一二年始于杜伊诺;这肯定让您觉得它更加亲近。前两首完整地诞生于那里,但也有后面几首的断片先行到来;其他残篇标明:托莱多,隆达,巴黎;然后则是深深的灾难性的中断,而今穆佐才挽救了一切既存的和那些此外还有待于完成的,使之成为一个完整的东西,完好和恒久:一个精神的十年看来随之结束了。

我几乎没有资格询问您和您的家人的情况——但我又怎能不表示发自内心的关切呢!我始终还不曾在您身边,不曾在克恩滕,也未曾在维也纳,没到过一处,应当归咎于这次愚蠢的疗养,是它耗尽了我几个月的时光,使我与世隔绝并无所事事。前往劳钦也曾对我颇有吸引力,现在吸引我的,也还不错,是去巴黎,这一次,就后面的"吸引"而言,起决定作用的是,我离一切目的中的这个目的只有一夜旅程。① 从那里又传来许多动人的喜讯;较年轻的与最年轻的一代法国人写出了多少优美而值得关注的作品,令人惊叹,而且这些年轻人的眼光(对此已有无数的证据),即使面对陌生人和外国人,似乎也变得越来越公正和更有洞察力,绝无半点偏见。从法兰西精神出发,恰恰透过其自我意识(因为我绝不是指罗曼·罗兰的看法)②,也许外国的情况此前从未得到较好的较符合实际的认识。政治因其麻木,因其胆怯的死板固执,自然尚未受到这些新能力的影响;但是在这个领域,那些阴暗的、过时的、装腔作势的虚假力量确实到处都依然处于对峙之中。

在我们可怜的奥地利却已似乎达到一种暂时的稳定,这即使未排除危机,倒也避免了灾难。我希望,这些进步足以在您的日常生活中发挥缓解的作用,有时甚至允许人们大致享有正常和稳定的生存?

---

① 德文的"吸引"还有"火车"的意思,这里一语双关,指火车一夜可到巴黎。
② 罗兰支持法国与德国建立兄弟般的关系。——原注

希望这些话也道出了我的圣诞祝愿。但愿圣诞周将你们俩,也将你们美好家庭的小世界以及其中凭心生活和参与生活的一切带到吉利的一年的门前。

您要相信,最尊敬的夫人,我始终不渝的

友好的忠诚
您的里尔克

71. 致克拉拉·里尔克

瑞士,(瓦莱)谢尔上部穆佐小城堡
1923年12月21日

我亲爱的克拉拉:

我怀着非常的喜悦和完全理解的心情读完了你的长信(十二日)的每一页,并为此感谢你,虽然忙于准备旅行,你仍抽出时间给我写信详谈。老约克塔的情况你介绍得如此清楚,所以我觉得现已从寥寥数行文字大致了解那里的实情。我格外欢喜,处于这么多普遍的困难之中,露特的生活总体上却受到庇护和优待,而且(我觉得这是最好的)在如此俭朴的基础上受到优待,于是这种优待不会引起内疚,反倒足以让人始终感受到真实生活的价值。至于苹果问题,我已立即设法弥补:首先,少量的,通过一个"救济包裹"——取自我自己可观的贮存(我的苹果今年成了真正的"珍品"!),然后则另有一法,我已请求那几个苏黎世人即迈伦的朋友,由我订购,再另寄一个更大的包裹;顺便说一句,假若这个请求在迈伦并未当即得到同样急切的响应,那一定是我搞错了……大概那里的包裹也还会来补充露特剩余的储备,如燕麦片、茶、咖啡等等,因为我熟悉这种善良而持久的关怀,在那里始终为我准备着,的确也已多次主动惠及露特!

我已委托岛屿出版社给露特和克里斯蒂娜一个真正的圣诞小礼物:我设想,她们每人可望得到五十瑞士法郎。这笔钱大概会于节前,像基彭贝格教授那样守时,及时送至约克塔,我的苹果则需要一段时间;但

我希望，大约新年前后苹果——依然健全并已在路上变凉了——可以在那里开箱。

鉴于两手空空，我向你，我亲爱的克拉拉，道出我的圣诞祝福，虽然真正伸出的双手从来不是空的。随信附上的小书不能算作一件礼物，在天平上分量很轻；同一位译者（一个年轻的阿尔萨斯人）准备出此书的全本，也许那才有些分量。认识一个讲法语的马尔特，毕竟也使你高兴（像他那样轻便，可揣入衣袋，你就把他当作旅途读物带往荷兰吧），大约四年前我读过丹麦文版，颇感惊喜；这个法文版[①]也很有魅力（准确而顺从地跟随本文，只偶尔有处失误），我觉得二者都像是对主角是否真实的检验，他一次完全被置入自己的环境之中，另一次则被移入为他虚构的丹麦故乡的本土语境之内。

为你递上这本小书，但此时我仍有遗憾，未能帮你实现一个真正的图书愿望。你想向我提出的愿望一个也没有吗？提个建议吧，求你，好让我节后为圣诞还另有表示。

你真的替我收集了一大捆问候，在柏林！其中许多在我心中引发了亲切的回忆，感激的和长久的回忆；可是我最喜欢的，莫过于在其中发现了英格里德的名字，还附有如此诚恳的意见。我的笔记本上大概一年前就写着："询问英格里德的地址"，后面有两个感叹号；我原打算通过安德烈埃夫人来做此事，但现在也许你可以接手，在方便之时将可与她联系的地址寄给我？我突然想到，你不想送她我这两本书吗，要是寄来的书绰绰有余，而且在此期间已由费舍尔胡德转交与你？这只是个建议。

你，你们（包括费尔特海姆和赫尔穆特）准备来穆佐探访，我简直喜出望外！确实，美丽的"贝尔维埃"始终在那里，可以接待你们，越多越好，作为我的客人。这将是一个巨大的喜悦，我们要好好培养期待的喜悦，以便实施因此而日益加强并扎下根来。——你随后就会在荷兰有所感觉，进入这样一个国家意味着什么，它没有被放在空气泵下，而是有自己正常的大气层、由此形成的气压和降雨，但没有灾难的威胁和

[①]《布里格手记》的法文译本，1923 年，译者为莫里斯·贝茨（此译本主要包括《布里格手记》第四部分）。——原注

折磨。荷兰历来富裕,在这一点上与瑞士的某些地方倒颇相像。它的确也是,幸好如此,冬季旅行的一个好去处,房间供暖充足,食品富含营养,可以保暖。

恐怕你很难猜出,在这些年终的夜晚,我迷上了哪本书,而且热情急剧加深。我的女管家得到一本赠书,保拉·贝克尔的书信和日记①,我相信是我读过的;但经过逐渐的、显然大量的增补,这个版本(我手中是第五版)给出了她已成熟的本质的一幅图像,更加完整并呈现出更深的关联,于是阅读对我来说就像是初读,感人至深。现在才可以感知到命运与使命的这种闻所未闻的纯粹联系;现在人们才理解默默回避与同样默默允诺之间有个尺度,这是天生赋有的,而且再次惊叹,她怎样虔诚而愉快地把握尺度,几乎没有怀疑。

阅读之时我有此感觉,仿佛我应当把我这两本书供在某个纪念她的壁龛里面,好让她现在原谅我的"闷闷不乐"和诸如此类的表现。对你,亲爱的克拉拉,她也会满意和赞许再重提旧话:将近二十年前她就说过,不管你遇到什么,对你终归是好事!

天天接受这种"你的好事",你就该快乐开心,亲爱的克拉拉,好好过一个对你暗自赞许的圣诞节吧!

莱纳-马利亚

72. 致纳尼·封·埃舍尔

瓦莱/谢尔上部/穆佐小城堡
1923年12月22日

尊敬的纳尼·封·埃舍尔:

倘若我不知道(多亏旺德利夫人告知),她有时允许在您面前提起我,而您并未拒绝我的名字,把我看成个忘恩负义之人,那么,按理说我再也无路走近您,除了悔过之人的羞怯偏道,可它只能通达您的宽恕

---

① 保拉·莫德尔松-贝克尔(1876—1907):书信和日记,1921。——原注

之前。但是，就算您出于善良，允许我走顺畅的大路，我终究也要请求饶恕：因为我的沉默超出了一切限度。现在我不想从头解释原因并一一列举，这样会使您感到无聊；初夏以来我时常身体不适，而且日渐严重，这大概是我所有延误的最一般的理由，后来我才意识到已多次拖延，那已是十月的最后几天，我返回穆佐……从四林州湖畔的一次疗养返回家中，顺便提一下，这次疗养同属于那些让人分心以致误事的影响，因为它使我处于一种无所事事的状态，没有别的补偿，除了湖岸边秋雨绵绵，像是当地的一道景观。余不一一。

我的两本书今年终于问世了，在把它们放到您手中之前，我可不能也不愿让圣诞就这样到来。"哀歌"和"俄耳甫斯十四行诗"。两件工作我都要归功于穆佐的第一个冬天，前年冬天，另外只需要说明，宏大的哀歌一九一二年（在杜伊诺，亚得里亚海边的一座城堡，在此期间已被摧毁）就已开了头，但随后被推迟了，由于战争而长期中断，而且看来已几乎被取消，直到瑞士能够越来越成为——多亏朋友们源源不断的帮助——我的神奇的庇护所，为我提供了最出乎意料的保障，使我能够继续实行并完成一切内心计划。

在您身上，尊敬的纳尼·封·埃舍尔，汇集了这个多样化的国家诸多古老和纯粹的特性，因此我觉得这是一种报偿：在这些书中向您展示，在它的正义的土地上以及在它的庇护下我取得了什么成果。在这些诗句的推进和关联方面，您会有许多难以理解之处，这一点我并未低估。此话听起来仿佛我代表另一个时代，但我并非此意，因为您属于并未疏远下一代的那类人（附带提一下，从十一月起，我已有资格将自己算作祖父辈，按民间的说法已属"老年人"）……

但是，若要大致把握这些诗，与其借助于人们所谓的"理解"，不如凭情投意合者的灵感，这样兴许更契合，原因在于它们的本质，它们的浓缩和简练（在于它们常常怎样指称情感丰富的总和，并非罗列总账所必需的款项）。有两种最内在的经历对其产生是决定性的：心中日益成熟的决断，即让生命始终向着死亡敞开，以及另一方面，精神的需求，调整爱的转变以使爱进入这个扩展的整体，这便不同于比较狭小的生命循环中曾经可能的需求（这种循环将死亡简单地当作另一个予以排除)。或可在此寻找,不妨这样说,这些诗的"情节",而且我相信有时它,简单而又厚重,处于中心地位。

可是瞧:现在我已达到目的,在一个又一个借口下,从信的开头就没完没了地谈论自己!我让自己娓娓道来,以便在这么长久的停歇之后,又才较为清晰地把自己带到尊敬的您的面前。既然已走到这一步,您一定相信您又熟悉起来的这个人,他会怀着深心的渴望,急欲知道您在您的阿尔卑斯过着安静而充实的美好日子。从您的年轻女伴和助手转入一种自己的生活以来,可能已有人来接替她?不管是谁,我都有点嫉妒,因为这桩舒服的美差——在大雪纷飞的夜晚为您朗读。

我常想起今天的贝格城堡,它现在一定有了长住的新客人,而且(我仿佛听见)因此又活跃起来,依然那么庄严。

怀着美好的圣诞祝福,

我仍是昔日忠实的

您的

里尔克

73. 致 Ph. R.[①]

[1923 年圣诞节]

……既然这个已经说出,那么本已说出了一切,因为现在该做的不是阅读,而是反省并为一年中最神圣的欢庆时辰在自己心里备好马槽,祈盼心中的马槽,和马槽中的救世主,真正衷心地再度降临世界!

我给你的祝福是,在这个庄严的夜晚,但愿一切苦难之回忆,是的,对眼前生存的忧虑和缺乏自信的意识,能在那种内心深处对神恩的感知中被完全抑制,甚至一定程度上被消除,对神恩而言,确实没有任何时间在厄运中太密实,也没有任何忧患如此封闭,以致神恩也许无法在自己的时间——那不是我们的时间!——显现并以它柔和的胜利穿透

---

① 最初发表于《岛屿船》,第 12 年度第 1 期,1930 年圣诞节,第 1—2 页。——原注

那看似不可克服的劫难。在漫长的一年中没有任何时刻，人们或可将神恩的始终可能的显现及其尔后的无所不在这般栩栩如生地召入自己的心灵，除了这个历经数百年而兀自独立的冬夜，它凭借那个改变众生的婴儿不可比拟的降临，在价值上一举压倒并超过了其余一切尘世势力的总和。就算下一个轻松的夏天——到那时生存显然较易承受和较为容易，到那时我们不必抵御来自空中和来自欢快忙碌的大自然的直接侵袭，就算下一个比较快乐的夏天以诸多安慰来娇惯我们，可是一切安慰算得了什么，较之于这个毫不显眼甚至贫寒的夜晚那不可估量的安慰之宝藏，这夜晚太突然地向内敞开，像一颗包容和温暖一切的心，而且确实以自己响着钟声的中心的搏动回应我们向内寻求最内在的庇护的倾听。

远古的一切报道都不足以预告这个夜晚，为赞美此夜而吟唱的一切颂歌皆难以达及当时的寂静和紧张，在此气氛里牧民和国王曾一齐跪倒，是的，就像我们每一个人，也从无这份能耐，每当这奇迹之夜为他发生时，说明他的经历之分量。

这真是那个跪者、那个深深跪倒之人的奥秘：据说他更高大，按他的精神本性衡量，超过今夜被纪念的立者！将自己完全付予跪倒的跪者，当然失去了他周围环境的尺度，即使往上看，大概他也无法判定什么高大什么矮小。但是，在躬曲中虽然他几乎没有一个小孩的高度，可他，这个跪者，却不能以小相称。刻度随他而改变，他顺从于他的跪倒之中独具的沉重和力量，采取涉及并趋向它们的姿势，以此他就已经属于那个世界，其中高即是深，而对于我们的目光和我们的仪器，如果高已总是不可测度的：谁或可测出深呢？……

74. 致汉斯·卡罗萨

瑞士，（瓦莱）谢尔上部穆佐小城堡

1924年2月7日

我亲爱的汉斯·卡罗萨：

就是说，我还能做的只是确认此事，我已慷慨大方地让您将十四行诗据为己有；但我多么乐意予以确认！况且您以前那本书如今允许留在那双孤独的手中，它们对书实施了如此特别的强制拘留，这给我带来一种安慰；是的，两种"无用的"秩序——超出我们据以操持家务的有用的秩序之外——为何不该互相了解并取得一致呢？

至于哀歌，您现在却是从我最先获得！俄耳甫斯十四行诗一度被您接受，我以此估计这些诗也不难得到您亲切的认可。标题后面注明的日期可以告诉您，这里涉及那些一九一二年（在一九一八年摧毁的杜伊诺城堡）开始的作品，在其过程和形成中，几年大战的灾难造成了既长又深的中断，于是我以为不得不放弃这项对我而言总之最为独特的任务。后来在瑞士赐予我的庇护、安静、长久的孤独，当时我未能预见：不管怎样，这些难以言表的有利情况允许我重续哀歌之旧梦，而且如此完美，居然没有一个断片必须舍弃，每道裂痕的愈合都很平稳，强韧而又自然，在我看来，这样一种经历无异于极度的恩赐。

只要我想到，这里多少日常的具体情况曾经有助于一种几乎挫败的成功，那我怎么祝福您，亲爱的卡罗萨，大概都不过分：希望您的隐居随即开始并正好满足您的需要，这对下一步的罗马尼亚日记①当有好处。现在您确实让我放心了，这些随笔的精华据说已经成形；我将怀着喜悦把这本书放到"一个童年"②旁边（顺便说我正在重读！），不管怎样，对此喜悦我已确信无疑。

这对您是好事、清楚的事：看来您的阻碍几乎完全可由一种重要而劳神的职业的持续影响来解释，而我们这种人则常常、长达数周或数月，被一种不可见之物所阻挠……但我在对您说什么呀！您了解这一种和另一种——不过，对撕裂一个人最迟钝的神经的那种存在物，至少有时有所感知，就真实的市民生活而言这可能是很好的。

最近几天我会写信给卡波齐先生③；我不知道可答应他几本。因为我还有一个丹麦译者，英加·容汉斯夫人，在慕尼黑待过，也许您可以回忆起她。她有一种无法超越的献身精神，也有一种常常令人信服的能

---

① 即卡罗萨的大战日记，1924年。——原注
② 参阅第41封信的注释。——原注
③ 卡罗萨的丹麦译者。——原注

力，已经翻译了旗手、罗丹和马尔特；四年前我和她一起审阅了马尔特的译稿，而且这令我感动，看见那个（离我甚远的虚构的）人物被移置到为他杜撰的故乡的语言之中，在那里他的活动如此本色，看来对他的效果的检验成功了。现在我虽然几乎不相信，容汉斯夫人也愿意承担《亲爱的上帝的故事》，但在答应其他任何译者之前，或须首先使我确信此事。但是这有意义吗？我问自己，更多的翻译，既然容汉斯夫人，虽有好些推荐，至今未能为她精心的移译找到一个出版家！

最衷心的问候，怀着一切美好的祝愿，

您的
R. M. 里尔克

75. 致胡戈·封·霍夫曼斯塔尔

瑞士，（瓦莱）谢尔上部穆佐小城堡
1924 年 2 月 7 日

我亲爱的霍夫曼斯塔尔：

我好像从不知道您生日的确切日期，以前我觉得向您打听是一种冒昧的好奇，不过——因为今年，按一般的想法，大概是一个更被看重的数字与其连在一起[①]，现在我却感到惊诧：昨天二月份的《评论》（我很少读报纸）使我意识到，暗自一同庆祝某个日子恐怕终究已太迟。如果我（事后？）对此有所表示并道出我的一切祝愿，我亲爱的霍夫曼斯塔尔，您就将其归咎于这种惊异吧。长期以来我为您写了些东西，数量现已如此之多，若是我该借此引人注目的机会作一个结束，那么在算草线之下大概已积成一个巨大的总和。但是我对此未加考虑；我没有结束！

与此相反，我刚刚成功地写出了几行诗（丰饶角），诗句一落到纸上，我就有种感觉，可以把它送给您，我把诗抄到哀歌里面，反正此书是早已为您准备的，我的心思全在此事上，在这份对我的关注和友好的

[①] 1924 年 2 月 1 日是霍氏五十岁生日。——原注

敬佩的默默证明里面。

您的
里尔克

怀着昔日的忠诚向您的夫人表示最衷心的问候。

丰饶角 ①
——为霍夫曼斯塔尔而作

无限给予的容器的形式和旋弧,
就这样靠在女神的肩头;
它与我们的观念总不相符,
却因我们的渴望更加充裕:

在那螺纹的深底居然收容
一切成熟之繁多和形象,
这最纯洁的客人的心灵
当是丰盈的泻口的形状。

轻轻注入的鲜花漂在上面,
犹有头个早晨的清凉,
一切难以证明,一如意念,
可是实在,如情感……

难道期望女神将她的宝藏
倾洒给已被它充满的心房,
或是那许多房屋和草棚,
或是该当流浪的路途上?

不,她高高伫立,非同寻常,

---

① 收入里尔克:晚期诗歌,1934年,第133页。里尔克同时写出了法文稿"Corne d'Abondance"。——原注。

带着那无比丰富之角。

只有泉水在下面流淌，

将恩赐注入花木和绿草。

76. 致格特鲁德·茇卡玛·克诺普

瑞士，（瓦莱）谢尔上部穆佐小城堡
1924年2月7日

亲爱的尊贵的朋友：

我衷心感谢您，不愿等到很晚的复活节才赐予我一些消息，我已迫不及待地专心拜读了您的来信；连我也觉得我的沉默，对您的沉默，早已太长久；但即使这里的币值没有让人分心（最惨莫过于，如果突然出现了这样糟糕却非做不可的事情，就是把捷克或奥地利克朗甚至马克！统统熔化并注入法郎的模子……），却也有其他阻碍，以及让我厌烦的、总之不习惯的身体毛病，长期拖延下来，但我一直都是自个儿对付，夏天以来益发纠缠不休，使我不得不两次（甚至最近在圣诞节后）住进疗养院；这样与医生打交道是某种极其令我困惑的事情，无异于我仿佛突然发现，自己能够通过一位神甫间接地与我的灵魂沟通：因为二十五年以来，与我的身体交往已如此直接，形成了严格的默契，于是我有此感觉，这种医疗传译者就像在我们的亲切配合中打进了一个楔子。另一方面，若是我不得不借助于从未利用的精神优势，尽量对变得衰弱的肉体不予理会，这对我则是一件新事和总之痛苦的事情。我从未让一种对立在此形成，恰恰相反，我坚信自己身心的一切要素会合力促成一种纯粹的和睦，然后在其顶点产生效果——出自这许多共同的（身体的和精神的）快乐。一切的秘密都已透露给我的肉体，因此它也始终有代理权，有资格像它那些一同负责者一样为整个"公司"签字画押。推翻这个商业制度对我说不定是一种灾难；因为人们或可给我举出许多重大的，甚至强有力的反例，指明无穷无尽的成果，而它们都可以出自对身体的征服、忽视，甚至还出自对其痼疾的充分利用，这大概不是我获得这类成

绩的途径，我不知道，在与我的经历相似的处境中，我得为自己想出哪种解决办法。现在，也许还不是持续的症状，既然我已经被折磨够了，我倒可以继续按老宪法做，以此再取得一些成果！

您对此只字未提，祖母的身份本身限制了她或许相信自己能起的作用，所以我也有意将我的祖父身份（自去年十一月二日）就看成一种增长。我向利林卡① 如像对您，尊敬的朋友，道出我的祝愿，就是说她认为生个儿子才对，而露特，目前看来，始终偏向自己的同性；当然，这个小克里斯蒂娜在体力和生命毅力方面似乎并不逊色于男孩。但愿两处的一切始终幸福成长，在此期间我们的外孙不要太快长大：他们需要，为了自身的好处，给时代留下时间，让它变得更美好。

俄罗斯：这副"生育上帝者的面貌"②，是的，那里也一样：但愿感受到它在上升的人们不要太早退却，而是对它倍加珍惜，将它隐瞒并遮掩起来，直到它的光彩成熟而时光失效！我没有片刻怀疑，我们在大战中必须见到的停顿会使新的开端变得容易，但人们为它担忧，怕它过早显露出来，可能落入利用者手中。谋取私利者的日子先必须过去。

愿我哪一天有个饮茶的时辰，星期天，在您的身边，在我习惯的那把深深的圈椅上，并向您讲述那一切神奇的事情，从法国传来的；我再次听见了许多许多，我能省下的钱，全都用来购买现在问世的书籍；因为其中很多是这种书，人们不只是读读罢了，而是应该再三翻阅。那里如今真的取消了边界；以一种新的充满活力的方式反躬自省，法兰西精神不再害怕将外国的和偏远的东西纳入自身：突然之间，意大利或西班牙的、俄罗斯或斯堪的纳维亚的特性，但还有英格兰甚至德意志的特性，得到了清楚的认识和独特的评价，在那里是从未发生过的事情；外国的影响，大战前人们以为但缺无妨（或也许将其误解了，因为已在精神上将其定位，如像人们习惯的那样）……这些影响看来已在最年轻一代的作品中受到仔细的梳理，对这代人而言，大战好比是一段英雄般的青春期。在此为您列举姓名，恐怕没有意义：但是已有十本或更多著作

---

① 克诺普夫人的长女。——原注
② 原文为俄文。

正在完成内心事件，也就是说（某人可以认为）正从远处，或许从最远处准备相应的外部事件……朝这方面看我颇有信心。

翁鲁已被翻译，在巴黎拥有众多读者；他的"凡尔登"八天之内卖出六千册。我承认，我倒更喜欢听人谈谈他，翁鲁，超过譬如博尔夏德（我本来对他毫不了解，但知道他的话被人当成一种货币[①]，甚至被那些人，他们平常并未在他身上发现真正的保障）。

舒勒[②]的文章？是的，它们怎能以别的方式送来呢！夏天，在卢塞恩，我遇见了颇讨人喜欢的费尔特海姆伯爵，近两年他与舒勒交往密切；您可以想象，我对此有何感受，让他给我讲述了许多事情。——今天再会吧——而且，终于！哀歌，早就为您准备好了。

怀着昔日的感激的友情

您的
里尔克

77. 致 W. 米尔希

1924 年 2 月 14 日

尊敬的……先生：

您有心想到向我寄送您的诗作，请您相信，我将其视为一种意气相投的关注。您认为曾经受到我的作品的强烈影响，我便因此感到一种愉快的诧异，为何几乎认不出这种影响（就像在您年少时也许可能的情形），当然，此影响在外表上是容易接受的。只有几首短诗例外。长诗其实更令我感兴趣（我常常高声朗读）；它们绝对与我保持着距离，倒是迎合某种富有乐感的榜样，其结果便是，它们纯粹由松散的边缘构成，让人几乎认不出核心。节奏上的改变有时令我惊讶，这里或那里，给人一种印象，好比二人同行其中一个突然变了步伐。您的信文有一

[①] "货币"的原文是：Während，这里估计是打印错误，本该是 Wahrung：保护、维护，与后面的"保障"意思相同。

[②] 参见第 64 封信的注释。——原注

点令我不解。我相信,您的能力是否确有"保证",对此您几乎不在乎。如果我这样读是正确的,那就容易说到点子上,我们中间谁可以对此总不在乎呢?谁大概不必首先追求这个:对自己的能力变得确信,以便对某个时候来自外部的评价可以在自己内心给予适当的平衡。在我看来,正是这种不在乎导致了以下结果:您的书有许多印刷错误,标点极少却并未完全取消,这样也加重了模糊程度,而并非总是完全清楚的诗句结构则使模糊变得相当讨厌。若要否弃这些划分符号(顺便说它们的确是很无辜的),就需要一种盖奥尔格式的诗歌的高贵和神圣的根源;倘若有志于此,某人立刻便负有义务,在这种克制中保持最严格的一贯性。

这属于盖奥尔格诗歌中实施的伟大革新:先天的秩序在那些诗行的严格而神圣的进程中不断得到实现,在该秩序面前,这些划分和规范句子的通俗的辅助手段则渐趋隐退。或许也希望以这种方式远离肤浅的读者。对于我们,今天,后面这个理由已不复存在,人们学会了阅读抒情诗;至于第一个理由,如今只有个别人,如果不打标点,可以依据他们的诗句的内在完美。以后您若是有机会再给我写信,您或可告诉我,我的哪些作品让您觉得更亲近:年轻时的作品或是较晚的著作;无论如何,我认为这是一个好的标志,这些书能给您留下一种印象,仿佛我对年轻的一代是敞开的:哦,我是这样,全心全意,而且我并未想到把自己算作"老人";倘若我们的职业竟不能使心灵超脱于算计时间之类的琐事,那它算是什么!

请您为这次接受我的感谢,以及您某个时候可能需要的一切问候和祝愿。

78. 致维托尔德·封·于勒维

瑞士,(瓦莱)谢尔上部穆佐小城堡

1924 年 2 月 15 日

尊敬的封·于勒维先生:

我现在不愿像通常所做的那样,继续延长一种不可原谅的迟误,也就是说，向您解释迟误何以产生，这只会使您感到无聊；虽然，我有辩解的理由，即离开了穆佐几个星期，而且——这或可进一步为我辩解——由于健康的原因，以致我现在，返回之后，才能重新恢复我的活动和通信。此时我首先想到几个人，其中就有您，我的良心因此略感轻松。这是您以特殊的贡献为自己取得的，本来理应更多，不仅由于您竭力为我的作品辩护之事实，而且首先由于您安排您的演讲时所采用的方式。您为我颇费心思，让我更加详细地了解您的节目、您的意图及其妥善和得力的实施；我觉得您做出的选择尤其恰当；关于您那场晚会的精神方面，可以说您自己的感受，以及您的听众圈子的郑重参与已经给了您完全的报偿，因此我似乎不知道——况且相距这么远，加上为时已迟——还可以补充什么……除了我的喜悦；我本人的、纯粹感激的喜悦。

您能够证实我的著作与丰富而充满内心活动的波兰文学较早及现在的作品之间存在着亲缘和关系，这也许特别有助于与您的听众沟通；我能说明的少于我的猜测：在我的多种血统中，斯拉夫成分恐怕不是最轻微的，这确实与我自己的情感相吻合。遗憾的是，我自己一直未能尝试，对这种与波兰的文学创作相关的一致性加以检验。这方面凡是或可弥补的事情，任何时候我都不愿错过。例如对《有生命的石头》[1]，您便使我简直翘首以盼，给这部至关紧要的作品物色一位法文译者，也许容易一些，那里的译著一旦完成，请您不要忘记提醒我注意。通常它立即就会受到关注，我可以获悉此事；因为我这里处在特别有利的位置，可就近跟踪在巴黎问世的一切：为数之多，值得敬佩，大多数应该受到认真对待并予以看重；尤其对外国的作品也有一种强烈的喜爱，现在出版的翻译书籍质量不差并相当负责。

此外我之所以接触许多种语言，就是为了让自己尽可能地摆脱翻译；谈到尤利斯·索瓦基[2]，您的看法令我感到荣耀，我或可认为自己以某种方式源自他，这常常使我作出普遍意义上的思考：我揣测，假若将

---

[1] 瓦茨瓦夫·贝伦特（生于1873年）的长篇小说，描写中世纪流浪艺人的生活。——原注
[2] 波兰神秘主义者，1809—1849。——原注

各种民族意识分割开来的一切窒碍突然都消除了,人们或可在别的语言和时代中揭示那种本来的和根本的起源,这令人震惊。

我从您的来信看出(并非没有歉意),我的新书在此期间已送到您手中,是的,您甚至已能将它纳入您演讲的思考范围;尽管如此(我不知道,此外怎样才能以一种看得见的表示来概括我的感激之情),这几天我会把新出的哀歌寄送给您(这个对我最重要的作品,耗去了整整十年,当然也包括大战期间令人迷惘的长期中断)。把您现有的那本转送给一个朋友,也许对您是件愉快的事情。

有一次我曾想到同样以这样一件纪念品向参与您的晚会的艺术家表示感谢;但现在可想而知,霍拉克夫人和斯特凡·亚拉茨先生估计都不会德文,我便犹豫不决,是否赠送他们难以会意的礼物,这与他们那份充分表白心迹的功劳正好相反。现在,您可以给我出个主意,那里该做什么。总之,在这些字里行间已有许多感谢,我或可指望您将其中一部分转达给为了共同目的而参与的人们。

请您接受,忠诚的封·于勒维先生,我的关注的至诚表达以及对您目前工作的一切祝愿。

您的忠实的
R. M. 里尔克

致维托尔德·于勒维
[在同时寄出的《杜伊诺哀歌》上的题词]
对忠实和积极的介绍者:
维托尔德·于勒维(奥尔维德)
怀着感激:
莱纳·马利亚·里尔克

有福了,谁知道,不可言说之物
藏在一切语言后面;
知道从那里,伟大趋向我们,
竟叫人亲近喜欢。

> 我们以各种材料建造桥梁,
> 它们对伟大全是多余:
> 最终我们总是从每个欢乐
> 窥见一个共同物,它本欣喜。

穆佐,1924 年 2 月

79. 致克拉拉·里尔克

瑞士,(瓦莱)谢尔上部穆佐小城堡
1924 年 2 月 26 日

我亲爱的克拉拉:

你在上诺伊兰、在许特夫妇那里写过美好的书信(一月十六日),至今已很久了;它正好当我返回时送达这里,二十一日;从一次违背心愿的旅行返回穆佐;因为这几个月,在我古老的塔楼里面生活是那么宁静和稳定,确实完美至极,就肯定有一个厉害的冲击,好让我将其中断。冲击来了,波及我的身体平衡,如此严重,我再也想不出别的办法来帮助自己——平常与我的身体打交道时我颇有经验;于是,就在圣诞节后,从头天到第二天,我很快下了决心,住进蒙特勒上面的一家疗养院,那是我以前在舍内克,还算幸运,让人推荐的,以防万一。所以我虽然被迫离开工作并放下种种事情,但是得救了;一位相当理智的医生给了我机会,把烦扰我的事情统统讲出来,我们达成了一致,可以避免一切药物治疗,三周之后略有进展。正好在一月二十一日我便又回到家里,没有复原,但足以又单独与自己和睦相处,这对我确是最重要的,因为我不易忍受我与我的身体之间有一个解释者。至于我这美好的身体,夏天它就没有表现出重新恢复的野心,以往当它摇摆不定的时候,要是有人来扶它一把,我通常都能在它身上认出这种野心。要么是年龄挫伤了它的决心,要么是血液里常有某种险情需要克服,反正这是事实;我没有像往常那样感觉到被它承载,而是奇怪地被它抛弃了;

二十年前我可能的确经常遇到这类犹疑和困境，但后来——在多少国家和处境待过——我对这块美好的绣花底布越来越有把握，最后已习以为常，也许图案上有时会搞错，但总是又在可靠的底子上修补错处。这一次（我必须笨嘴笨舌地加以说明）看来底布遭到损害，于是这里一切绣工皆告结束。幸运的是，我真的走过了那些犯疑病的年头，那时候诸如此类的忧虑中断了一个人的整个生活，只为插入一种恐惧的自我窥视并以此取代一切熟练的活动；这并非很严重，可是我毕竟受够了困扰并极为分心，之所以如此，正是因为我十分重视与自己身体的存在保持那种协调，我最单纯的愉快和欢乐皆由此产生，在我看来，身体的存在绝不比灵魂的或精神的元素更卑贱……在我这里可能涉及一种交感神经疾病，即调节肠功能那组神经束，或许也有内分泌紊乱的问题（对内分泌人们刚开始获得准确的认识）……总之是某种不可能一两天就治好的毛病；如果还考虑到下述情况（以便联系起来思考）：近两年来已办过两起丧事，奥西[①]和保拉·封·里尔克[②]，与我都是近亲，那就可以列出足够的病因，种种原因合在一起，便可能引起血压变化，况且近几年冬天重大而快乐却极其劳心伤神的工作还根本没有考虑在内；工作完成了确实不只是一种给人以奖赏的轻松，而且是一种空虚，其中随即便有为一切反作用的松懈而准备的空间，在最内在的凝聚这类时刻之后，松懈就想出场。

在此我让自己信马由缰，真是淋漓尽致，亲爱的克拉拉；但这样做的用心大概是也很想知道，在此期间你过得怎样，某些创伤是否终于痊愈？露特在信中给我讲到此事，但并非以完全确信的口吻，所以或许这样甚好，如果你愿意很快向我证实，我为你祝愿的完好早已合乎实情。

我当然清楚地记得许特的庄园[③]；就是说人们把封·泽格恩的那座原本美丽的房子拆掉了，诚然，这些年来它可能变得益发朽坏。——假如格拉泰斯不出事，你本来在那里准有一段，像我所感觉的那样，无比美好的日子，多么遗憾，这个小小的祸事意外地发生了，麻烦的后果还

[①] 里尔克的外甥奥斯瓦尔德·封·库切拉。——原注
[②] 里尔克的堂姐。——原注
[③] 位于不来梅附近的上诺伊兰。——原注

拴住了你，只好多待一阵。(盖奥尔格·许特是不是孀妇封·勒叙尔的兄弟？)

你的索书愿望已经预先记下，亲爱的克拉拉，怀着欢喜！若不是我那愚蠢的疗养院意外地插进来，我也已冒昧地发令立即办理至少那一套（黑林拉特的荷尔德林版本①，据我所知，此书尚未出完）；我到了疗养院才发觉，在这类机构中，它显然属于最昂贵的，吞噬了令人咋舌的一大笔钱，在向岛屿订书之前，[我]想先让不曾料到的亏损再部分地弥补起来。但此事不会被忘记；相反，请你不断告知我新的愿望，无论何时萌发的，我会记到你迫切需要的书籍的清单上，以便逐步办理。

露特最近来信，好像很快就该举行洗礼了？或是待到春天？遗憾的是始终还是冬天，我们这里种种下雪天又回来了，只要一出太阳，积雪自然无法抵挡；灰绿色的草地今天就又露出来了。

那么荷兰呢？还有穆佐？！

尽快给我一些消息。

可惜你不再读法文了；现在有非常神奇的书籍来自那边；在战火中度过童年的年轻人真是完全出乎意料的特殊的一代，而且让我觉得亲近！代我问候 H. H. 封·费尔特海姆和其他共同的朋友。

我本人最衷心地问候你，亲爱的克拉拉。

莱纳-马利亚

80. 致阿尔弗雷德·谢尔

瓦莱／谢尔上部穆佐小城堡
1924 年 2 月 26 日

十分尊敬的谢尔博士先生：

由于身体不适我很长时间不在穆佐，我的工作和通信已严重滞后，

---

① 黑林拉特：《荷尔德林》，1921 年。——原注

因此我必须，同样向您，谴责自己恶劣的延误；您这封颇为用心的书信标明日期为二月三日！

如果您对我善意的关注本身就肯定应该得到感谢，那么面对这个事实——您的信中包含两个大概值得尽快回答的问题，我的迟复则是错上加错。

第一个问题可以简短答复：在两本新诗集之后（新诗集和新诗续集），没有任何诗歌出版物从我的贮存中问世，直到您知道并提到的这两本新书。

可是关于第二个询问，您自己便知道，若要回答由此引出的话题，恐怕是多么吃力而费时；是的，我得立即承认，我觉得自己对此不是很得行。在我最早的时期，二十五年以前，三十年以前，也许可以谈及"影响"，而且可以简单地列举出来，指名道姓。单是雅各布森这个名字本身那时便意味着我生命的一个完整而确定的阶段：① 他确实是我的天地之年的"年度君主"。当我想起（灰白房子的）那位邦（Bang）之时，一颗头等大的星星可能就已在那里标示出来，根据它的出现和位置，我曾经有段时间在我青年时代的昏暗中（与今天人们的青年时代相比，那是另一种昏暗和另一种阴沉）找到路径。利林克龙② 的名字那几年对我是很神奇的，德默尔之名则强硬而有声望；霍夫曼斯塔尔的存在总之向人证明，最绝对的诗人作为时代同志是可能的；而在斯蒂芬·盖奥尔格坚定的塑造中我感觉到那条重新发现的法则，恐怕它是任何人今后都不能摆脱的，只要创作对于他就是要赢得堪称魔力的言辞。也有俄国人挟势进入这些深切亲历的关系，首先是屠格涅夫，以及将我引向这位大师的雅各布·瓦瑟曼，通过他个人，也通过他最初的已有节制特点的作品。格哈特·豪普特曼，也与他建立了个人关系；正确估价米夏埃尔·克拉默尔，则是那几年的一个骄傲。第一次俄国之行（一八九九年）和学习俄语，在这种语言里我很快就几乎不再有障碍，普希金和莱蒙托夫、涅克拉索夫和费特令我陶醉，其他许多人对我都有影响……伴

---

① 雷克拉姆版中的六个中篇小说，以及里尔克案卷中收入《时祷书》的诗歌。——原注
② 里尔克案卷中利林克龙致里尔克的信件。——原注

随着这些至关重要的吸收,情况发生了彻底的改变,对影响的探索于是显得荒谬和不可能:不胜枚举!还有什么未起作用!这一个凭借其完美,而另一个,则因为我随即明白,可以做得更好或不同。这个,因为我立刻认出它是相通的和标准的,那个呢,因为它强行介入,怀着敌意,不可理解,是的,几乎不可忍受。而生活!生活突然被永不枯竭地开启了,在俄国它还像一本儿童画册一样刚刚为我翻开,可随后,从我移居巴黎以来(一九〇二年),我却知道自己已被卷入生活之中,当然处处皆一同分有,一同受到威胁,一同获得馈赠!还有艺术……那些艺术!我做过罗丹的秘书,这并非远甚于一个顽固的传奇——形成于这个背景,我有一次,暂时性的,在五个月期间(!),在他的通信方面帮助过他……但做他的弟子我倒是好得多也长久得多:因为在一切艺术的根基上起作用的就是那一个同样的要求,以前我对它的接受从未这样纯粹,如像通过与强悍的大师的那些谈话,他当时虽已寿高年迈,但仍有很多活生生的体验;在自己的行业中我拥有一位伟大而著名的朋友,埃米尔·维尔哈伦,一位严峻崇高却颇有人情味的诗人;一九〇六年以来,一位画家的作品立在我面前,堪称最强大的榜样,保罗·塞尚,[①]这位大师死后,我曾探寻他的一切迹印。

但是我常常问自己,是否那些本身不显眼的经历却对我的形成和创作产生了最根本的影响:同一只狗交往;我能亲历的那些时辰,在罗马的一个绳匠身边驻足旁观,他在自己的手艺中重复世界的一个最古老的动作……正如那个陶匠,尼罗河边一个小村庄,站在自己的圆盘旁,让我觉得在某种最隐秘的意义上如此丰饶,不可言喻。或是我有此幸运,与一个牧人徒步穿过"租约"(Baux)地带,或是在托莱多,伙同几个西班牙朋友及其女伴,在一个贫寒的小教区礼拜堂听一首古老的颂歌,十七世纪时,这种传统风俗受到压制,就在同一个礼拜堂有一次它曾被天使演唱……或是一个不可比拟的地方,譬如威尼斯,我已熟悉到这种程度,以致外地人可以凭"Calli"[②]一词的多种用法向我打听他们想

[①] 里尔克致克拉拉·里尔克的关于塞尚的书信修改本(见1906—1907年书信集)收入里尔克案卷。——原注

[②] 意大利语,本意是威尼斯的巷道、小巷。

去的任何地方，并得到满意的答复……这一切都是"影响"，对吗？最大的影响或可举出：我可以独自一人在这么多国家、城市和地方，不受干扰，以我本人的全部多样性以及一切倾听和顺从去投身于一个新的事物，愿意属于它却又被迫离它而去……

不，生活加之于我们的这些简单的历练，书籍——至少以后——不能作为最关键的因素对其产生影响；出自这些历练的许多东西携自身的分量在我们心中积淀下来，在那里它们可能由此已完全得到平衡，即通过与一个女人相遇，通过季节的延迟，甚至通过单纯的气压变化……通过这个，例如，一个"别样的"下午意外地属于一个这样或那样的早晨，或是我们不断遇到诸如此类的情况。

询问"影响"当然是可能的和允许的，也许有这类情况，回答带来最意外的启发；然而，不管是怎样的回答，都必须又立即被返还给它所出自的那个生命，并在一定程度上重新融入其中。遵循这种感觉，在此我已尝试准备某种类似于"解答"①的东西，以便总之给予回答。但愿它，尊敬的博士先生，在您的试管中不要显得太淡并还能显示一些特征，这样或可报偿您想对它作的检验和观测。

请您接受本人竭诚忠实之表达：

莱纳·马利亚·里尔克

81. 致阿尔弗雷德·谢尔

（瓦莱）谢尔上部穆佐小城堡

1924年3月3日

十分尊敬的谢尔博士先生：

面对困扰我的许多迟复，今天我只能简短地证实已收到您的四页信笺，其中不乏有关证据，即我的答复大多已得到您善意的接受；这些写

---

① 德文为Loesung，词意一是"解答"，二是"溶解""溶液"，这里一语双关，与上面的"溶入"和下面的内容均有联系。

给我的文字也再次表现出您的关注既友好又持久,这种关注——已见于您以前的书信中——使我有心情和义务更详细地向您讲述。

您向我暗示了某项工作的可能性,如果我上次,通过那些史料和事实,加强了您对这项工作的兴趣,那么我的报告颇为详尽,便带给我双重的愉快。同时我却必须承认(并非没有几分惭愧),这是我最难克服的弱点:从不关注我的作品在评价或批评的文章上可能引起的反应;我对此一无所知,而且最好现在就请您谅解,即使对某个最倾向于我的评论——您的评论——我也会绝不例外。我也同样对待自己的艺术活动,在我看来,它与我是一种最短连接的关系;从外部插进来的任何看法或许都是支持或反对我自己的一种太长的武器。我以此排除了某些颇有价值的见解,这是可能的,因此谈起我的习惯做法时,我也完全将其当成一个弱点。不管我现在因此会有什么损失,我觉得更重要的是,仅仅通过工作本身的进展和独具的良知标准,把我写出来的东西弄清楚。发现某个东西——也许我自己还不知道而且不必知道——在一篇聪明的评论中被人看出来,大概对我是同样的困扰和迷惑,就好比自己看出它来,因为在一个偶然的批评中它似乎被误解了。对别人这可能不一样;对我自己而言,我很清楚,这类从外部射入的反映虽然也许不能中断我与内心法则的静静交往,但是我恐怕不善于借其光亮前进哪怕一步。

这倒不是说,有时一种个人赞同的温暖,甚至对我的艺术意图的界定,我并未从中得到喜悦和好处,这类事情曾经在亲切交谈中不时发生。这些影响来自生活,不由自主,而在某个地方对生活持拒绝态度,是我从未想到的。

您已对我上次的陈述给予好意的理解,这种理解并未让我产生任何担忧;我会以这些保留条件使您讨厌;终归它们也确是对新近勾画的轮廓的一种补充。

我很高兴,能再次使您确信我满怀感激之情,作为您的十分忠实的:

R. M. 里尔克

82. 致卡尔·维埃托尔

> 瑞士，瓦莱，谢尔上部穆佐小城堡
> 1924 年 3 月 24 日

十分尊敬的维埃托尔博士先生：

通常（再次解释原因恐怕过于麻烦）我拒绝参与任何诗选：然而，您若是准备将您提到的那七首十四行诗收入由您选编而且肯定丰富又优美的集子，并对此颇为重视，我也就不愿拂逆您的好意。关于此事我只想请求您，在适当的地方注明这些诗出自什么诗集，以及印刷之时严格遵守它们在原著中的拼法（除了句号之后，诗行起首字母小写，等等……）

纯属巧合，昨天您的信到来时，我刚好再次翻阅了年轻的卡尔克罗伊特伯爵遗留的诗稿：其中有极其优美的十四行诗。[①] 您可允许我在此加上这个说明？这些早早完成者正被人们如此迅速地遗忘，他们大概比别人更适合在这样一本选集里，在此被列入早已永久之物中间或可赋予他们那种持久，即他们的青春未让他们在其中止的成就之内达及的持久。

请您接受我的问候以及我的忠诚之表达。

> 莱纳·马利亚·里尔克

83. 致克拉拉·里尔克

> 瓦莱／谢尔上部穆佐小城堡
> 1924 年 4 月 5 日

我亲爱的克拉拉：

刚收到你美好的书信，我急忙回复，还想在荷兰赶上你；能否如愿？——这么说，在找到德拉克洛瓦的惊喜之后，这个更丰盛的惊喜已经为你准备好了，突然站在梵高的作品中间，在他的爱之中：你描述

[①] 沃尔夫·封·卡尔克罗伊特伯爵，《诗歌》。遗作出版，1908 年。——原注

得如此感人。这种情形也常常萦绕在我的脑海里,在博物馆和私人收藏中,艺术品好像才真正脱出了它们本来注定要影响的那种生命循环。完全无需讨论,就连对艺术家、创作者和热爱者的适当的反作用也更早就已销声匿迹,即那种(也许)本该帮助他的肯定评价。人们想象,罗丹的生命本来可能大不一样,假如对他的赞许不曾年复一年完全阙如,不曾最终以错误的方式困扰和纠缠他。这是难以改变的;更难达到的则是,想要感受并"拯救"这一切事物的这个人,希望自己也得救。他难道不更像一个乘船遇难者,把它们向海滩抛去,想让它们保存下来,而他自己在沉沦中挣扎,总是又有一时半刻靠他的爱和他的认识所要拯救的东西支撑自己?

……你愿意并希望在孩子们那里过复活节,我可以想象。洗礼以后我没有得到任何消息,但希望在老约克塔一切都美好和睦地往前走。到达之后让我知道,你在那里逗留多久,以便我的信不需绕道送到你手中。——如果你们来此旅行或也许更远,去佛罗伦萨,将会推迟一些,大概不是坏事。下段时间(复活节和节后几天)我的朋友反正要从温特图尔过来(穆佐归其管辖),连同他的几个朋友,我不大熟悉,就会有一两周不大安静的日子。随后还要来几拨访客,但都只待几个小时,顶多几天:来自或前往意大利的过路客。我很想十分安静地在此接待你们,是的,瓦莱会一个月比一个月变得更美丽;尤其今年,在这个姗姗来迟的春天,恐怕五月和六月才真是美好的月份。……今天就这些,亲爱的克拉拉,怀着对旅行和返乡的一切祝愿。

莱纳-马利亚

84. 致阿曼·福尔卡特夫人

(瓦莱)谢尔上部穆佐小城堡
1924 年 4 月 7 日

亲爱的最仁慈的夫人:

您乐意以好心的关注来回应我的银莲花的小小攀谈,真叫我满心欢喜。是的，发现这些最早的小花，确实别有一种刺激：我在山冈的石坡上爬来爬去，有时在"贵族领地"靠我们这一边，更多时候朝向吉伦特：只要花朵是短茎和闭合的，就几乎不能从灰暗的背景辨认出来，要一眼认出花儿并不容易：后来敞开的花萼色彩暗淡，自然使花变得显眼一些，一旦长成的花茎把花朵托得更高，整株花枝也就相当醒目了。直到最后，阳光使鲜花绽放，那一片黄色雄蕊的小山冈方才蔚为壮观。

……但是逊色于前几年，瓦莱今年有一个真实的春天，人们可以在情感上与其共鸣。焚风的日子已近乎闷热，并以其特有的紧张刺激着神经，这种日子与寒冷的、堪称严寒的日子交相更替，或者确切地说，这种粗暴的交替甚至是随时辰的交替而发生的：压根别提些地方让人感觉到的那种难以形容的柔和，也绝没有静静飘洒的细雨，鸟鸣时而融入雨声：因为这里的来回往复之后已挂着一个过分炽烈的太阳，人们几乎想说，一个狂躁的太阳，若是任其肆虐，它就像用开瓶器将一切幼苗从地里拔出来。我越来越明白，这是一个葡萄之太阳，它唯独对葡萄园有喜好感兴趣。它甚至允许葡萄慢慢悠悠，守护着它们，完全为它们而存在。地里其余的，它则待之甚严，毫无善意，它揪其头发，就像乡村教师对待他不喜欢的学童。这样一个太阳没有本事，以沉思、喜悦和耐心绣出春天。与人打交道它也很古怪，人们最好也只是借葡萄之绕道与它交往，要么在葡萄园里干活，要么喝从中涌出的葡萄酒……与这个太阳精交往是吃力累人的。

您的冬天，我发觉不是最好的，而我的冬天（唉!）我恐怕得说几乎是糟糕的，要是拿它跟前两个冬天比较。瓦尔蒙的中断实在违逆我的感觉，那段时间本来是工作和孤独列在穆佐的日程上。而且这次疗养（同夏天那次疗养一样）并未取得任何效果。（您自己认识黑默利大夫吗？[①] 他在我身上做出了最诚实的努力，是的，一种十分亲切的努力；不是他的过错，我本来乐意更好地酬谢他！）

如今我这样活着，还有四分之一的生活乐趣，怀着几乎中断的信

---

① 当时在瓦尔蒙疗养院。——原注

任，经常被我的病患分心：一种状态，是我自病弱的童年以来从不认识的。在这方面我的花园也好不到哪里去；又一个秋天被耽搁了，各种有块茎的未来不曾安置到泥土里，以致现在什么也没有长出来，除了几株郁金香；我打算（因为戈尔德，这里的园丁，只会辩解却什么都没有）最近去洛桑，亲自挑选一些幼苗。与我的状态相吻合，我今天，四月七日，在花园前面的边沿栽下一棵幼小的忧伤柳，它定会在此挺立起来并快快长大！

真心喜爱您并忠实于您的

里尔克

85. 致维托尔德·封·于勒维

瑞士，（瓦莱）谢尔上部穆佐小城堡
1924年4月10日

尊贵的亲爱的封·于勒维先生：

这很奇怪：您为我的作品做了许多事，我倒并不觉得欠您的情：在精神领域和为精神之类而发生的一切（至少，事情若是这样做的，这样高尚和快乐，一如您之所为），在自身之中便已有补偿；像您这种付出者和转达者同时也在接受，如果您对我的书本怀有的执着信念必定使您备尝艰辛，那么，您的勤奋努力却也给您带来平常大概难以获得的喜悦和经验。

看来您自己对此已有感受；您在维尔诺晚会[①]之后写的整封长信，依我之见，就是对建立在您自己的贡献之内的平衡的一个有力证明。这种证明近乎率性，仿佛意欲怀着某种感激探入那些精神事件，它们在一种激动的活力中自我平衡并自我报偿。

与此相反，我没有及时向您证实已收到您的美好而丰富的消息，倒使我觉得像欠下一笔债。各种阻碍交织在一起：身体不适（这在今年，

[①] 里尔克晚会，由维托尔德·封·于勒维举办。——原注

与往常状况大不相同，贯穿了我的冬天并妨碍了工作），第一批前往或来自意大利的顺道拜访，料理花园以及未曾料到的其他事情……现在，您可以想象，我多么高兴和感谢，您的第三场晚会成功了。

您的书信和邮件到达之前，我就已收到卢托萨夫斯基教授的一封颇为用心的信件，他寄给我本人他的几篇文章。两三本他的小册子我也随即到手了，再次通过您。但有了亚当·密茨凯维支那本著名的巴黎授课集[1]，是您想送给我的，您就帮我满足了（您想想：）一个巨大的夙愿。如今拥有此书，对我弥足珍贵，我很高兴，可以在今年夏天的读书日子里好好翻阅。

要是有机会，请您还在方便之时感谢来宾单上的一同签名者，感谢他们那种令我感到荣幸的思念。我仔细读过附带的留言，并且尝试对每个名字作一番想象。我多么乐意有朝一日，我想过，看一看这些字行后面的人和生活：现在我本人的这一愿望也已使我得到友好的邀请，您以此迎合我的心愿。我感谢您。让我们暂且保留这个可能性吧；在我这边，我决心维护它，时不时地从中品尝预先的甜头，虽然它得推迟一段大概较长的时间才能实现。五年来我一直生活在瑞士，忙于追补的和抢先的工作，仅仅在这个向我证明是相当好客的国家以内有过走动；在此期间各种旅行已急不可待，一旦时机成熟，就得出门远行了。看一看波兰，也就该当托付给再下一个未来。可是，那里有人欢迎和期待，怎能不叫我心中愉快呢。

也许，谁知道呢，情况遇巧，于是您，尊贵的先生，没准哪天就先来了瑞士：您自个也要想到，您会有人期待和欢迎的。

至于胡夫做的半身塑像[2]，我几天后，在复活节，可见到一位来自温特图尔的朋友，他能给我答复；据我估计，那里的博物馆无权安排铜像的复制。只有通过弗里茨·胡夫本人（顺便说，他也答应来拜访我）或可取得一个铸件。但您不愿等等看，兴许哪天就有一尊逼真的雕像做出来？我和他上次见面时，艺术家本人觉得（我还记得）没有理由再做此

---
[1] 密茨凯维支，1798—1855，最伟大的波兰诗人，1840年在巴黎讲授斯拉夫文学课，当时他在法兰西学院任斯拉夫文学教授。——原注
[2] 温特图尔博物馆的里尔克塑像，1915年12月在柏林制作。——原注

事；至于我本人，凡是塑像之类，我一直都是极其反感的。当然这并不能保证我就不会再次让步，说不定某一天一个既艺术又逼真的肖像得以完成，它可能长存于世。

还是谈其他问题：《亲爱的上帝的故事》波兰文版[1] 您的导言当然获得我的赞同，而且正如您的愿望，在书名旁边又采用原来的副标题；特制的五十册的扉页上，如果您给我寄来，我也乐意签署我的姓名（请标明签名的位置）。

我希望向最初为您的几次晚会一同出力的男女艺术家表示感谢，关于各种感谢方式，我会在复活节过后要求您做一个介绍，好把一个小小的纪念留给您那些忠实的合作者。

我已准备在我的感情里给依雷娜·索尔斯卡夫人一个特殊位置，对此您会使我承担履行之义务，如果您愿意（方便之时）告诉我这位伟大的女艺术家的地址。我的想法是，给她寄鲜花——今年在我的瓦莱花园开出的第一批玫瑰；到那时几乎还得等两个月，但是就一种纯属永久的感激而言，我觉得没什么关系。

此外，在今年已让我感到惊喜和荣幸的来访中，有一个——上周星期天——具有非常重大的意义。保罗·瓦莱里，为了我的缘故，在谢尔中断了他的意大利之旅：您可以想象，我怎样在心里欢庆他的莅临。这位处处受到倾慕的诗人的作品近来已销售一空，无论《幻美集》还是美妙的对话录《厄帕利诺》都不会以现有的样式再版。相反，一个新版诗集正在准备之中，即将问世。您要把这份欢乐留给我，亲爱的封·于勒维先生，即届时从我这里获得此书；书中无穷无尽的内涵我已反复揣摩，因此觉得自己已特别有资格和才能，怀着敬畏并凭借领悟加以转达。

（顺便我也与保罗·瓦莱里商定了近期或就在不远的将来出版我的译文。）

最后感谢您寄来索瓦基文章中那些断片的抄件，我觉得饶有兴味。

剩下的是问卷（我还要立即填写）和我真诚的需要：向您致以一切

---

[1] 出版于1925年。——原注

衷心的、感激的问候。

>您的
>
>始终忠实的
>
>R. M. 里尔克

问 卷

问 题	里尔克的答复
在《黑猫》一诗中这意味着什么：……"在它圆圆的眼珠那浅黄的龙涎香里面"……？	geel："黄色"（gelb）的古体，特指一种浅色的、龙涎香色的黄。猫的眼睛比作龙涎香或黄色的琥珀，琥珀里面有时裹着昆虫。
《鹦鹉公园》诗中："duff的鸽子"……？	"Duff"意为：不光亮即模糊、无光、失去光泽，针对某种色彩的表面；这里指鸽子羽毛上转暗的雾蒙蒙的色调。
关于您的即将诞生的新作。	对此不可能说出什么确定的东西。
您会一种乐器吗？哪种，程度怎样？	不。从不会。

86. 致莱德布尔男爵夫人

>瓦莱，谢尔上部穆佐小城堡
>
>1924 年 4 月 15 日

亲爱的最仁慈的男爵夫人：

就是说（这不奇异吗？），在我的感觉和意识里，您在可爱的奥伯恩费尔德多住了整整三年，现在我无论怎么回忆您的信上标明的其他地址，可是这种经验——始终还想着、寻找并找到那里的您，我却只能慢慢纠正，几乎无法完全抹掉。那宽敞清凉的餐厅，沙龙及其最僻静的密谈处，还有旁边您的蓝色房间……这一切在我心里都曾有三年幸存！阿伦斯霍斯特[①]我也是很熟悉的，至少从照片上，从很早很早以来，我可

[①] 与前面的奥伯恩费尔德皆为庄园，位于威斯特法伦州。——原注

以想象，作为避难所它已让您颇感适意；但我真是高兴，从夏天起，在封·雷德布尔男爵打算经营的那座庄园，您就又会安下心来，如果能住上几年，您大概觉得像在自己家里一样。一个乡村住地，尽可能跟您的同样，如今的确始终还是最舒适的地方（痛苦呀，要是人们只能寄身于都市！），尤其因为现在正是孩子们成长的时候，您在信中给我描述了他们的一些情况，那么幸福和充满希望。我多想哪天见到他们……什么时候我要是来德国，而您那时住在已经适应的新环境里，乡村一片寂静，重逢和倾诉的时刻会令我何等开心呀！

　　战后这段时期我自己还很少旅行，除了在瑞士境内，最初几年去一座座城市观光之后，我对瑞士已相当熟悉而且评价颇高。自从发现了穆佐，我就完全固执地坐下来了，因为我顿时明白，这个地方是上天恩赐给我的，以便通过严格的弥合来完成自己已经中断和多年遭受危害的工作。是的，既然在艺术中"神恩"，始终，是决定性的，我就可以保证，在纯粹被庇护的孤独之中做出了超乎可能的事情。去年冬天孤独才开始变成我的某种负担，要么是持续的隔离毕竟太严格太彻底，要么在身体不大舒服的时候，一切都显出另一副模样。但是，不管生活有何决定，我都会对我古老的塔楼保持深厚的感激之情，在此我作出了不懈的努力，故能挽救我心中至深的使命。——亲爱的最仁慈的男爵夫人，真是友善，您询问此事：就在这几天我会给您包装妥当，作为复活节的问候，一九二二年工作冬季的两个主要成果，不久前才印制成书摆在这里。（《杜伊诺哀歌》一九一二年始于大战中摧毁的杜伊诺城堡，后来在巴黎和西班牙继续写作，直到一九一四这个多灾多难的年份迫使工作中断。）两本书写得艰难，要从这个或那个熟悉之处开始，通过阅读重新进入，这样颇费周折，但也有好处，它们互相补充。要是知道它们已在您的手中，我会无比高兴。

　　现在您已将南方的回忆和印象带回家中；但愿这一切还有幸福的回音，并且增添家乡的欢乐。谢谢您乐意立即从卡普里给我回信，我的上封信写得很匆忙，因为急于还在那里赶上您；真好，它如愿以偿，而且我便可知道和相信，您也善意地维持着我忠实的顺从中始终不变的那份情意。

您的

里尔克

87. 致露·安德烈亚斯-莎洛美

瑞士，（瓦莱）谢尔上部穆佐小城堡

1924年复活节后的星期二［4月22日］

我亲爱的、亲爱的露：

我无法告诉你，你以你的书信为我也为伟大的、强大的复活节带来了什么，信越久未到，我越是喜盼，就像盼着某个只会更可靠和更丰盈的东西！现在它来到这个节目里，充满美好的消息和关注，因此这样成熟，这种感受我已久违了。接下来，当我向你讲述我已过去的（第三个）穆佐冬天的故事，你才会发觉多么神奇呀，你恰恰现在可向我报道你的病人的这一情况：① 我读了一遍又一遍，从中为自己取得了一种难以形容的庇护。我必须对此加以强调，这大概已经向你说明，我的冬天不曾是一个好的，对了，几乎是一个沉重的冬天。在穆佐的第一个冬天那种超常发挥之后，你所预料的情况——复发如期而至，随后一个月症状那么剧烈，叫人不知所措，以致我圣诞过后就离开穆佐，住进瓦尔蒙疗养院（在蒙特勒上面），完全无法对付自己（多年来第一次）。那几周稀奇古怪。横结肠成了身体受攻击的位置，越来越严重，但后来从那里扩散，一切都陷入紊乱。我在瓦尔蒙住了三周。遗憾的是，就在我离开的前一天，那位认真而友好的医生才又发现一个左侧的甲状腺肿，虽然他断定它已有"十岁"而且无甚妨害，可是一旦发现了，它却还是影响到我的意识，并且愈加严重，因为从横结肠扩散以及空气向上挤压则又造成吞咽和呼吸困难，我觉得这种症状，由于附加的原因，现在变得更明显，也更可疑。但这已

---

① 莎洛美师从弗洛伊德，研究精神分析并治疗心理疾病。

算是"生病的故事",下一次我愿向你,亲爱的露,更好地描绘;因为眼下家中正是宾客云集,随后的日子来访还多,按顺序一个接一个(一种最终并非不受欢迎的调剂,在漫长冬天的孤独之后)……我倒也并未否认我当时在信中对你说的话,两年以前:在这个成就的荣耀之后,我情愿忍受恐怕要让我承担的复发之类的后果。我经得住。同时也并非完全无所事事:一整卷法文诗歌(总之不容拒绝地)诞生了(对我而言颇为奇特;有几次我甚至用法文和德文开始写同一题目,它随即从每种语言展开,令我惊奇,居然各不相同:这大概相当违背翻译的天然特性),此外还写了些文字,在阅读方面,整个冬天兴致颇高,收获极其丰富。我的老塔楼位置十分有利,法文书籍首先到达我这里:现在从那边过来的一切,时时令人惊叹。普鲁斯特位居前列,他肯定对你也堪称神奇。你知道,前年整整一个冬天我是怎样翻译保罗·瓦莱里的:今年他是我穆佐最早的客人之一,十四天前的复活节星期天!

打从收到你的信后,露,你可知道我在想什么:有一天你会在我这里,今年!这怎么就不可能呢?(除了最热的时候,那时会让你感觉不舒服,况且我大概也要离去。)你知道,我有一间客房,一个可爱的阁楼,当然配着很小的窗子。让我们有机会时计划一番?好吗?

或许我也得尽快把这里有点特别的、已被遗弃的孤独换成巴黎时期的孤独——有着不同的滋养和内涵;或许对我而言,这里的一切开始变得不再是同等程度的必需,而且也像气候一样令人感到压抑。这里的太阳只在葡萄上用功,葡萄是它的本行:对其余一切,植物和人,它都大发淫威,然后使之承受蒸晒的重负,这对葡萄园倒是求之不得。所以随着时间的推移,某种改变至少暂时是必要的。

两个月前我有了一个外孙女,一个优秀而健壮的小克里斯蒂娜。露特专门请我将此事也告诉你。就是说她一切皆好;克拉拉甚至是神奇的好(源于内心),如此美好的放松和醒悟。

你们以及露弗里德一切都好、都稳定,这使我多么感动啊!你,亲爱的,你们,亲爱的,简直与我休戚相关!告诉你丈夫,知道他一直默默专心于同一件工作,我多么愉快,向他转告我发自内心的问候。还有老巫婆①，你居然给她一同带来了如此美好和有趣的消息！

就此驻笔：我想多多知道你的情况、你的工作、经验、印象和见解；事情只会是这样，你得来一趟。想想吧，我们会有什么样的日子！

我得去谢尔等候我的客人，他们乘车去锡永观光，六点从那里返回。

你的

老莱纳

88. 致多里·封·德米尔

谢尔上部穆佐，星期五〔5月16日〕

亲爱的朋友：

……

目前情况大致如此：来访（穆佐还从来没有一个春天有幸接待这么多宾客，如像这个姗姗来迟的春天……），来访一直到六月里。今天或明天我等待着克拉拉·里尔克，我已有六七年没见到她了；她来向我讲述露特、外孙女以及最终讲述她自己，我估计，她至少在此逗留八至十天。五月底，加拉拉蒂-斯科蒂·封·迈兰德伯爵夫妇要来一趟；（他是那个杜塞的亲密朋友！她演出的最后一部意大利戏剧就是加拉拉蒂-斯科蒂的"Cosi sia"）。盼望塔克西斯侯爵夫人于六月初莅临，我还未完全放弃……

六月十四日和十五日我想待在图恩，观看马术比赛，去年的场景对我充满刺激和魅力，于是我答应每年都会再来，只要我在附近。我的安排暂时还没有超出这个日期。基彭贝格夫妇不久前在此，我们当时决定尽快出版我翻译的瓦莱里选集；因此我还得在仲夏之前做些事情，以使这本书稿可以付印……关于健康问题，去看M.大夫这一前景虽然始终还浮现在我的脑海里，像是可取的良策，然而老是重新编制我的病史使

---

① 当指里尔克的母亲。

我厌烦，这种舒心事可能对此负有责任，即我最终还是第二次（在六月的后半月）看望了瓦尔蒙以及黑默利大夫，他现已了解情况，早在冬季治疗期间他就能大致勾画出我的病情。这还另有好处，无需越过边境，我早已成了境内瑞士人！

朋友们正在很快习惯 R. B. 的慢慢复原，这种好转也许对他本人倒是最不可能的；虽然我们确实——他必须想到——始终离死亡一样近，只是没有明显抗拒而已；可是在这类突然报警的时刻，身体会竭尽全力反抗死亡，结果便是当身体以一切手段竭力远离死亡时，一种与死亡相近的关系好像恰恰建立起来。透过单纯的生命事实，我们其实离死亡如此之近，以致我们，在其他任何情况下，恐怕都不可能更紧密地贴近死亡……

您以这一册精美的新德意志文集给了我最渴望的欢乐，这些文章我还从未见到过。您兄弟写下的任何文字，我其实都不愿错过；昨天晚上，刚翻开文章，我又立即感受到他的本性的魅力和影响，他善于在每一行将其独特地表达出来。他的散文是一个行动者和经历者的散文：当它似乎完全成了报道之时，它却将从前积淀的许多深思加以转换并从中获得一种分量，凭借这种分量，最短暂的事物好像已被纳入一个有效的真实化之领域。卡尔·布鲁克哈特不断通过活动而过着自己的生活，这种在他看来自然的描述在各种活动中日益坚实而丰富，对此人们自然欢喜不尽。您谈到他最近驾车穿越意大利，种种情况不正说明我对这些关联的把握是恰如其分的吗？要想引发这些快乐的生活即兴曲，这些相遇和舍弃——其间不断增添当时也一同影响它们的花絮，就需要很大的自信和内心的自由；今天谁还如此好动如此果敢，能怀着情趣从容不迫地浪游四方？而今可是生活的一切游戏似乎都已被放弃。当然，谁能不受迷惑并听见真正的召唤，谁就可以在现代人的匆忙和算计中随时偷得闲暇，生活对此有着无限的兴趣。

……

一切友情献给您和那两个骑士仆从！

您的真诚的

因卡

89. 致克拉拉·里尔克

瓦莱/谢尔上部穆佐小城堡
星期天[1924年6月2日]

我亲爱的克拉拉:

一旦你知道,这里有一封信是在哪个地点写的,在哪种环境、哪种情况下,你就会觉得它非同寻常!这里只能匆匆数语,此信急于在老约克塔赶上你,在你讲述之时,趁你们都在那里。你的信,盖有"乌特维尔"的邮戳,我昨天晚上从谢尔上来,发现它放在我的桌子上;印着博登湖畔房子的那张漂亮的明信片给书信配上了插图,讨人喜欢。你的信得到更多的补充,因为旺德利夫人的书信同时到达,她非常欢快地告知在迈伦接待了你们;她说,时间很短,但十分美好,在结识朋友上没有浪费一点时间(这是她几乎从未经历过的)。你的信向我证明,这对你们也是同样美好和欢喜,从最初直到最后一刻;哪怕只读到一页的消息,我也会明白,情况就是这样;这种快乐而单纯的满足只能相互获得。

就是说你们的旅行在每段曲调上都相当美好,以瓦莱为核心,而在讲述中你才会真正拥有这次远游,因为露特、卡尔和小克里斯蒂娜正等着听你一一道来。

我越是打量博登湖畔那座房子,就越确信你被它挽留了一段时间,而且再也没有从那里返回温特图尔。只是从圆满考虑我才需要申明,盖奥尔格·莱因哈特对你们的拜访定会非常高兴,正如他在信中友好地写道,他已做好一切准备,接待你们并向你们展示一切。看来这只好——连同一些其他活动——等待下一次了!

玫瑰花期已到,最先是几朵,就这样漫不经心地开放,一下子开得太繁,随后,从昨天起,小心翼翼的更加高贵的玫瑰,它们看重的是,慢慢悠悠,在开放中感觉自己。

还望你们有时想起我们那只像后娘养的一样受虐待的猫恩,看来当可确定,它现已得到承认和照料。公猫——出自更早婚姻的儿子有点欺负这个小生命,这足以使母亲变得勇敢。为了躲避蛮汉,它把孩子衔在嘴里，爬上李子树，像平常那样跳到我卧室的阳台上，从此就在那里，在阳台门的台阶上，度过它慈爱的夜晚，身边是陶醉于这种娇惯的小猫，一眼就能看见。仅此匆匆，怀着最真挚的忆念。替我拥抱孩子们和小克里斯蒂娜。

莱纳·马利亚

向赫尔穆特[①]致以一切最衷心的问候；随信附上寄给他的明信片，也是昨晚送来的。

90. 致S. D. 加尔维茨

1924年8月7日

尊敬的加尔维茨小姐：

K. B. 博士不久前向我通报了一件与您密切相关的事情，按他的（在我看来是正确的）意见，恐怕也该听一听我对此事的看法。现在这迫使我把本人的看法直截了当地向您说出来。

顺便说凑巧的是，B. 博士的信在我去度假之后辗转赶上了我，在此期间印刷品（您关于今天的沃尔普斯维德的文章和我从前对沃尔普斯维德的报道）都在家里等着我，几乎长达四周。这为我甚感抱歉的迟复作了解释，但同时也有好处，即回家之后我可以立即看您的文章，无需先重读B. 博士先生的书信。就是说开始阅读的时候，我已记不清楚您的文章中哪几页成了指控[②]的对象；因此我宁可以此来确认：那些可疑之处会使我觉得刺眼，只要它们使我在版权方面受到丝毫伤害。

就在昨天，尊敬的加尔维茨小姐，我一口气读完了您的书，我简直迫不及待，必须立即告诉您，使您蒙受耻辱和损失的那个控告在我看来完全无法理解。我偶尔遇到过（例如"旗手"的）剽窃产品，现在还记

[①] 赫尔穆特·韦斯特霍夫，克拉拉·里尔克的兄弟，陪同她前往穆佐。——原注
[②] 加尔维茨小姐受到指控，说她未加注明，便将里尔克的沃尔普斯维德专题论著的某些段落借用到她自己的一篇有关文章里。——原注

得这类产品在初次接触时引起的厌恶感。阅读您的令人感动和信服的文章，恰恰相反，给我带来了纯粹的愉悦和兴奋，若是偶然看见，我绝不会、压根不会料到，我们的巧合可能被人滥用，被人拿来作一种如此荒谬的指控。是的：使用荒谬一词，我没有半点犹豫！一个老练的作家是从自身提炼出散文，字里行间有着个人的节奏，谁对此只要有一种感觉，他就一定能看出，您的散文，您这篇关于沃尔普斯维德的散文被一种呼吸所承载，是发自内心的诉说，从头到尾它都显示出同样的运动元素，也就是说，单凭您完全统一的语言表达的构造条件，看来就足以驳斥［所谓］① 对外来成分事实上的采用。我重申一遍，我当时能够一口气读完全文，没有发觉一点异样。

由于法律似乎并未规定在类似案件中询问作者，我不得不担心，我在此说出的明确看法被视为无足轻重。但虽然它也许分量很轻，我仍然请求您，在可能对您有用的地方都尽量加以利用。

对于您目前的遭遇，我完全无法给自己一个解释，此事令我伤心令我不安，我请求您，加尔维茨小姐，如果这份个人意见无济于事，您可以要求我做任何效力之事，只要也许有助于证实您是有理的。

在这种心情里您可以把我看成

您的十分忠实的
莱纳·马利亚·里尔克

91. 致诺拉·普彻尔-维登布鲁克

瓦莱，谢尔上部穆佐小城堡
1924 年 8 月 11 日

我尊敬的朋友：

您写于六月的书信使我产生了最强烈的愿望，立即给您回信，虽然未能如愿，但原因在于我身体的一种痼癖，需要休假，是的，尤其是书

---

① 方括号里面的内容为译者所补充。

信假期；我当时确实很疲惫，熬过了一个健康状况欠佳的冬天（确切地说，之后也未康复），所以我作了让步；但现在回到家里（虽然待不久），我让堆积如山的信件躺在左右两旁，当务之急是向您表示感谢并回答您的问题。

您的信笺在拉加茨追上了我，您想想，真是碰巧了，我可以把信拿给您的姨妈看，玛丽·塔克西斯侯爵夫人！正是为了与她（当然也再次与侯爵）相聚，我才去那个古老的温泉旅行，因为情况表明，侯爵夫人一定会去那里疗养，而并非像最近几年一样，把她的瑞士之旅延伸到我的住地瓦莱。侯爵夫人托我向您转达许多衷心的话语，可是我感到很惭愧，因为迟至今日我才履行这个十分殷切并肯定令您欣喜的嘱托。

您的整篇书信，我亲爱的伯爵夫人，都使侯爵夫人颇感兴趣，但她尤其专注于那些动人心魄的段落，您在其中点出了您对扶乩勾画的经验。您还记得，每当一位可信赖的巫师来到塔克西斯家中，就会举行十分严肃的降神会，常持续很长时间；我们刚好在拉加茨，可当场看清这些法会的比较老套或新奇的结局，其中一部分我尚不明了，当时您乐意告诉我的事情皆沉入一种氛围，这种氛围又使您的每一句话，既是完整的推测又极其严肃，听起来可信并颇有影响。不过我们还渴望知道得更多！

侯爵夫人让我告诉您，要静静地踏实地朝前走；说不定，那些暗示自己的势力，最终却可能允许人将其显影勾勒并保存下来（对此绝对重要的是，不要跟超感觉的族类建立关系！），如果人们答应善待他们，不是出于某种令其反感的动机使用他们。也就是说，那些暗示的意义或效应通常渐渐地披露出来，倘能反复察看，一定有极大的价值。——就我自己而言，在这个神秘的领域，我本人的印象恰恰得自塔克西斯圈子的那些试验，只有极少的例外，我经常旁观试验，一直到大约十年前。遗憾的是，后来我根本不可能跟一位可信赖的巫师有何联系，否则遇到类似的机会，我肯定兴致勃勃，努力增长已经获得的非常特别的经验。由此您足以看出我的精神特点。我坚信，如果人们承认这些现象，但不遁入其中，而且始终愿意将其一再列入我们的此在的整体之中，在自己的一切事件中，此在确实充满了同样神奇的奥秘；我是说我坚信，这些现象不是满足我们心中的一种虚伪的好奇，而是事实上与我们不可言喻地相关，并且（即使人们将其排除）确实有能力，在某个地方却一再使自己发挥威力。为什么它们不该像一切未知的或绝不可知的事体，成为我们的求索、我们的惊奇、我们的震撼和敬畏的对象？

如同您现在的表现，有段时间我倾向于接受这些试验的"外在"影响；对此我已不再像从前那般。"外在"虽然如此广延，虽有恒星的一切距离，但它很难与这些维度、与我们内心的深层维度相比拟，内心根本无需宇宙之广袤，亦可在自身之中几乎了无止境。因此，死者以及未来者若须有一个栖居处，对他们而言，哪个庇护所该当比这个想象的空间更舒适，是人更愿意提供的呢？我越来越频繁地窥见这样一幅图案，仿佛我们的习惯意识寓居在一座金字塔的尖端，塔的基座在我们身内（部分在我们下面）充分扩展，于是我们发现，我们越是能够深入下去，我们好像就越广泛地被包含到尘世之在和最广义的世界之在那不依附于时空的现实之中。从少年时代起，我就有一种模糊的猜测（我也以此引导自己生活，当我具备所需条件之后）：在这座意识-金字塔的某个更深的层面，单纯的存在或可对我们演变为非同寻常的事件，那种牢不可破的实-在和同-在，即在自我意识的"正常的"上部尖端只可作为"过程"来经历的那一切之实-在和同-在。勾画一种人物形象，他大概能够把过去的和尚未产生的事物单纯地领会为终极的当下，这在那段时期，在《马尔特》中对我已经是需求，我坚信，这种领会符合一种真实的状况，尽管这种状况被我们所践行的生存的一切协定所取消。

现在那些降神会，连同其一切烦人或骗人的并发症，连同其讨厌的呆板、暧昧和（对此不会有任何怀疑）无数的误解……挡在通向这类认识的路上；它们当时就不可能瞒过我，因为在此之前我心中已经形成了这类认识，当然只是一种预感；它们并没有以某种方式改变我的世界图像，因为我总是倾向于接受全部可能的事情；目睹诸如此类的神灵并未出现，想必正是这个使我感到若有所失。但是正因为，在一定程度上，这种超常之物的自然性已经包含在我内心的认可和承认之内，我也拒绝更多地转向这类启示，较之于转向通常此在的某个秘密；在我看来，它们只是无数秘密之一，所有这些秘密在我们身上的分量，远甚于我们之于它们。在创作范围之内，谁有幸被晓以我们深层的闻所未闻的奇迹，或是被这些奇迹以某种方式所使用，像一个盲目的纯粹的工具，他就必须曾经怀着惊奇为自己完善对他心性的一种最根本的应用。在此我得承认，我最大最强烈的惊奇是在我的成就上，是在大自然中的某些活动上，远甚于诸如扶乩之类，虽然有时我也会为之动心。但是，当我顺从地、严肃而敬畏地接受后者时，恰恰面对它们，我却必须唤醒奇异的直觉，一旦它们进入并溶入我之中，我必须立即唤起我意识中可与之平衡的力量：较之于这类势力和入侵占上风的世界，大概再没有什么更使我感到陌生。真是奇怪：我越是这样做（譬如每次夜间的法会之后，我便尽量把那缀满星星的沉静夜空立即看成同等伟大并有同等的效力……），我越是相信自己与那些事件根本的东西有一种默契。我觉得，它们必须与其被承认，不如被忍受；与其被召唤，不如不被拒绝；与其被追问和利用，不如被响应和喜爱。幸运的是，我对扶乩之类完全不适用，但我从无片刻怀疑，我是以我的方式始终敞开自己，接受那些常常无家可归的势力的影响，享受或忍受与它们的交往而且从未停止。多少言辞、多少决断或犹豫可以记到它们的账上，皆出自它们的魔力！此外，这也属于我的秉性的痼癖，我接受秘密的事体，是把它当成这一类，不是需要披露的事体，而是当成秘密——直到它的核心而且处处皆如此隐秘，像一块糖无论哪一处终归是糖。不妨这样领会，它或可溶化于① 我们的此在或我们的爱情的境况之中，而我们通常只能机械地捣碎最秘密的事体，大概它并未真正化入我们之中。对于生命、我自己的未来和诸神，我没有一点好奇心（这或许最终是我内心里的那唯一之处，某种迟缓的智慧或可起始于此）……对永恒之季节我们知道什么，是否正值收获时节！有多少果实曾经是为我们预备的，或它们的分量本来很容易使其归我们所有；多少这样的果实被好奇的大师中断了成熟，他们由此获得一种

---

① 德文：sich lösen，还有"澄清"的意思，这里一语双关。

过早的草率的认识，常常是一种误解，其代价是某种感化或滋养被破坏（或延迟）。

可是我必须就此结束，亲爱的尊敬的朋友，我已尝试对一个如此宽广的领域加以描述。您要从中获得自己的看法，如果情况允许，请您随时跟我说说心里话，把未知者传给您的特殊的感触和撞击讲给我听。没有平衡力量的启迪，连您也无法对付：幸好您并不缺少那些力量，因为艺术工作、家园、家庭、大自然、尤其动物都急需您去操心和关注。当然动物，这些整全之知情者，处在一个更宽阔的意识层面，是自然而然的，它们最早又已——引向彼岸，接近通神的状态。

在最忠诚的友谊之中始终对你们夫妇怀有好感，

您的
里尔克

92. 致克拉拉·里尔克

瓦莱/谢尔上部穆佐小城堡
1924年8月15日，圣母升天节
（我俩曾在根特度过这个节日）

我亲爱的克拉拉：

终于，现在终于！在"光是钱"和"光是书"之后有了一个小小的书信开局，而且（我可以诚心保证），即使没有你昨天的短信，这个开局也会在昨天完成！先谈你的信：我很高兴，读到信中的好消息，以及你那位善良的家神，尽管夏天气候恶劣，却在你的客人和你自己身上证明是非常可靠的。穆佐也一直（果实除外，它们肯定要受苦）未受气候波动的影响；当然这很怪异，看见通常如此稳定的瓦莱的夏天在本领上大打折扣，仿佛一个优等生，坐在第一排，班上的杰出人物，整整一学期都被罚站，弄不懂自己的功课：今年夏天看起来就是这样，结束之时它也会领到一份很糟糕的梨子、苹果和葡萄成绩单。我有七周、将近八周离家在外，不愿相信瓦莱的情况据说并不比其他地方更好。现在，回来已有十四天，我能使自己相信了。（第四个八月现已在我的塔楼里：当我回想第一个夏天，那个闪光的、每天都卓有成效的一九二一年夏天，何等的差异呀！）幸运的是，从那以后房子已变得这样舒适，下雨天几乎已不再是一种惩罚了，只是孤独偶尔使我有些难受；有时候它让人觉得像一张贴得太久扯不掉的膏药，于是我又一次获得这种感受：从自己的经验取得的特殊的限度完全是决定性的，而那种保持限度，但愿我能始终做到，则实在是可以学会的唯一诀窍。孤独当然——在你们探访之后也难免——是被中断了，可是令人愉快，而且随后被完全放弃了，因为六月份旺德利夫人便开车来瓦莱边境接我，在大约十天之中带我穿越瑞士境内我还没去过的一个区域，沿着纳沙泰尔湖，最后到达我们确定的或专门为我确定的目的地。因为按照约定，我应该在拉加茨碰见塔克西斯侯爵夫人。一切按计划进行，受到各种机缘的眷顾，最后甚至天公亦成人之美；六月底，我抵达讨人喜欢的古老温泉，最令我惊喜的是，还碰上了多年未见的侯爵；接下来的十天属于这次无所不谈的重逢。可是拉加茨实在让我喜欢（我对传统的老温泉素来中意），于是当塔克西斯侯爵夫人离去之后，我还盘留了一天又一天，最后竟达数周；可惜最末一周我才居然去泡温泉，在此之前我一直担心这会使我过于疲乏……我发觉温泉格外让人舒服，于是我打算，在经济允许的情况下，很快重返拉加茨，以便还有些日子亲身感受这些矿泉的有利影响。这种泉水自古以来就在那里汩汩喷涌，永不枯竭，它是放射性的，此外还具有多种化学特性。我觉得特别舒适的是它的温度，因此只要在池中待上短短一刻钟，就可以大致享受某些动物特有的那种传闻甚广的感觉，它们的体温总是与某个时候它们周围的媒质保持一致。这种揣测也几乎不能否定：由于水温与我们血液的温度是一致的，就可能促成某种更大范围的协调，它长期以来在那个地方确实也已对人体组织颇有裨益。一句话，你瞧，拉加茨已使我受益。但我不会在那里再待很久；因为我的城堡主人维尔讷·莱因哈特，打算九月份来看望我，而十月初我希望前往巴黎！为此，为了实现这一愿望，精打细算是必要的，因此，这样做也是可取的，我要以那个最重大的计划来衡量其他计划，凡是最终可能危及前者的都得放弃！今年秋天来看你们一事，遗憾，三倍的遗憾，大概与这些计划不再吻合。你还想顺便邀请旺德利夫人,这使她感动,也使我心中欢喜。在日期和各种可能性上(当初你提出这个可爱的邀请时,我们正好还在结伴旅行的途中),我们已反复作了许多变动,可是对于旺德利夫人,事情随即就相当无望了;费了不少心思,她才从一切职责中勉强挤出十天来驾车旅行。这些情况,一个又一个,使得她还来不及给你写信。可是总有一天她的信会使你确信,你的邀请让她感到多么愉快。更为严重的则是,我还没有给你写信;可我当时一心想在拉加茨休假,首先是书信假期!这样当然造成了恶果,当我返回这里时,迟复的信件堆积如山,我只能慢慢消除;例如卢茨·沃尔德①,他给我寄来了他的莱奥帕尔迪,我还未能写信给他,也还来不及翻一翻他的书。但并非所有方面我都是这么拖沓懒惰,幸运的是,卢修斯男爵六月份还在我离开之前就收到了他那本精美的马尔特;他的感谢信早已摆在那里,准备寄给你。我也给你随信附上一首即兴诗,是我为他写到漂亮的精装本第一卷上的。——根据你告诉我的有关克雷勒夫人的情况,我认为,我为她写到哀歌里的两首四行诗大概并非不恰当。这本书,连同一本十四行诗——同样的用途,明天付邮。你要尽量原谅我的迟复,这已是我的一个沉重负担。

多好呀,十一月你将在那里与孩子们团聚,我接连收到露特两封快乐的短信。——望你生活美好,亲爱的克拉拉,向你致以衷心的问候!

莱纳-马利亚

……借此机会,我给你附上——让你开心开心——一位退职的首席教师先生的来信,他虽然给人以"正直的"印象,但可惜并非很"有修养"。(这位退职的首席教师先生必须使尽浑身解数,才能让人说他留下了"有修养的印象"!)这个严重扰乱他的纪律意识的女孩是在步你的后尘吗?

根本没有必要(在我看来)"立即答复";对于首席教师先生,一个小小的扰乱肯定不会像他认为的那样不受用。也许 J. Z. 会遇见 P 先生,

---

① 路德维希·沃尔德博士,翻译了莱奥帕尔迪的作品集,1924 年。——原注

他们结伴继续漫游,但千万别来穆佐,拜托!

多多问候赫尔穆特和你母亲。(弗里达叫我吃饭了。)

R. M.

93. 致费利克斯·施特劳赫

瑞士,(瓦莱)谢尔上部穆佐小城堡
1924年8月19日

我尊贵的费利克斯·施特劳赫先生:

我们在一九一五年的谈话当然早已想不起来了,我们的相遇现在还大致记得,而且我——(信奉那种美好的连续性,正是它时而在此处时而在彼处将生活不断聚合起来……)我为此感谢您,您没有放弃在一根新弦上尝试多年以前便已奏响的小小的乐音。您瞧,它并未喑哑,它传过来了。

您向我通知的来访,如果彼得·施通纳一直前行至这个偏僻的瓦莱,按理说在我古老的塔楼里是很受欢迎的;当然我几乎不得不担心与他错过,如果他本周还未行经此地:因为我准备外出几周,眼下只是还在处理急迫的信件,然后便立即启程。

您的诗我已读了多遍:由于奇异的(我不能换别的言辞)巴洛克式的构词法,它们给人的印象是不轻松;然而我确信,您走了一条您所独有的路,结果便是这种冗长表达之沉重和盘绕;在"十字架受难者的荆冠"里面,我觉得效果最为明显:那里有些诗行具有特殊的感染力,有些诗行,要是再读一遍,便已压倒了我对其超重的抵触。

不管怎样,诗中似乎涉及某种最内在的经历片段,也许难以诉说,涉及您最本己的危难……读者虽觉得自己被排除在外,可是承认这一点:您能向自己表明此危难。

怀着友好和关切的思念,向您问候——

R. M. 里尔克

94. 致埃勒·阿斯穆森

瑞士，（瓦莱）谢尔上部穆佐小城堡
1924年9月3日

尊敬的女士：

岛屿出版社已把您的邮件转交与我。现在我让人把这九页画稿退还给您，下一件事就是对此表示感谢，您当时大概执意把您觉得非同寻常的作品送给我看。我反复细看了图画；它们的表达节奏吸引了我，仿佛那段经历的一种特质贯穿其中，您觉得正是这种特质使您与我的《时祷书》有了缘分。

您写给岛屿出版社的书信也已一同寄来，从信文可以看出，此书出新版之时采用这样的插图，按您的想象是可能的。既然您说出了这种可能性，现在我当然就必须向您保证，我对任何种类的插图都极其反感，而且拒绝了这方面的一切建议——不管是针对哪本书。虽然对您的画颇感兴趣，我恐怕也不能为您改变主张，因为我认为这是铁定不移的：将诗意的图像如此固定并束缚于对其中提示的内涵的确定想象，这对该图像没有损失大概是不可能的；一幅这样的图像不必拘泥于言辞，它活着是靠自身飘忽不定，它由此更新自己。并非它仿佛不确切并意欲始终如此：但是，在每个理解者心中描出它的精确的另一条边沿，则是缘于它的本性的秘密。——如果我把这种成见用到您的作品上，那么在我看来，一切"图像"——您为之臆造了一种常常很好的想象——其实已经被表达此想象的固执的画笔以某种方式限制并封闭为特定的意思。第一幅画在那种竭力追寻中充满巨大的震荡，也许构成了一个例外。但就连重新赠与观看者全部自由的这样一幅画，我也不能想象将其插入那个诗歌系列；依我之见，在读者心中起作用的想象之方向也还是被最通用的造型提示严重中断和转移了。

可能我这种看法没有道理，但它对我来说是不由自主的，因此面对某些图解的尝试，我还从来未能摆脱它的影响。但是，我将这个问题与另一个关于您的作品的绘画意义的问题严格分开，这种意义当然与我相关并使我感兴趣（最强烈地表现于画稿第一、二、四，也许还有第六幅)。

请您接受我的感谢,为您强烈的关注以及我对此表露的喜悦!

莱纳·马利亚·里尔克

95. 致豪普特曼·奥托·布劳恩

瑞士,(瓦莱)谢尔上部穆佐小城堡
1924年9月3日

十分尊敬的亲爱的先生:

若非我结识下朗根瑙的愿望已足够强烈,那便是您的善意找到了可以增强和推动该愿望的最有效的方法,即您写信告诉我您是怎样做的。我们家族的历史①从我的童年起就使我感兴趣,是的,曾经有段时间,在我八岁或九岁时,这种兴趣已发展为一种不可比拟的嗜好。那些年头,我们家族的首领——我父亲的长兄(雅罗斯拉夫·封·里尔克-吕利肯博士)非常得力地恢复了一再续承下来的查询,这对他的儿子特有好处。我早已熟悉承蒙您提供的情况,当然个别数据难免想不起来了,这大概得归功于我的伯父。过了不久,由于儿子的夭亡,伯父失去了对这类探查的一切兴趣,但是,由好些受委托的专业人员完成的那些档案工作的结果,一大捆文件,从他的遗物中分给了我,可惜遭遇了最不可靠的命运:可以猜测,这些资料,连同我留在巴黎的全部剩余财物,都在那里被拍卖、被贱价抛售了……此外,我的曾祖父上个世纪初重新获得了地产(他拥有广阔的领地——卡门尼茨,位于波希米亚的林德),他已经对家族的过去作过热心的查询:那种传说大概是由他往下转达的,欲将我们的家族归结到克恩滕的古老贵族那里,Rilke, Rilcke, Rilck(姓氏的不同书写方式引自魏斯,克恩滕的古老贵族)。

事实上,克拉根福的老马厩在这个当地古老的姓氏上方标示了一个族徽,与我们的族徽同源或造型相同。然后从那里(如果我没有记错,

---

① 关于里尔克的家族史,可参阅:卡尔·西伯尔:《勒内·里尔克》,1932年。——原注

克恩滕的里尔克家族出现于一二七六年，作为克恩滕公爵们的封臣）很早就有旁系移居萨克森和波希米亚，总是在矿山地带，正如克恩滕的领地便已处于自古以来开采矿石的地区。这一切当然或多或少可视为传奇，因为建立一个没有漏洞的家系学对任何探寻者都是不可能的。

此外在萨克森的一座庄园，里尔克家族的某个旁系想必维持得更长久……我记得那些档案副本里面提到一个玛格勒娜·里尔克，娘家姓封·哈尔蒂茨施，一七一八年她还在那里出现过，这个日期当然也是在萨克森一度兴旺的家族最终没落的日期。我还能回忆起，格里伯家族也曾被提及；至少我知道，这个家族继承了从前里尔克家族的部分领地，可是您为我列出了一系列值得注意的细节，这些肯定没有记录在册。您还向我简述了传说中的一件遗事，也涉及里尔克家族的过去；有朝一日与您一道把诸如此类的事情弄清楚，对我将是何等的喜悦；兴许其中就有许多对我是全新的东西。我自然觉得，几乎更重要的是亲自去当地感受一下：我想，这一定会使我心中还从未被激发的某种感觉苏醒过来；我可是还从无机会探访任何一处（就连克恩滕我也不认得），据我们猜测，这些地方属于我们氏族的过去，就是说，也与土地和环境的无数影响一道促进了氏族的形成。

我同您看法一致，此行应当在夏天或并非太晚的秋天，以便这种接触不受恶劣气候的妨碍，能够最丰富地获得实现……可是当我察觉，在这个反正像秋天一般的夏天之后，季节已多么迅速和不可阻挡地转入秋天，当我拿我下一步的计划同短暂急迫的时间相比较，一种担心便油然而生：今年恐怕再也不能实施这项活动，虽然您现已让它超过我的期望而且给我以近乎亲密的感觉。我还不想完全取消计划；因为有时候我会朝着自己计划和准备的一切，凭一时的感觉去行动；而兴头上的当即决断正好适合于这种旅行。

不管怎样我都为此高兴，重新恢复了与朗根瑙以及与您的美好的联系，而且现在由于您的尽心参与和您的友善，事情已经有一个开端，接下来该是双方结识的兴趣各尽一份自己的力量，以便借最佳机缘来准备一次会面！

再次怀着最真实最强烈的感谢，我请求您，十分尊敬的先生，代我

问候您的夫人,而且为今天签名——完全忠实于您的:

R. M. 里尔克

96. 致施赖埃尔

瑞士,(瓦莱)谢尔上部穆佐小城堡
1924年9月18日

十分尊敬的博士先生:

从我的好妈妈的一封信中我获悉了您女儿埃娃·施赖埃尔小姐的一个愿望:我赶快满足此愿望,不仅因为我知道,多年以来我母亲给予您的评价多么的高,而且因为愿望本身令我愉快。获得一本早已喜爱的书,而且是作者亲自赠送的,在内心里拥有此书而且这份拥有是默默取得的,现在由作者加以确认,这是一种喜悦,对此我自己也有过一些非常强烈的体验,完全理解获得这种喜悦大概意味着什么。

施赖埃尔小姐尤其想到"爱与死之歌",一次青年运动的这个(几乎取其几何学的意义)"抛物线",① 是在一位祖先的命运之梦中勾勒出来的……二十五年前的一个夜晚,一个秋天的夜晚一气呵成,这个作品与一个即兴创作相比,内涵也多不了多少;按我今天的评价,它恐怕只能算蹩脚。但是,它在自己的步法中保存了诞生时的活力,因此,对于一种幸福年龄的类似激动,大概它始终还具有一定的支配力。

在我给施赖埃尔小姐的题诗里面,正如您所看见的,我自己在某种意义上依然信奉同样的感动,所以我相信诗中可让人回想起以上所述。怀着对施赖埃尔小姐最美好的祝愿和问候(我妈妈写信告诉我,她已全身心投入富有成效的艺术研究),我请您本人,尊敬的博士先生,转交这个小小的"满足",并在此签名——完全忠实于您的:

R. M. 里尔克

[一个附件]

---

① 德文:Parabel,还有"寓言"的意思。

赠给埃娃·施赖埃尔小姐

这必定相当美妙,青春的激情
对青年诉说。因为有一个夜晚
(那已多久了),我也被夜风吹燃,
烈焰翻卷,于是这首战歌,
快感、勇气和沉沦之歌
从我的血液浇入它的铸模:
那时我多年轻!
如今轮到你们。哦,就这样!哦,就这样!
既无思虑,也不吝惜。

我依然年轻。甚至还是个孩子。
感觉者永远是感觉中他之所是。

莱纳·马利亚·里尔克
(穆佐小城堡,1924年9月)

97. 致克拉拉·里尔克

伯尔尼,贝尔维埃宫和伯尔尼饭店
1924年11月17日(晚上)

我亲爱的克拉拉:

你最后一封信于九月二十一日送达我处,现在我给你回信已快到十一月二十一日:两个月了!我不太清楚怎么可能拖这么久,或我只知道一部分:反正这已叫我无心做事,即这次我未能满足你经济上的愿望,对此先是出现了一小段沉默,后来其他情况又使之延续下去。我的通信状况又一次很糟糕,其他方面我也没有什么好日子,是的,就我能想到的而言,这个夏天的末段和秋天是我最恶劣的、内心最艰难的时期之一。这首先由于心理状态……但反正现在再也难以分辨,是否身体的病患扰乱了心灵的活动，或是否后者在迟疑之中紧紧抓住前者。一句话，那是些不吉利的星期，一个接一个。在拉加茨再度盘留已被我取消，部分因为太多要写的东西在穆佐等待着我，再则这么快便又离开家和玫瑰，也让我难受；从拉加茨传来了消息，那里已人满为患，而且不同于旺季开始时，大多不讨人喜欢。最后我希望，以这一放弃为反而更大更晚的活动积攒一些资金，我暗自盘算，或可于十月十五日左右启程前往巴黎。就连这个计划，如你所见，也泡汤了。我难得感觉舒服，几乎啥事都做不了，在穆佐闲坐度日，顺便说那里倒有三周阳光灿烂的日子，像是对时常忧郁的夏天的补偿，瓦莱又恢复了原样。就连工作也有多倍的进展：我写下了一小册瓦莱诗稿《瓦莱四行诗》，使我很愉快，此地的一个个旅行见闻轻松地化作了诗句，另外还有一个完整的小型组诗《玫瑰集》，同样是法文。这一切就像烤制糕点；但随后很快（其间我那里有一个女秘书，预计待十天，而且这本来是为了完全不同的写作目的）诞生了从瓦莱里美妙的对话集《厄帕利诺》翻译过来的第一个暂时的译本，你会从中获取许多对你来说亲近而重要的东西，如果有一天你能通过我的文本去领会原作。所以虽有种种不愉快，时间却利用得很不错，但巴黎仍使我耿耿于怀，我现在才发觉想去那里的念头多么固执，而且还抱持着一个小小的希望，前往巴黎，尽管现在季节已有些晚了。我发现自己心中有一种强烈的需求，那便是与全新的人相遇并接触新的圈子——大概是长期遵守绝对孤独的一个结果。然后我肯定会从巴黎带回上百条理由，使我又可期待真的根本无需苦苦挣扎的那种状态，并带回对此加以利用的新方法。十四天前我去瓦尔蒙看了我的医生，他甚至赞成旅行；但随即又有一连串坏日子，最后则是牙病的全套并发症，因此我星期二来到伯尔尼，眼下正忙于制服病患，这两天甚至双颊肿胀，这倒省得我向伯尔尼的熟人解释为何来此。

这里给你，亲爱的克拉拉，递上了一份有关我近况的简短的概述；它已几乎罗列无遗，如果我再把一次肆无忌惮的侵犯补记下来，此事令我悲伤震惊。农夫们，完全出乎意料，在十月十五日早晨，把穆佐前面十字路口那棵属于他们的美丽的老白杨树砍倒了，原因很简单，他们发现树根使其草地变得贫瘠，大树立在草地边上。这天我起床晚了，去得太迟未能挽救美丽的杨树:本来我是可以救它的,后来才知道;这也使得破坏之举如今更令我痛心。没有树了,你可以想象,风景也随之改观,这道粗实的垂直线一直将这片田园朝上引,赋予它高度和发源。悲伤至今还不时涌上我心头,就是这样一种改变引起的。——但写到这里,还是很难以诸此种种做出一封庆贺生日的书简。现在,你已看见并发觉,我记得日期,加上我们[不久前]①的重逢,都在向你保证,二十一日我会怀着对你衷心而强烈的祝愿开始那一天。

克里斯蒂娜的生日之后,我很快从露特那里得到了开心和生动的消息,所以知道那里目前的情况。我俩觉得R.博士很好笑;露特以后会对你讲述,不久以前他怎样使我都大吃一惊,他给我(当时我还在从拉加茨返回的路上),完全出乎意料,从穆佐拍了封电报。我不在家,他却在那里(让弗里达感到诧异)把里里外外都检查了一遍,几乎能说出书架上每本书的位置。连我的床他也没放过,他告诉我,床对我太硬了!

……一切亲切和衷心的祝愿,亲爱的克拉拉,为这个更显得突出的日期以及:为每天每日。真心问候你!

莱纳-马利亚

附言:弗里达已休假几个月:先是有利于她休养,后来则是为了参加卢塞恩的烹调培训班。从十二月起,我希望,她将又在穆佐。

98. 致多里·封·德米尔

巴黎,富瓦约旅馆,1925年1月17日

亲爱的朋友:

我必须首先向您通报,我现在(终于!)到这里了。在巴黎:十月中旬以来我便以为可以上路,总是被讨厌的事阻挡了。我是直接从瓦尔蒙来的,突然下定了决心,要将我在那里必须投到——但成效不

---

① 方括号里面的内容为译者所补充。

大——健康状况上的注意力转向一个没有顾虑的反面：即对此不予理睬，完全忽视。既然别的方法已不奏效，也许这样反倒有些帮助。摇摇晃晃而且心里不踏实——由于长久的犹豫、卧病在床和泡温泉澡，我在此开始了最初的散步，街道上拥挤不堪，过街时碰碰撞撞，我觉得自己就像个无助的"乡下人"①，在穆佐住了这么久，看来我已经变成了乡巴佬。我遇见的第一个熟人，"在圣马大肋纳街旁一个理发师那里"②，是您兄弟，他居然从他的座位上透过三面镜子认出我来。知道他在这里，当我初到时，给了我一种安全感；他现在虽已移居"右岸"③，但是我觉得他就在近旁，随时可以见到，使我心情愉快。

……

您在富瓦约住的是哪个房间？这些客房自一九二〇年以来已经住得相当旧了，那时我发现它们刚经过修缮；我的房间在"清洁"④方面还可望有所改进，但我就是下不了决心换个地方。我希望至少一月份待在这里。

……

瓦莱里和我交情甚笃。您读过十月版的《知识与生活》吗？上面首先登的就是我的译文，旁边还附了原文。⑤

您的
因卡

99. 致埃莱娜·封·诺斯蒂茨

巴黎第六区，图尔农街33号，富瓦约旅馆
1925年3月5日

尊敬的亲爱的朋友：

我肯定得把罪过归于自己，既然这么多、太多的沉默竟能在我俩之

---

① ② ③ ④ 原文为法文。
⑤ 这一段均为法文。

间蔓延……这几年难以提笔写信,而且向来不喜欢那些消息,它们只会善意地妨碍一种较早的关系,对此实无帮助,故我一直沉寂,但最后我扪心自问,是否我因此已"罪过"极大,以致我始终不可得到一本您的书,从中我本来可以——在我古老的瑞士塔楼的孤独之中——获得许多欢乐和兴趣。后来我在此碰见K.,对于我的抱怨他向我如此解释:他曾受托寄送《出自昔日的欧洲》,[1] 但是他手中没有足够的书……一个新版大概即将问世;现在我请求,把我排在新赠书名单的最前面,因为我对阅读此书现已兴致勃勃,在夏天,当我又回到穆佐的家中,怀着长达数月的巴黎经历之回忆。

但现在不该谈这些,不谈这里,更不谈我。一次本身既不严重也不厉害的流感使我困守寓所,无能而又空虚,于是我只好竭力做最起码和最想做的事;眼下一封信对我就是一座陡直的山崖。因此转向此信的确切缘由:送信或寄发之人是一个年轻的法国朋友,皮埃尔·维耶诺先生[2],他被试用派往柏林,要待一段时期。他属于那种在他这一代并不少见的年轻人,他们想要相当深入和认真地了解德国人的本性,但是他与有类似追求的同龄人相比有一个优势,可以从自己以前的经验——在海德堡和其他城市,回忆德国人的特性和观念。他的好感既强烈又真诚,他想去理解的愿望很容易变成更可喜的愿望——去承认,是的,可以的话,去欣赏。在我看来,恰恰你们俩,我亲爱的朋友,能够为此作出一份最大的贡献,即支持这样一种态度,并对它有所补充,以便有益于它,或有助于更准确地界定对外国的东西应取的态度。皮埃尔·维耶诺正在写一本关于德国状况的书,相当明智,此书第一章刚刊登在日内瓦杂志上,标题是:《德意志共和国与德意志民族》。

然而,我这位年轻的朋友并非仅仅朝这方面训练并考验自己的眼力。马雷沙尔·利奥泰经常把他留在摩洛哥自己身边长达数月,让他与自己作伴并思考问题,他与利奥泰近乎友谊的关系对他产生了最有利于

---

[1] 诺斯蒂茨的著作,1925年,在150—151页谈到里尔克。——原注
[2] 长期担任德法研究委员会法国组秘书,现任法国代表。他的《德意志的不确定性》出版于1931年,巴黎瓦卢出版社。——原注

他发展的影响,并且在他身上培养出属于该元帅最伟大的特性的那种爽快:把握政治上的事情就像对待一个活物,既不固执也不畏怯,预先感觉并始终考虑到可能的转折具有无限的变动性,一次短暂的突发的干预就能导致转折,只要实施干预之手果断而有把握。这个被欢乐的希望托举得更高的年轻英才出自这样的训练,或原本在其中不断地自我培养,因为训练原有借鉴——一个活生生的眼前的榜样,在我看来,他有能力在自身之中贮备力量,这些力量大概注定迟早有助于摆脱普遍的迷惘。请您帮助他,以任何可以想到的方式:这是一个懂礼貌、有教养、讨人喜欢的人,所以让他靠近您对你们俩都不会有什么麻烦,您很快就能明白,他应该跟哪些人士和圈子接触。

某种美好的偶然有意这样安排,三月份,皮埃尔·维耶诺上次去摩洛哥旅行时,搭乘了霍夫曼斯塔尔渡海乘坐的同一艘轮船。事先获悉此事,我便建议他——霍夫曼斯塔尔同这个旅伴见面,他由此感到兴奋和愉快,无论在途中还是在殖民地逗留期间;因此这个推荐或可通过霍氏向您提出而且同样奏效,是的,或许也已经从他那里到达您处,于是我这里只是重复推荐。

这件事情怎能不是完全出自我的心愿,以便通过文字以及 P. 维耶诺能从我这里带给您的一切,把自己重新刻入您的善良和记忆之中。(《欧洲杂志》上关于翁鲁那本书的文章[①]使我感到很愉快!翁鲁描述或仅仅勾画了一些人,但显得如此笨拙、生硬和夸张,因为我尤其初到这里时,大致见到了同一些人,所以我能直接估量,由于一切方法皆有失误,这本书在此造成了多么巨大的损失。)

在昔日的友谊中始终喜爱您

里尔克

[①] 阿尔弗雷德·封·诺斯蒂茨-瓦尔维茨:对翁鲁的"尼克的翅膀"的批评,《欧洲杂志》第 1 期,1925 年 4 月。——原注

100. 致赫伯特·施泰纳

拉加茨，1925 年 9 月 23 日

十分尊敬的赫伯特·施泰纳先生：

我们可以怀着对保罗·瓦莱里的倾慕和钦佩再次相会，令我感到愉快；我必须特别强调这一点，因为我的迟复（对于您九月七日美好的书信）在此期间也许已经引起了您的某种诧异。一个多月以来，我由于不断奔波而不得安宁，即使记得有一些短暂的安静时刻，其间我也被身体机器里的杂音从内部搅得心神不宁。除了其他阻碍，主要是这种糟糕的健康状况打消了我对提供给我的这个难得机会的一切希望，即在苏黎世（甚至在保罗·瓦莱里身旁）参与演讲台前的活动。光是我离开穆佐已久，想必就足以使我为我的塔楼里即将来临的冬天承担义务；我不能三言两语向您描述，什么样的长期搁置的任务一直在那里等待着我，更别提那些任务了，都是我自己，在我内心中，带入我可爱的塔楼那间家乡般的禁室的。而今我已不得不，您瞧，甚至再次离开城堡几个星期，给自己加上再度拖延的负担。

我请求您，向委托您给我写信的读书社委员会转达我的殷切感谢；得知瓦莱里接受邀请，但愿这会让他们心满意足。

以永不改变的态度和关注表示美好的问候。

您的
R.M. 里尔克

101. 致英加·容汉斯

瑞士，（瓦莱）谢尔上部穆佐小城堡
1925 年 10 月 28 日

我亲爱的英加夫人：

我必须尝试向您保证：在通常情况下我的疏忽大概从不至于这么长久和严重，简直不可原谅；但几个月来我感觉到，一种渐渐加剧、尚未找到根源的病痛已使我中断，把我跟一切都切断了，首先跟我自己，跟我平常那种生存、那种真情倾诉，是的，跟我的一切修炼和习惯都断开了。此外还有：我回到穆佐还不到两周，那里等着我的是一座已离开九个月的房子以及，天哪，一大堆邮件和信函，因为始终只有极小部分尾随我到巴黎。您不可能把这一切讲述给一门心思叫我做事的协会理事会，不过您只需转告我对极度的忘恩负义感到震惊。眼下我根本谈不上旅行和阅读，只要身体上的祸患和因此蒙上阴影的心情可望允许我，从备受阻碍的力量那里尽量争取一些工作，在我看来就已经不错了。

我发现，我没有您面对更糟糕的日子时那种勇气、那种忍耐；但愿现在又不是时候地让您承担的这些坏日子尽快顺利地过去，同时在迅速痊愈中带给您某种休息。

在昔日的友谊里忠实于您的
里尔克

向封·穆蒂乌斯夫妇转告我最殷切的忆念，要是您最近又见到他们。

102. 致露·安德烈亚斯-莎洛美 [①]

"后来他似乎回忆起某些时刻，这一时刻的力量已经包含于其中，就像在种子之中。他想起另外那个南方花园里的时辰（卡普里），那时传来了一声鸟鸣，在外面与在他体内是和谐一致的，啼声在身体表层几乎没有减弱，于是便将二者合为一个未间断的空间，其中，受到隐秘的庇护，只留下唯一一处至纯至深的知觉。当时他闭上了双眼，以免在一种如此崇高的体验中被肉身的轮廓迷惑，而那无限之物从四面八方如此

[①] 出自小笔记本的抄件。原信已遗失，只剩下这份抄件，是为了与《经历》衔接而抄录的。——原注

亲密地渐渐化为他，使他得以相信自己感觉到在此期间潜入的星辰在他胸中轻轻歇下。

"他也再次想起，对此他多么在意，以相似的姿势靠在栅栏上，透过橄榄树柔和的枝条窥望布满星星的天空，与他相对的宇宙在这个面罩里犹如幻境一般，或是当他久久承受这样的景象之后，万物如此完美地浮现在他心灵的清澈溶液里，他的本质之中便有了受造物的滋味。他觉得这是可能的，如此给出自己——直到回归他模糊的童年——大概可以考虑：只需使他回忆起那总是攫住他的激情，那一刻就得使自己投入风暴之中，如像他奔驰在大平原上，内心深处激动不已，不断突破由自己新设的风墙，或是立在船头，任由自己盲目地被密实的远方所吸引，在他身后远方又更牢固地关闭了。但如果从一开始空气的剧烈冲击，水波的纯粹而繁复的动静，以及云层翻卷的雄壮气势便令他过度激动，是的，当真作为命运撞击他的灵魂，而这是他在人的界限里从不能理解的，那么他不可能不察觉，从那些最后的影响起，他现已似乎永远被托付给这类关联。某种轻柔分隔的东西在他与人们之间维持着一个纯粹的、几乎闪亮的间离空间，个别的事体或可由此传递过去，但这个空间将每种关系吸入自身之中，因此被塞得满满的，就像一片阴沉的烟雾变幻出一个个形象。他还不知道，他孑孑独立给别人的印象何等广泛。关系到他自己的，则是这种孤独才赋予他某种对于人们的自由；有了贫困的小小开端他轻松了一些，而此开端在这些彼此希望和担忧甚至生死与共的世人中间赐予他一种特别的灵活。他心中还是有这种诱惑，以自己的轻松去反驳他们的沉重，虽然他十分明白，这样做无疑是在欺骗他们，因为他们根本不可能知道，他（像英雄一样）不是在他们的一切联系中，不是在他们心灵的沉重空气中达到他那种超越，而是在外面，在一种几乎不是按人情设置的空旷里面，因此他们——假若知道——只会将其称作'空虚'。他可以与他们探讨的一切，也许就只是他的单纯；当他发现他们深深陷于幸福的反面之时，他一直尽量避免向他们谈论欢乐，或是告诉他们一些单独的事体，都是从他与自然交往中获知的，即他们错过或只是顺便顾及的事物。"

103. 致波勒·莱维

瑞士,(瓦莱)谢尔上部穆佐小城堡
1925 年 11 月 4 日

尊敬的波勒·莱维小姐:

在您面前我无异于一个十足的忘恩负义之人:就单凭我长久的(由上百种情况造成的)延误。但愿最终可加以弥补,因为您的信,结尾那几句,让我揣测我或可得到您的原谅。但是……

但是我的事情更加麻烦了,由于我现在,终于提笔回复,证实自己愈加忘恩负义,您瞧,极端忘恩负义。

您与德尔谢先生合作的译著即我的《旗手》的法文版,是近几年来递交给我的第五个或第六个译本,以前的文本可能保存在我这里某个地方,可惜眼下我无法找出来同您的译本比较……可是我记得,总是喜欢翻出某处收藏的第一个译本,只要听说(通常几乎不合心愿的)另一种排印的时刻即将来临。因为不仅我觉得那个最早的翻译始终还是最好和最生动的,而且它出自亲密的手,出自亲密的感觉,因此也就肯定一直得到我的偏爱。离家已长达数月,现在回到家中,各种各样的拖欠和工作堆积在面前,况且疾病在身,因此我还未能在书稿中找到那个最早的文本,拿来与您努力的结果相比较;但我估计,恐怕我现在也还是对它有所偏爱:因为在我看来,坦率地说,您的版本需要多多改进和修正;像它现在的情况,无论字句上还是节奏方面都不令我满意。看出并确认这一点,我也很吃力,这是实话:您必须考虑到,我觉得距离一篇年轻时的急就章已多么遥远,其间横亘着近三十年光阴,整整一生,今天我对它的结构已如此生疏,使得我简直难以招认,散文与诗之冲击这样一种交织、这样一个混杂物究竟在某个地方是否允许!我尝试给您的各页译文附上一些建议,但是我自己对此也没有把握;若是我坐在您身边,我们可以对译文互相商量,这大概不过是一两个小时的工作。可是这样,手上握着笔,逐页读过您的译稿,况且对我自己的本文已经陌生,(已有多久!)不曾重温——我觉得是一件辛苦的事情,而且最终根本靠不住。怎么办?

我还记得，加斯东·伽利玛先生曾经好意地让我看出他对这篇旧作感兴趣，我相信从您的书信可以推断，这个翻译是为《新法兰西杂志》版而准备的。重复一遍：怎么办？您和德尔谢先生难道白费工夫吗？我的信已经写了四页，坦率地说，这篇"爱与死之歌"在我看来根本不值得耗费这么多：您的整个工作，您的信，我的信……短短一段深沉而强烈的青春时光（旗手就只诞生于一个秋夜），可能有一种感动由此注入那些字行，一种朦胧的感觉——近乎没有让人分享也不能分享的幸福，一种贮藏，至今仍然从字里行间娓娓道来；否则真是无法理解，为何恰恰这个颇有欠缺的作品竟能以数十万册广为传布。

然而（我问自己?），这种魔力不是完全依附于德文原作吗？事实上至今没有任何译成其他语言的文本（只要是我能够随我的原文进入其中的）足以真正令我信服。

就是说，这一次我只能以问号结束。这首"诗"内容如此贫乏，语言如此幼稚，唯一能够为其存在辩解的也就恰恰是那种步法、步态，就是这种飞速逝去，对此，当时在那个夜晚，飘过月亮的云朵在我眼中倒更是例证，远甚于我对那位祖先所知道的、能够知道的一切传奇……恰恰把这个重新托付给另一种语言，恐怕是困难的，若非绝不可能。或许这样较好，首先在这点上取得一致：这本完全无关紧要的书是否有必要以法文存在？

且让我为这（迟迟的）一次放下笔来。您这封信的结束语，信中夹带的"取自大花束的"秋日花朵才真的使我负担起我的忘恩负义。在匆匆写完的多张信笺上我不断反驳"感谢"一词，[①] 可现在仍要将其放在结尾，我几乎下不了笔。您要缓解令我难堪的境况，而且不管怎样都要相信我对您完全的忠诚。

您的莱纳·马利亚·里尔克

[①] "感谢"即"感恩"(Dank)，而里尔克前面一再说自己"忘恩负义"(undankbar)。

104. 致恩斯特·克热内克

(瓦莱)谢尔上部穆佐小城堡
1925年11月5日

我亲爱的恩斯特·克热内克：

　　写下这个日期对我有些困难；但自从随信附上的稿笺已确定送交与您，不知不觉大概就有半年了。在您给我写下如此感动的字行的同一家富瓦约饭店，这些诗诞生了，早已摆在我的桌子上了，然后随我一道旅行，而且当我九月份见到……并获悉您的地址时，本来不该再有什么阻挠我，让这个从诞生起便属于您的东西归于您。在此期间，由身体毛病带来的非同寻常的阻碍却造成了新的拖延，但现在拖延应该到尽头了。

　　您知道，一般情况下，拿音乐来震惊我的诗句的一切尝试对我都是不愉快的，对一个终止于自身之物而言乃是不请自来的蛇足。这种情况对我极为罕见，我写出一些诗行，自己觉得它们适合于或不足以，从一个共同的中心，激发音乐元素。在这个小小的"安魂弥撒三部曲"那里（希望最好给它虚构一个意大利的起源，使它比现在更匿名……），我当时情况特别：它是为音乐而诞生的……接下来便是我的期望：有朝一日（或早或迟），这些冲动但愿正是在您的音乐中获得实现和存在！

　　因此，您就最终将您这个已如此预先形成的财产据为己有吧，并且将这种关注当作我持续的信任和思念。

您的
R. M. 里尔克

105. 致维托尔德·封·于勒维

(瓦莱)谢尔上部穆佐
1925年11月10日

亲爱的朋友：

　　不管什么事，我都不喜欢做得"匆忙"，但这次我是跑步通过了您的问卷，受到种种情况的催逼：巨大的延迟，其他一切同样巨大的拖欠，回家以后我就因此被困在这里……在《马尔特》中谈不上准确地表达各种各样的招引并使之自立。读者不应该关注书中历史的或虚构的现实，而是通过这些去关注马尔特的经历：他的确也只涉身于种种招引，他怎样在街上让一个过路人，他怎样让一个邻居譬如影响自己。联系基于这种情况，恰恰以奇特方式召来之人具有同马尔特身上完全一致的生命强度之频率；比方像易卜生（我们说易卜生，因为谁知道他是否真的这样感觉……），如像一位昨天的戏剧家为已在我们心中变得不可见的事件搜寻可见的证据，年轻的 M. L. 布里格也面临此要求，通过现象和图像使不断退入不可见之域的生活可以被他自己所把握；他找到这些，时而在自己童年的回忆里，时而在他的巴黎环境中，时而在他广闻博览的记忆里面。这一切，不管是在哪里经历的，对他具有同样价值，而且同样持久和现时。马尔特没有枉自做老伯爵布拉厄的孙子，后者干脆把一切，曾在的与未来的，统统当成"实在"：所以马尔特也把他心灵的这些出自三种吸取方式的贮藏当成实在的：他的危机时期与阿维尼翁教宗们巨大的危机时期——现在无可救药地向内转的一切，那时都向外走——二者是相提并论的：关键并不在于，他对被召来者知道得更多，超过他心灵的探照灯真让他看清的。他们不是他本人过去的历史人物或形象，而是他的危机的词汇；因此他有时也应该让自己喜欢上一个名字，它不再被解释，就像这个大自然① 中的一声鸟鸣，在这里内心的风平浪静倒比暴风骤雨更危险。

因此，更加特别地突出仅仅被暗示的人物，大概只会使人迷惑；每个人应当以自己的方式证明他们，谁不能证明，始终还可从这些匿名的张力中获得足够的感受。

---

① 德文"大自然"(Natur) 也有"人"的意思，此处指马尔特，好与自然界的"鸟鸣"相比较。

问 卷

(马尔特·劳里茨·布里格手记)

问 题	里尔克的答复
卷 I,页 38 下面:"我觉得,仿佛……在他的……溶化的个性上……"	"溶化的":散发着一种无法形容的个性。但这里暗示老伯爵 B. 本性中这种独特的无界定:参考他的方式,既将死者也将未来者感觉为"实在的"。
卷 I,页 115(下面):"……就像老家小花园里的船舶人物。"	所谓的船头雕像:三桅帆船船头的木雕彩绘人物。丹麦的船夫有时把这种从古老的三桅帆船传下来的雕像立在自己的花园里,它们在此看起来简直够呛。
卷 I,页119:"……此时你在烧瓶旁在火光里。"	你曾经就在那里,最隐秘的生命之化学在此进行,生命的变异和沉淀。
同页下面:"你不能等待"直到"在他们眼前打开的场景这一比喻中"。	生活,我们现在的生活,几乎无法以场景描绘,因为它已完全退入不可见之域,退入内部,只通过"堂皇的谣言"向我们倾诉;可是这个丹麦人等不到生活变得可以展示之时;他必须对它施加暴力,对这种还不可昭示的生活;因此他的工作最后也像一根两头弯拢的枝条弹出他手中,如同没做过。——易卜生在窗前这样度过他最后的日子,好奇地观察过路人,几乎把这些真实的人同那些也许曾经应该创造的形象混淆起来,此时他拿不准是否已将其塑造出来。
卷 I,页 77:"闲散的被蔑视的人们的孩子……"书?诗句?	《约伯记》:个别诗句出自第 30 章;但根据旧版路德《圣经》;后来的版本中有些表达被削弱了:例如,这是"用我衣服上的洞来遮盖……" 《圣经》段落前面引用的法文句子出自波德莱尔(散文诗)。
卷 II,页 46:"哦,博士,他叫什么名字?——施佩林,最仁慈的国王。"	国王以第三人称对博士讲话,像习惯的那样;问他:哦,博士,他叫什么名字?博士名叫:施佩林。对话是这样传下来的。

续 表

问 题	里尔克的答复
卷Ⅱ，页78，第10行："有规则的使用……"这是"使用"的复数吗？	大概意思：事物受到通常——顺其天性——有限制有规矩的应用，为完全特定的日常事务而存在的物如今在乖僻而卑劣的专断中别样地被使用。
卷Ⅱ，页85："现在，暗暗加以消除，这个马林娜来了……"	马林娜·姆尼蒙尼克（菲耶朵尔的母亲）承认假迪米特里是自己的儿子；但她并未以此加强他的欺骗，反而在一定程度上限制了他的弥天大谎，消除而非增强了他的自信。
卷Ⅱ，页110："……他们'履行天使的职务'……"——引自何处？	我相信，引自贝蒂娜的随笔，很可能是"与一个孩子的通信"。
卷Ⅱ，页115，第6行："……新—如……""新"后面的连字符可是印刷错误？	对，印刷错误。
页122："jäsige 伤口"	"jaesige 伤口"：完全化脓溃疡（"jäsig"从前的表达）。
页132："那只独角（？）颜色不对劲（？）但掌酒侍从官（掌酒宫官？）把它从中取出来……"	测试，食物是否下毒。摆在大人们面前的碗盏上，常用一条链子系着一只独角兽的角，进餐前浸入菜肴，或饮用前浸入饮料；人们相信它会变色，如果饮食里下了毒。掌酒宫官，是的。法文：échanson。
页134—136。	雅各布·德卡奥尔（作为约翰二十二世教宗，在流亡教宗中是最智慧、最有宗教激情和创造性的）遭到废除。这一废除（页135）起先故意没有明确的解释；第137页随后才准确地表明了当时使得该教宗的信仰有失体统甚至失效的那个论点。您想一想，这对当时的基督教意味着什么，获悉彼岸还无人进入福乐，那种进入大概随上帝最后的审判一同发生，以及那地像这里一样，一切都处于担惊受怕的等待之中！对一个时代的困境这是何等的象征：基督教首脑运用自己的职权，将基督教的惶恐不安一直抛入天国。（马尔特寻求安宁的天性肯定注意到这个事例。）年轻的卢森堡王子，十一岁就是红

续 表

问 题	里尔克的答复
	衣主教，十八岁死去并立即被宣布为福人（德利尼伯爵的那个儿子），在马尔特看来则像是对教宗的怀疑的一个驳长，而且也是先埋下一个伏笔。 顺便提一下，对于所有这些人物，我现在都难以给出准确的数据！马尔特一书结束于一九〇九年前后（十六年了！），这一切的相关资料已经散失，而我的记性当然不够用了。 至于加斯东·弗布斯·德富瓦-贝阿恩，我希望您能抽出几个小时，在弗鲁瓦萨尔那本杰出的编年史中查阅有关他的段落；由布雄（1865）主持的版本（Les chroniques de Sire Jean Froissart）或稍早的"文学名人"版在多数大图书馆都可以找到，始终还是那么新鲜并充满活力，对于内心观照是一份丰富而真实的材料，无法超越。这里提到那个场景，伯爵的一个儿子被父亲怀疑有谋害之嫌（他大概不知不觉地成了谋害的工具），并且被加斯东·弗布斯亲手杀死。儿子被关进一个屋子，他绝望地扑倒在床上，面朝墙壁。伯爵走进去，血管里满是怀疑和愤怒。年轻人一动不动，脸朝别处，父亲把这个看成是顽固，最后抓住他的脖子，好使他转过脸来，此时并未放下正好拿在手中的锐利的小指甲刀，还没有察觉到，刀尖已穿透了年轻人的动脉。但对此没有任何叙述和说明。断片似的，这一切插曲都有自己的任务，在马尔特里面像马赛克一样相互补充。 "而那个封·富瓦伯爵，加斯东·弗布斯……"十四世纪最伟大的骑士形象之一，他那个时代典型的大贵族。
页 136："……在他的完成之迷醉中死去了。"这里涉及谁？	始终恰恰涉及年轻的德利尼伯爵，青春的幸福与一种被引向上帝的力量的神奇飞升在这个形象上合而为一。
页 139—140。	所有这些地方都指出国王所做出的努力，即让迪克·多莱昂与他的仇敌让·桑斯·珀尔彼此和解，后者最终派人谋杀了公爵。这样的和解叫人害怕，

续 表

问 题	里尔克的答复
页 142。	国王为此尽量想出一些看得见的做法：如像亲吻，同饮一杯酒，骑上一匹马，这一切撮合反倒加深了两个对手的仇恨。同时表明了与这种和解类似的情况，譬如兄弟为争遗产彼此迫害；我不知道，当时在此想到的是哪对兄弟。受到弟兄嫉妒和仇恨之人不得安宁，虽然另一个认识到自己不对并宣布放弃遗产。尽管如此，弟兄的愤恨和妒忌仍像一颗命星始终悬在长期受迫害者的头顶；充当这种受迫害者成了他的生活："他得不到自己的生活。" 第 142 页："崇高的上帝陛下，然后复活……"这一切以弱音器给出了当时某个老爷的内心独白，他一直被人谋杀的预感。他骑士般地想到上帝，想到复活。他那种仍然存在显得特别空虚、遥远、已总之失效，这一切压倒了他。"以一个情人为自豪几乎无法进入这样的时辰"：他几乎没有能力依然炫耀这桩或那桩风流韵事，那些娘们儿的形象已变得模糊，好像是歌曲和情诗虚构的（破晓惜别歌——宫廷情歌和效劳诗——讽喻诗，行吟诗人的情诗形式并在效忠关系中用于人们所献身的贵妇）。顶多在巴斯塔德的一个儿子的仰望中（但就连这个儿子也绝对没有被想成是当下的，而是他的仰望或许也只是回忆中的），即在从前爱过的某个女人的一个儿子的仰望中，她的目光又在那里，她本人又可以认出。 这一切不应该也不允许，万万不可，在您的本文中得到解释和澄清。这种情绪恰恰只能以魔法召来；您要想到，它是酝酿于十四或十五世纪一个老爷的心中，而且您与它已被这整个男人、被他的身体本身以及若干世纪分隔开来。 "博克斯"：普罗旺斯美丽的地方，放牧之地，至今还保留着博克斯亲王的宫殿遗址，一个骁勇善战的侯爵家族，在十四和十五世纪以此闻名：男人华丽而强壮，女人漂亮……（其余的参阅专门的附页。） ［附页］ 关于博克斯的亲王们，是的：也许可以这样说，

续 表

问　题	里尔克的答复
	这个家族捱过了一段石化时期。它的存在仿佛在这个严酷的银灰色地区化成了石头，此地便是由闻所未闻的宫殿风化而成；这个地方靠近阿尔，就是一场难以忘怀的造化之戏，一座山丘，废墟和遗址，被遗弃了，一切房屋和瓦砾统统又变成了岩石。牧场远远环绕：因此这里引来了牧人，这里，在橘黄色的剧场边，在卫城上，牧人赶着羊群，柔和而永恒，像一片云，缓缓飘过一种伟大的朽坏的那些依然激动的场地……像大多数普罗旺斯的家族一样，博克斯的侯爵们也是些迷信的老爷。他们的崛起令人震惊，他们的幸福无穷无尽，他们的财富无与伦比。这个家族的女儿们像女神和仙女一样四处漫游，男人们则是剽悍的半神。他们从征战带回的不仅有珍宝和奴隶，而且有最难以置信的王冠；他们暂时自称为"耶路撒冷的皇帝"……但是他们的族徽上坐着矛盾之龙：对于相信数字"7"的魔力的老爷，"16"好像是最危险的对立数字，而博克斯的老爷在族徽上有一颗十六道光束的星星。（当然是那颗星，它曾经把三王从东方引来并把牧人引向伯利恒的马槽；因为他们相信自己的血统源自圣王Balthazar……）这个家族的"福运"是神圣数字"7"（他们总是以七为准数占领城市、村庄和寺院）与其族徽上"16"道光束的较量。而"7"战败了。十七世纪在那不勒斯，在圣基亚拉，最后一个下葬的大贵族德尔·巴尔索（最后的，因为如今意大利的德尔·巴尔索家族借用了这个姓氏，并非发源于普罗旺斯），似乎还知道这场较量：要是我没有记错，他的墓碑上有一段与此相关的墓志铭。——
页183："Sa patience de supporter une âme"——这句格言出自谁？	我相信出自圣特蕾莎（封·阿维拉）。

足够了，我亲爱的封·于勒维先生……

这本书是可以接受的，不必在个别细节上刨根问底。只有这样，一切才会得到适当的强调和迭合。

我期望,您或可等到法文版《马尔特》问世,再将您最终的"准予付印"授予波兰文本。法文版现在非常负责,兴许可以凭这种语言之明晰和逻辑对此有所裨益,即帮助您廓清仍有较大疑问的个别地方和尤其词语关系的意思。我相信,德语中您觉得模糊不清的有些文字在那里不会产生误解。我对这个法文版本充满信任,是的,圣诞节之前就该出版。(一旦问世,您肯定得到此书。)

现在我得赶紧处理别的事情!

您就亲切地握住最后在精神中伸来的这只手并始终接受我对忠诚和辛劳的最美好的感谢吧。

您的
R. M. 里尔克

附言:我对诺威德① 有很深刻的印象!

106. 致维托尔德·于勒维 ②

邮戳:西埃尔,25.Ⅺ.13

问　卷

问　题	里尔克的答复
1. 我想为一份波兰杂志翻译您给《猫丑》写的序言,您是否允许?	非常乐意:尤其有益于我那位才华横溢的年轻朋友"巴尔图斯",克洛索夫斯基,他现在巴黎工作,在此期间坚持一切努力,默默超越当年他十一岁时以那些即兴绘画所允诺的成就。"巴尔图斯"本人,我知道,若是出现在一份波兰杂志上一定会十分高兴,因为无论是他,

---

① 西普瑞安·卡米尔·诺威德,波兰最后一位伟大的浪漫主义者,1821—1883年。——原注
② 这封信没有日期,以填写过的问卷开始,在两页附加的信笺上继续并结束。——原注

续　表

问　　题	里尔克的答复
	还是他兄弟，从来都没有忘记自己古老的波兰血统（克洛索夫斯基的族徽：Rola）。 因此：非常乐意。
2. 您没有忘记曾经答应惠寄《基督下地狱》的抄件吧？	抄件下一次。
3. 您能告诉我亚历山大·莱尔内特的地址吗？可能的话，他的详细情况？	亚历山大·莱尔内特： 地址：克拉根福（克恩滕州），法伊特灵街 5 号 　　莱尔内特祖籍法国，我相信，出自多芬·迪维耶努瓦家族；像我对您所描述的那样，他的血液充满了传奇。战争期间是骑兵军官。我并不认识他本人，也不知道他的创作现在转到什么方向。但是您了解我对《民谣歌手》中某些段落的评价和欣赏。
4. 涉及《哀歌》。——	在此，亲爱的朋友，我自己也几乎不敢谈论什么。借助于譬如诗歌本身，或可尝试一些澄清的解说，但这样行吗？从哪里开始？

我就是有权对哀歌作出正确解释之人吗？它们已经无限超出我之外。我把它们看成是那些根本前提的进一步扩展，那些前提在《时祷书》中已经给定，在《新诗集》的两个部分中游戏似的、尝试性地应用世界图像，然后在马尔特身上彼此冲突地汇集在一起，重新回到生活之中，并且在那里几乎证明了这种悬在空中毫无根基的生活是不可能的。在《哀歌》里面，从同样的现实出发，生活又变得可能了，是的，它在此获得了那种最终的肯定，年轻的马尔特当时还不能给予生活这样的肯定，虽然他已经走上正确而艰难的"长期学习"之路。肯定生与肯定死在《哀歌》中被证明为一件事。在此获得并宣扬了一种观点：生与死，认可一个而不认可另一个，乃是一种终将排除一切无限物的局限。死是

生的另一面，它背向我们，不曾被我们照亮；我们的此在（Dasein）以两个没有界限的领域为家，从二者取得无穷的滋养，我们必须尝试对它取得最大的意识……真实的生命形态穿越两个区域，最宏大的循环之血涌过二者：既无此岸也无彼岸，唯有宏大的统一，其中栖居着超逾我们的实体（Wesen）——"天使"。现在则是爱之问题所处的位置——在这个以此拓展了自己更大的一半的世界中，在这个现在才完整的、现在才完好的世界中。令我惊异的是，《致俄耳甫斯的十四行诗》对您理解《哀歌》没有较大的帮助，其实十四行诗至少同样沉重，充满了同样的实质（Essenz）。哀歌始于一九一二年（在杜伊诺），后来在西班牙和巴黎续写了一些片段，直到一九一四年；战争完全中断了我这项最为浩大的工作；及至一九二二年，我才敢于（在此）重新恢复工作，可是在几首新的哀歌开始及其结束之前，短短几天时间，另一个急如风暴的使命——《致俄耳甫斯的十四行诗》率先完成（不在我的计划之中）。十四行诗出自与《哀歌》同样的"血统"，它突然问世，无需我的意愿，牵连到一位早早逝去的少女，这使之更加贴近其发源之泉；这种牵连即是更多地引向那个王国的中心的一种关联（Bezug），我们与死者和未来者，处处皆无界限，一同分享该王国的深邃和影响。我们——这类此间者和现时者，仍然束缚在时间世界之中，没有一刻在其中得到满足；我们一直在全然走向先前者，走向我们的起源，走向那些似乎在我们之后的来者。人人都在那个最宏大的"敞开的"世界中，不能说"同时"，因为正是取消了时间才构成他们都在的条件。逝性处处奔入一种深邃的存在。因此，一切形态的此间物不仅可以限于时间地被使用，而且，只要我们有此能力，它们也应该被置入那些为我们所分有的超凡的意蕴之中。但不是在基督教的意义上（我越来越固执地疏远此意义），而是在一种纯粹尘世的、深邃尘世的、极乐尘世的意识中，亟须将此间所体验的所触动的事物引入更宽广的、最宽广的循环。不是引入一个彼岸，彼岸的阴影使地球昏暗，而是引入一个整体，引入那个整体。自然以及我们交往和使用的事物既短暂又羸弱；但只要我们在此，它们就是我们的财富，我们的朋友，我们的苦乐的知情者，正如它们早已为我们的祖先所信赖。所以这至关紧要，不仅不滥用并贬低一切此间之物，而且鉴于它们与我们共有的暂时性,我们恰恰应当在一种至诚的理解之中领悟并转化这些现象和事物。转化？是的,因为我们的使命就是把这个短暂而羸弱的地球深深地、悲悯地、痴情地铭刻在心,好让它的本质在我们心中"不可见地"再次复活。我们是不可见之物的蜜蜂。我们疯狂采集看得见的蜂蜜,贮藏在金色的蜂箱里。[①]《哀歌》表明我们正着手这项事业,就是这些持续不断的转换,把我们所爱的可见之物和可即之物化为我们的天性那不可见的振荡和感动,这种振荡和感动会将新的振荡频率输入宇宙的振荡频道。(因为各种物质在宇宙中只是各不相同的振荡指数,所以,我们以这种方式准备的不仅是精神性质的强度,而且是新的物质、金属、星云和天体,谁知道呢。)这种活动被许多再也不会被置换的可见之物日益迅速的逝去所支承、所催促,实属特别。对于我们的祖辈,一座"房子"、一口"井"、一座熟悉的钟塔,甚至他们自己的衣裳、他们的外套还是无限更多,无限更亲切,几乎每个物都是一个容器,他们在其中发现人性的东西,并将自己积攒的这类东西添加进去。如今,空洞的无足轻重的事物从美国涌来,虚假的事物,生活的赝品……一座房子——按照美国人的理解,一只美国苹果或一串美国葡萄,它们与蕴含着我们祖先的希望和沉思的房子、果实、葡萄毫无共同之处……被赋予生命的、被经历的、同样熟悉我们的事物即将耗蚀一空,再也不能被置换。我们也许是还了解这样的事物的最后一代人。我们肩负着责任,不单单保持对它们的怀念(这恐怕不够,况且靠不住),而且保持它们的人文价值和守护神的价值。(家神意义上的"守护神"。)地球再没别的避难所,除了变为不可见的：在我们心中——正是我们以自己本质的一部分参与了不可见之物,我们(至少)具备分有它的凭证,当我们在此期间,我们能够拓展我们所拥有的不可见性；只有在我们心中才可能实施这种亲密的持续的转化,即把可见之物变为不可见之物,后者不再依附于可见与可即的此在,一如我们自己的命运在我们心中不断变得**既更实在,又不可见**。《哀歌》提出了这种此在准则,而且为这种意识担保并欢呼。《哀歌》借用了支持这种猜想的古老传说和关

[①] 这句原文为法文。

于传说的逸闻，甚至借埃及的死者崇拜唤醒了对这类关联的一种预知，以此便将这种意识谨慎地置于其传统之中。(虽然更老的"忧怨"引导那个年轻死者走过的"忧怨之国"① 不能等同于埃及，而只是，在某种程度上，对尼罗河之国的一种反映，从中显示出荒漠那种清晰的对死者的意识。) 如果人们犯下这样的错误，把死亡、彼岸和永恒这些天主教的概念强加于哀歌或十四行诗，那就完全远离了作品的出发点，并且势必导致越来越严重的误解。哀歌的"天使"同基督教天堂的天使毫无关系（倒是同伊斯兰教的天使形象相关）……哀歌的天使是那种受造物，在他的身上，我们所尝试的从可见之物到不可见之物的转化似乎已经完成。对于哀歌的天使，一切过去的钟塔和宫殿都是实在的（existent），因为早已不可见，而我们的此在之尚存的钟塔和桥梁已经不可见，虽然（对于我们）作为物体还在延续。哀歌的天使是那种存在者（Wesen），他为此担保：将不可见之物识为一种更高级的实在（Realität）。——因此他对于我们是"可怕的"，因为我们——爱并转化可见之物的人，却仍然依附于此物。——宇宙的一切世界正在投入不可见之物，即投入自己下一种更深的真实；某些星辰直接强化自己，消失在天使无限的意识中；另一些则依附于缓慢而艰难地转化着它们的存在者，在这些存在者的惊惧和狂喜中达到自己下一个不可见的实现。我们是，必须再次强调，在哀歌的意义上，我们正是地球的这些转化者，我们整个的此在，我们的爱的飞翔和坠落，这一切使我们能够胜任这项使命（除此之外，再没有别的重大使命）。（十四行诗展示了这项活动的细节，该活动出现于此间，并且被置于一位逝世的少女的姓名和庇护之下，她尚未完成而且无辜，这便使坟墓之门一直敞开着，于是她——已经去世——属于那些神秘的强力者［Mächte］，他们使生命的一半保持清新，而且向因创伤而空白的另一半敞开着。）哀歌与十四行诗始终互为奥援，当时我竟有幸以同样的呼吸鼓满这两面风帆：十四行诗小小的铁锈色帆布，和哀歌巨大的白色桅帆，我现在把这个看成是一种无限的神恩。

但愿您，亲爱的朋友，在此寻得一些提示和启发，其余的则仍然靠

---

① 参阅《杜伊诺哀歌》第10首。

您自己。因为：我不知道，我以后能否讲得更多一些。

您的
R. M. 里尔克

107. 致克拉拉·里尔克

（瓦莱）谢尔上部穆佐小城堡，1925年11月17日

我亲爱的克拉拉：

你的生日将在哪里庆祝？我宁愿提前一些寄出这封信，以免它或须追随你去某个地方；可我几乎期望它本来必须随你去某处，最好到露特和克里斯蒂娜家中，在那里她们会让你觉得生日最自然最真情。

我向你，亲爱的克拉拉，表示一切美好的期望：在你身上有着优美与美好，因为人们感觉到你怎样在正确的意义上对此加以领会并运用；像你这样执着地在一切之中感受到美好并予以扶持，你就只可能把美好的期望当成一件十分美好的事。请你鉴于我这个鼓动去做此事吧，我希望，尽管我沉默已久，但此鼓动可以是你喜欢的，其殷切之情也是你可以感觉的。

是的，我沉默，沉默已久，对外面的世界，露特对这种做法真的也已有够多的感受。看来年届"五十"就是意味着这样一种危机；就我而言，不管怎样这将是一种有个尽头的危机，我生命的最彻底的危机；我尚未看出，我会怎样和在哪里将其克服。但是，既然没有什么始终停滞不前，就一定能找到出路。现在我根本无法判断难以摆脱的严重状况，这是由健康方面引起的，身体受到的侵害好像比医生们声称至今所看出的位置更接近中枢部位。当然对这个日益严重的事实，我所取的态度大概也是最错误的：不是像你学会的那样看到光明，而是看到黑暗，这样便使一切变得混乱和阴郁。可是够了，发泄到此为止，在一封庆贺生日的书信里这些是完全不适宜的，况且，在我这边如此长久的沉默之后，根本不可能得到准确理解。

露特一时间有过可喜的灵感，趁我在拉加茨期间去那里见我一面；

你可以想象，拒绝是我难以启口的；但最后我不得不这样：拉加茨已经停业了，空荡荡的旅馆里住着也不方便，而且为露特着想我就要真的开心，完全是我本样：我正在为此努力，若是凑巧，我希望，要不了多久我能叫孩子们来这里一趟。我非常遗憾地从信中获悉，他们可能即将迁往利鲍，真是可惜，可惜了老约克塔那座美好的老房子，还有房前美丽的栗子树！

读到这里，你还是重点关注我美好的意图和期望吧，由于状态较差，它们显得有些阴沉，但不必在意，你就把我心中的期望放在心上吧！

莱纳-马利亚

108. 致纳尼·封·埃舍尔

（瓦莱）谢尔上部穆佐小城堡，1925年12月4日

尊敬的纳尼·封·埃舍尔：

十月份从巴黎回来时，我深感不安，可能已错过您的（更加崇高伟大的）节日；而今天，当我在一叠信件中发现您的书信时，这一缺席再次令我吃惊。我必须说明，当时我立刻把您的信放在了最上面，好首先打开阅读？

您不仅以最感人的善良一直思念着我；现在您还向我披露了您的思念的整个渊源和衍生——我该怎样感谢您？

有些人今天或可给予我一种关联的荣誉和温暖，或可证实自己一如当初，这种人大概在世的不多了！我为此感到骄傲：您的关怀具有这种原初的高贵，我骄傲，一直为自己维持着您的关注之赓续，而且欢喜，这一切可望通过个人的接触得到肯定。

您就让我们的两座瑞士山头——今天上空悬挂着同一个太阳——为真诚相敬的我俩担保一种关系，我会使之充满，请您相信，最衷心的敬畏和最纯真的感激。

您的莱纳·马利亚·里尔克

109. 致贝尔塔·弗拉姆

瑞士，（瓦莱）谢尔上部穆佐，1925 年 12 月 9 日

尊敬的仁慈的夫人：

我刚刚收到来信，感谢您给我写信①。给予欢乐之特权很少被授予，比人们想象的还少，部分由于我们对接受此特权的无能常常已成定势，部分因为人与人之间捉摸不透大概始终都是一道障碍，在令人迷惘的时代则愈加严重。哪怕再适合的礼物最终也还要求接受者极度适应，但是当给予"相符"之时，这种给予还必须自然地感动受赠者。

我的书中有些文字能够宽慰一个如此严重的受创者，这与其归功于我的书本，倒不如归功于他，您的儿子：他本来完全可以将其拒之门外。但是他巩固了（您让我看出这一点）自身之中的胜利，最沉重最隐秘的胜利，那便是从某个无限痛苦地受到怀疑和限制的生命位置出发，一步又一步，终归又对整个总之无辜的生命加以肯定！这个无比可靠的来之不易的成就将会回报于他和你们，他的母亲和兄弟，你们俩在那里支持他的奋斗。既然他的心与他的精神状态的伟大而纯粹的契合看来已获挽救，现在他的一切关系之标准就会是一种特殊的和个人的标准，于是在难以置信地被接受到这些关系中的某些时刻，他几乎会略略领先于从比较普遍和比较容易的条件出发给予安慰的那些人。以上数行文字是写给你们大家的，但尤其针对你们的病人，它们不过是重复——试着猜出——他已经知道和经历的！

我就此向他和你们遥致问候。我希望随后补寄一两本书；虽然很忙，眼下我并未忽略我该做什么事情。至少期望这封短信尽快送到您手中。

您的十分忠实的
R. M. 里尔克

---

① 贝尔塔·弗拉姆夫人替她那个在大战中负伤的儿子请求里尔克给予鼓励。她的儿子已痊愈，现在是个医生。——原注

110. 致阿希尔·封·卡温斯基

瑞士，(瓦莱)谢尔上部穆佐小城堡
1925年12月10日

十分尊敬的处长先生：

生活中给人以鼓励的事情，大概莫过于发现那些虽不显眼却延续不断的事体，人们多年来对其一无所知，可它们（谁能证明相反的情况？）兴许有时从远方放射出一种轻微而亲切的功力。令人敬仰的封·卡温斯基先生，您让我辨认出这样一种回忆的持久存在与激动之情：我怎能不心怀感激，是您给我提供了机会，现在也从我这方面以您放在我手中的这个小小的标志向约翰娜·封·库内施证明我的思念。这本小书并不属于在我看来最亲近和最重要的作品：正是因此，也因为它确实不是出自我，而像是不过被我的笔所确认而已，我想给《马利亚的一生》添上一本较新和较有价值的著作，同时恳求您为您的岳母夫人把两本书放到圣诞树下。

我不属于健忘之人。在迷惘的岁月里，面临青年时期最关键的转折我犹豫不决，那时阿诺尔德·维姆赫尔茨尔向我表示了坦诚忠实的友情：我现在仍看见他跟当年一样，也看见他妹妹在他身边，回忆起他父母家里那么大方好客。与他本人虽然再无联系，但多年之后（不止三十年！）有机会把我的忠诚的一个标志赠给他妹妹，我感到双重的欢喜。

为这个有几分韵味的建议我感谢您，十分尊敬的封·卡温斯基先生，并且以极度忠诚之表达结束此信。

您的
R. M. 里尔克

> 岁月远去……这就仿佛在火车里：
> 端端我们远去，而岁月留驻
> 像风景在这旅行的车窗后，
> 阳光澄清或寒生雾气。

就像发生之物在空间前往:
一个变成草地,一个变成树,
一个去帮着把天造就……花簇
和蝴蝶皆是实在,无一撒谎;
转化并非谎言……

莱纳·马利亚·里尔克
(瓦莱)谢尔上部穆佐小城堡,1925 年 12 月

111. 致阿图尔·菲舍尔-科尔布里

瑞士,(瓦莱)谢尔上部穆佐小城堡
1925 年 12 月 18 日

我很感谢你坦率而强烈的关注,它表明你研读我的作品历时已久:你的信中有许多真诚关心的证据,我怎能不愿怀着同样真诚的感激给予答复呢。

我的文字在评论界引起什么看法,我是从来不去读的,不管报刊还是杂志;在我看来,这些声音不属于我又必须考虑的那些反应;它们其实也完全是为读者定制的,并且如你所言,必须顾及读者的钱包。在此期间我的目光落在你的文章的前面几行(因为我把它归入这类文章中的例外)。现在让我私下向你说明你在那里非提不可的事情。

对于马萨里克总统,我虽然这次没有向他致意,但早先有一次机会,我曾通过他当时在伯尔尼的代言人表示我的敬意;在一九一八年推翻帝制,从而把他推到那个更显赫的位置之前,这种感觉保持了很长时间;我怎么可能不觉得自己理当拍手叫好,当一个具有广泛的精神影响的人物取得我的祖国的最高位置之时,但我与祖国现已非常疏远,独来独往,再不能对它的特殊命运保持忠诚。

另外:自一九二一年以来我住在这个法语州的一座古堡里;瑞士,总而言之,这片土地,在此我可依托的各种关系,尤其瓦莱的崇山峻

岭，年复一年我与它们的交情越来越深厚：这一切合在一起，对我的生命和我的工作不啻是一种拯救，使我终于摆脱大战期间工作中断的困厄和一切混乱。我不能一一列举各种情况，它们促成了某种机缘，使我被此地接纳，在我看来最神奇的机缘，但这倒容易证明，它带来了最丰硕的成果。人们不妨想一想，由于战时的命运，我被卷入外部的纷争，更由于我内心深处的枯竭，《哀歌》一直陷于停顿（它始于一九一二年，在已被战火摧毁的杜伊诺城堡，直到一九一四年八月，在西班牙和巴黎时写时辍……）；只有在这里，在瓦莱，这个当时完全陌生的地方，才能汇聚这么多从前储存的意想不到的援助；因为在此，在一九二一年至一九二二年初那个冬天严格的孤独中，一九一四年工作断裂之处又重新弥合起来，本来已不再对此抱什么希望，但一切皆大有裨益，而这弥合如此完美，如此激狂，同时又像伤口愈合一般从容，于是只短短几周，难以置信的投入，整个哀歌耸立起来，仿佛从未破裂，从未凝固为零散的碎片。一个人由于那些年的极度消耗，感觉到自己直至根基已经裂为两半，一个早先和一个与此殊不相容的渐渐死去的现在：这样一个人居然获得恩典，在更隐秘的深处，在这道撕开的裂缝下面，发现他的工作和他的心境的连续性重新恢复……在我看来，这绝不只是一个个人的事件；因为它为我们的天性也可形成取之不尽的矿层提供了一个范例，由于这种或那种原因，多少人以为自己已被撕裂，从这个可弥合的例证，他们或可获得一种特别的安慰。

（我觉得下述想法不足为奇，这种安慰也以某种方式为伟大的哀歌的成功助了一臂之力，哀歌的言说因此而愈加完整，假如没有威胁与挽救，哀歌肯定要逊色一些。）

总而言之：从上述一切当可看出，在这个地方我受恩匪浅，我对此地始终怀有一种特别的感激。对我而言，触景生情而即兴吟诗，平时固然很罕见，但这次在这里，强劲而欣喜的弥合，以及离群索居的生活给我带来了收获，我以包围着我的语言，而且绝非偶然恰是这片葡萄山丘的语言，写下了不少诗行，那些"瓦莱四行诗"的续篇，以此为核心又繁衍出别的法文诗，均为不可拒绝的神授之笔录。我没有任何理由回绝这种纯粹自发托付于我的天籁，后来在巴黎有人向我提出，用这些得自幸运的灵感的习作编一本小集子，我也只好从命。我很高兴，能把这个极具本土特色的礼物归还给瓦莱，以报答它殷切的好客之情——对我不啻是一种拯救；上面讲述了那本"法文诗稿"的故事，正如我从零星的流言逐渐获悉，此事在舆论界引起了一些相当离奇的猜测。这个极其次要的故事正上演于心灵的其他舞台，绝非我本想为它指定的地方。

我知道（现在回到你的文章上），你采用那种"有意激怒"的解释，只是为了"容易理解"，因为当时它毕竟是可以使读者明白的最浅显的看法。然而正因为有此代价，我希望至少受到较为宽容的对待。我对所谓被激怒一无所知，对某种拒斥，对"德国文学界的某种拒斥态度"，我也从来知之甚少。我的写作受到这类抨击的影响，只限于最早的出版物，也只到某种不可避免的程度。从二十三岁起，即在《时祷书》时期，我就不再关注别人的赞许或拒斥，自那以后，我至多听见过个别私下的声音，这些声音——不管是赞同、否弃或是中立——复又作用于我的生活并与之交融（不同于单纯的批评）。我只会感到十分悲哀，假若已年满五十，在我的艺术领域，我竟容许某个出于失望或"怨恨"的作品问世，而最荒唐的误解则是，这种与我的本性不沾边的怀疑，恰好将其沉闷的阴影投到那些法文诗的写作上，可这本是给我的最欢快最幸福的恩赐！

你认为通过这样的"帮助"，读者会较能进入我的作品吗？但我并没有指责你的意思。不过你本人，如像你站在我一边，你本人应该属于更了解情况者，真正的知情者，这正是我所看重的。我隐约有一种揣测，你也有点相信某种（我该怎样说）报复的可能性；如今，这或许使人们把这个无辜的情不自禁的产物——我曾怀着惊奇和幸福之情目睹它从我本性的隐秘中浮现——看得过分重要，反正，超乎寻常！错看了它和它中的我。

你须对此予以纠正（在你那里）

并知我心意，谨致问候：

莱纳·马利亚·里尔克

附注：在林茨当然没人能提供有关我的"情况"；我在那里度过了不

幸的几个月，正是这段时期，我自己也根本不了解我，更何况其他人！

112. 致盖奥尔格·莱因哈特

（瓦莱）谢尔上部穆佐小城堡

1925年12月19日

亲爱的盖奥尔格·莱因哈特先生：

较之于一切虚构的和可虚构的事物，"真实的事物"却恰恰更难描述；因为前者将可能性投射到一个幻想的空间之中，以此促进并在一定程度上培养和训练我们的想象力，而这种平常如此活跃的能力，面对自己被已完成之物赖以超过的证据，便会松弛，便会松懈下来，当然却并不觉得受到刺伤；因为它已经尽力促成这项生活的成就，如今它在其中似乎被超越了，被生活本身所超越——即那种承载的、赞许的、继续给予推动并仍在分枝的生活。昨天晚上，我几乎想不起哪篇小说曾经更亲切地打动我、更强烈地吸引我，胜过这段"福尔卡特"家族的历史，它只是像您娓娓道来那般原原本本地收录数据，简单地廓清可以追溯的事件，从它的起源到它的发展。

一份什么样的文献——随这本书——摆在眼前；一个什么样的例证——对于齐心协力的共同成就，各种力量联合起来，堪称榜样！真正的冒险不是由于利润，而是出自以远大目光看出的需要，即需要流通、交换以及陌生的东西与熟悉的东西保持平衡，对这种冒险，现实从一开始就一再给予明确的肯定。及至有了利润并使那些精明果断的创业和措施得到了回报，生意红火的商家的每一任老板非常节制，懂得如何将利润又变成动力，因此任何时候利润都不会拿去"放高利贷"，而是一直有利于最健康最顺利的增长。

第一次在温特图尔走进您的商号，我就十分清楚地感受到——但很难明白地讲出来——如今在这本书中再次打动我的那种品质：体现出人情之亲近和纯真的经商观念。世界各地之间的这种语言，其载体正是人们需求和看重的物品；原料及能够以此细心加工和获取的一切。

正如这种观念——由于无尽的应用和难免的复杂化已经穿越了许多世纪——丝毫未曾失去自己的本源和活力；正如来自异国他乡的物品的魅力还始终随该观念一道产生着影响，以及交换乐趣之热心好奇，无穷的惊喜——发现一件远道而来的产品多么新异、多么珍贵，构造多么精巧，香味多么谐和。与此相同的则是这种快乐，人们为了得到而付出本地产品，由于气候的原因它们更朴素更平实，但另一方面也都是欧洲心智的聪慧的发明和灵敏的器械，它们又会在秉性不同的其他民族那里引起惊讶，满足甚至超过天真的好奇心……这一切都是根据实用价值来评估和获取，而且无论在本土还是他乡，处处皆有一切这类现象相伴随，它们超越了纯粹的实用性，实现并改善着人性；最后才是利润，它从来不会被洋洋得意地挥霍出去，而总是又被导回并投入商家的分支：以利润本身创造富裕生活；最后，在利润最终的效益中，关系到共同成就的许多物品和命运的经营者才允许利润作为财产属于个人，这已是势在必行……这里，在纯属个人的领域，仍然有人对利润负责，使之服务于已经发现的伟大价值，并且如此使用它，就像只有那种人才能做到的一样，他们已经形成了自己对纯粹和真实之物、对执着之物的使命。

您瞧，尊敬的盖奥尔格·莱因哈特先生，这本务实的小书居然引发了长篇大论；也许我还能以此填满比这两页更多的信笺。但我最后可以提出一个请求吗？我或许有理由猜测，您的作品是写给朋友们看的，书店里买不到。现在我很乐意送一册赠书给我的出版商和朋友基彭贝格教授。他是岛屿出版社的老板和领导，既能干又踏实，此外（如您所知），还以颇具影响的歌德汇编集而闻名——出自歌德及其友人拥有的手稿和图片的最丰富的私人收藏；作为崇尚精神价值的伟大而幸运的商人，他会为拥有您的出版物而备感愉悦（对此我深信不疑）；凭他的本性，他对此大概具有最精微的感觉；赞赏这种一代接一代的上升之历史；而且，这个时代过高估价自己的"新"却忽视可传承的事物，当此之际，一份这样的文献对他（就像对我）或许恰是一种慰藉。老歌德也是凭他对世界构架的把握，凭他对普遍关联的需求，逐渐形成了他那个纯真之物的伟大概念和他对传统之物的敬畏……老歌德会对您的纪念文章表示何等的敬意——人们只需听一听他就此问题向埃克曼说的一句话！

如果提出这样的请求还不是太冒昧的话,请您寄一册书给基彭贝格教授(注明是按我的嘱托)!

谨致以衷心的感谢和圣诞的问候——

您的
真诚忠实的
里尔克

113. 致鲍里斯·帕斯捷尔纳克

(沃州)格利昂,瓦尔蒙

我亲爱的鲍里斯·帕斯捷尔纳克:

当您这封直接寄给我的信像一阵振翅之风扑面而来之时,您的愿望已在同一时刻实现了;《哀歌》和《致俄耳甫斯的十四行诗》已经在女诗人手中。这两本书随即也会送交与您——不同的版本。我该怎样感谢您呢?您让我看到和感觉到您在自身之中如此神奇地增添了什么。您能让我分享您心中如此巨大的收获,这乃是您那丰饶的心灵的一个荣誉。但愿一切祝福全在您头上。我拥抱您。

您的莱纳·马利亚·里尔克

他的许多强烈关注令我震撼,以致今天我说不出更多的:但请您把附页寄给我这位莫斯科的朋友。算是一个问候。

114. 致英加·容汉斯

瑞士,(沃州)特里特/格利昂,瓦尔蒙
1926年2月27日

我亲爱的英加夫人:

来自哥本哈根的邀请迟迟未复,倘若我必须用一份证书来证明被迫拒绝邀请，那我现在倒很容易取得这样一份列有一切重点的证书：从十二月二十日以来，将近两个半月，我又处于医生的监护之下，在特里特上面的瓦尔蒙，在那种关闭状态中，只守着一个疗养院房间，压根别提那一切把白天塞得满满的任务和义务，以致白天的过分满实可以等同于完全的空虚。将近二十年我没有医生也对付过来了，与我的身体及其波动相安无事，然后，我现在付清因此而积下的欠债，简直数不胜数，是的，最糟糕的是我确实在"付清"，名副其实，我常常问自己，使一个像小钱包那样敏感的器官如此衰竭的毛病能否对某种身体总和有所裨益？就此而言瓦尔蒙是引向毁灭的。虽然离我所属的老塔楼只有三小时的路程，但我还是不敢回去，因为害怕不能承受孤独的严厉法则。除非血脉里有工作之元气，人们才能跟这个比真身更强大的天使搏斗，否则他的魔力就会变成征服，变成不断宣布的判决。

您，亲爱的朋友，您在家吗？您又属于您的工作和任务了？这是我所希望的，是我发自内心的祝愿。——我有时翻开《新苏黎世报》，只是为了搜寻您的"哥本哈根信札"，这么久再没有一封登载出来，令我心中不安。会不会是我看漏了。

您就要给您的读者讲述这个不出名的"黑格尔·汉森"的小说，他的手稿是在一座老咖啡磨房里发现的？法国报纸以最耸人听闻的形式刊载了这条消息，在"轰动事件，有待追踪"专栏；据报上确认，内容涉及一个工头，所有丹麦的甚至斯堪的纳维亚半岛的大出版社竟相争抢已经泛黄的远远透出咖啡香味的稿纸。如果您不愿向苏黎世人公开讲述这件发掘物，那您就给我讲一讲，用一页信笺，这一发现有什么意思。好吗？您将给我的隔离带来一种亲切而强烈的安慰，每一行文字越多越好！此外在您的家乡还有什么新奇美好的事物？诗歌？！埃迪特·内贝隆-罗泽没出版较新的东西吗？在此我很少获悉丹麦文学的情况，瑞典文学稍多一些，通过一个年少而勤奋的瑞典女按摩师……

我自己一月底，在一家小小的服饰用品店，在这里格利昂村发现了一本书，依我看是部杰作。作者让·巴雷尔非常年轻，这是他进入公众视野的第一大步。书名是：《盲船》(*Le Navire Aveugle*)，我觉得这种书，在斯堪的纳维亚各国它也一定会受到欢迎和欣赏。我想到您是翻译家，可是我在此发现该书后不久,它就已在巴黎入选"文学爱好者奖",第一版短短几天便抢购一空。我再也买不到书,但此书现已有"重印本",一旦重新上市,我就寄一本给您!

这个星期六聊天时辰就到此为止;还望您,仁慈的夫人,回复您的老朋友——

里尔克

115. 致薇罗妮卡·埃德曼

(沃州)特里特上部格利昂,瓦尔蒙
1926年3月1日

亲爱的薇罗妮卡·埃德曼:

您把您的信和附件寄到了伊尔歇尔河畔的贝格城堡,我本可以此估量插入我们之间的通信中断已有多久,若非我早就采用了另一个标准:惦记着我之标准!世上并没有许多诗,因此对您的诗我想必并不缺乏了解(因为我觉得匪夷所思:根据那个伟大而坚定的断言,再也没有诗歌产生了)。每次向朋友们谈起您的第一本书[1],我根本不能保证还可以买到;我去书店问过一两次,但一无所获……

现在您,亲爱的同路人,给了我您当下生活的一个标志,并向我展示了正在对一种当下生活即暂时生活的任何此类标记加以超越的诗歌:我觉得您在其中又是完全得力的了。您的诗稿在我心中激发了种种感受,如重新认识、惊奇、欢乐和钦佩,要向您说明其根据何在,我现在缺少时间,也静不下心来(因为我在瓦尔蒙的这个"医疗机构"接受治疗,我的白天被各种"用药"及其反应切成了碎块,做不了什么完整的事情);一句话,这些诗篇富有才华:您必须相信我。

您愉快地向我谈到几首(发表于岛屿—年鉴上的)诗歌[2],在我看

---

[1] 《关于陌生生命的诗章》,1921年;她还写过:"哥特人的宇宙感觉与古希腊的宇宙感觉在里尔克身上的争辩",1927年。——原注

[2] 《冬天的八行诗》。——原注

来，它们也始终是亲切而又神秘，总之很有分量。我发现它们，有一天，已经褪色，在一张泛黄的稿笺上，又认出了它们：在我从西班牙返回不久，大概是我在巴黎抄录的，一九一三年或一九一四年初……

在此期间，我本来乐于知道这两本书（《杜伊诺哀歌》和《致俄耳甫斯的十四行诗》：我可以把书寄给您吗？）在您手中，为您所拥有，我取得这个收获，多亏一个气势宏大的山区的影响和一座老宅邸的庇护，从一九二一年夏天我就安身于此。这乃是使我的生命变得可能、变得丰饶的那些奇迹之一：我有幸，在"瓦莱州"，发现这座古老的城堡，名叫"穆佐小城堡"，它那种严酷致使我凝聚心神进入最紧迫的孤独，而周围的山谷和罗讷河谷的恢宏造型则给我提供了对于那些由强化的巨大孤单所引发的内心现象的规范和譬喻。此外"法兰西岛"[①]那颤动的、轻盈的、精神的光辉映照着这片土地，而且此地以其近乎英雄史诗风景画般的造型将西班牙的回忆呈现在我眼前并更深地铭刻在心中，于是我便恢复了几乎已放弃的能力，继续做战前在那些国家已经开始的工作并取得完好的结局，没有接缝。

这些是我的消息。我以此庆贺我们坚固的新桥——从您的北国引至我的孤岛。

您的

莱纳·马利亚·里尔克

116. 致薇罗妮卡·埃德曼

（沃州）特里特上部格利昂，瓦尔蒙

1926年3月10日

亲爱的薇罗妮卡·埃德曼：

……

[①] 指塞纳-马恩省河、瓦茨河、马梅河及其支流所围成的地区，是法国历史上第一个政治中心。

有人在那里［在岛屿出版社］准备出我的所谓全集，总共六卷（进度缓慢，这得怪我自己）；其中两卷是翻译，瓦莱里诗歌的译文在此有其一席之地，十四行诗和马德里加尔·米歇尔-安赫洛之移译几乎占了一个部分；这项工作，顺便提一下，从我告知您之后就没有继续做下去；但它肯定是，如果我没有记错，一份可观的贮藏，封存在我的故纸堆中。至于瓦莱里，除了（法文版早已售完的）那本《幻美集》里面的大部分诗歌，我也翻译了美妙的《厄帕利诺》对话录第一卷（最初是因为我自己欢喜），而且很有可能，我让自己（一旦我的健康更加稳定）继续搞译介工作，这部在多重维度和跨度上都无可比拟的著作对我有此要求，是由于它那么亲近，也由于那种纯粹的内心距离，此者把有分寸的手法交到我手中，而单单情投意合大概绝不能授予这些手法。保罗·瓦莱里不仅在当今所有创作者中居领先地位，已在艺术上沉默了二十年之久（因此这种沉静与扎实的准备既在其诗歌和散文的言说上，也在每句偶尔说出的言语中表现出来），而且在我们中间唯独他（如我所见）将诗的灵感和成就看成是一种重大收益的幸运的结果，由此或可有同样实力去争取一定数量的其他成果和功绩。（我向您推荐他的论文《莱奥纳尔·达·芬奇的方法》，文章两个部分的产生间隔四分之一世纪，彼此有着立体复制的补充，达到更深的境界。）

　　对了，请您记住，一旦您的作品完成了，就让汉斯·阿尔普转告我；《感动》的几个人名并未使我这般迷惑，以致我放弃寻找感动——受到刺激并变得粗糙[①]——所披露的原动力。但在这种情况下，您的特殊的诱因兴许尤其令我揣测，以及您的散文。您的优美的诗歌具有那种罕见的品质，人们敢于由此推度一种纯正的（即非抒情的）散文之可能性；如果您说"小说"，您便道出了对这种造型的权力。但是我是否现在就应该祝愿您如此使用您的力量，既然您暗示只有最自然和最具驱动力的要求退居次要，只有暂时降低生活才能为您提供这样去创作的空间？

[①] "变得粗糙"，德文 vergröbern，疑是印刷错误，本来应该是 vergrößern，意为"得到加强"。

为这次再会吧，亲爱的朋友。

您的
R. M. 里尔克

117. 致列昂尼德·帕斯捷尔纳克

瑞士，（沃州）特里特上部格利昂，瓦尔蒙
1926年3月14日

尊敬的列昂尼德·奥西波维奇·帕斯捷尔纳克：

是的，我不能用俄文给您写信，但我读了您的来信……即使我已无法读俄文（我的俄文阅读还相当不错，可惜我读得很少……），即使我已无法读懂，但是读到您，亲爱的尊敬的朋友，这种欢乐和巨大的惊喜也会在片刻之间把一切知识归还给我：这封美好的书信，不管在哪种情况下，不管是哪种语言，恐怕我都会理解。现在我想立即保证，您的语言和跟昔日的俄罗斯相关的一切（那个难以忘怀的亲切的 Skaska ［童话］），以及您在信中让我回忆起的一切，对于我一直是多么亲近、可爱和神圣，永远嵌入了我生命的墙基之中！是的，我们已不得不忍受许多变迁，尤其是您的祖国：然而，哪怕我们再也见不到它的复活，那个深沉的、本真的、总能幸存下来的俄罗斯只是再度沉入隐秘的根基层，就像曾经在鞑靼人的中国之下［鞑靼人的奴役之下］；可谁能怀疑，它就在那里，而且在自己的晦暗之中，悄悄地（它的儿女也未必知道），缓慢地，以其神圣的缓慢将自己凝聚成一种也许还遥远的未来?！您本人被流放，这么多最忠于祖国的俄罗斯人被流放，对那种近乎隐蔽的准备不无裨益：因为当真正的俄罗斯隐身于地下、潜入深底之时，你们大家的离去就只是为了对它的暂时隐身保持忠诚；对此，亲爱的列昂尼德·奥西波维奇·帕斯捷尔纳克，我去年在巴黎感触良多而且深受打动：在那里我与俄罗斯的故交重逢，又结识了新朋友，而您的儿子鲍里斯现已崭露头角，不止在一个方面令我感慨。在那里我试着阅读的作品也是最新的（根据日期），他的诗歌，很美，（收在伊利亚·爱伦堡选编的一本薄薄的诗集里,可惜我随后把它送给了俄罗斯女舞蹈家米拉·西鲁伊;很遗憾:因为后来我有时还想读一读)。现在令我感动的是,我已知道,不仅他,鲍里斯,新一代中已颇受看重的诗人,长期以来都在关注我并研读我的作品,而且对于您的家人,我的存在一直是爱心和关怀的对象,还有您,亲爱的朋友,在您的家人那里,您不断重温您的回忆,让您对我的喜爱不断滋长,以这种方式无限增多了一笔我始终珍惜的财富。

得知您目前生活和工作比较正常,身边还有部分亲人,我感到美好而愉快!对绘制肖像我虽然颇为反感,但我们若是相隔不远,能再次见面,那我会感到自豪,有幸在您的模特中间占一席之地。更为可能的则是,您会见到克拉拉·里尔克,她一直住在德国(不来梅附近),或是在我们的女儿那里,她已嫁到了萨克森的一座庄园,早在两年多以前,随着外孙女的到来,我就当上了外祖父!

您知道,大战以前巴黎就逐渐成为我的固定居住地;当长期的战祸一九一四年开始之时,我碰巧在慕尼黑拜访朋友,在那里我一直等到那段无比漫长、险些要人性命的岁月过去。一九一九年我移居瑞士,现住在瓦莱州(瓦利斯),这里景色壮丽,令人回忆起西班牙和普罗旺斯,在谢尔上部一座十三世纪的古老的小城堡里面,完全处于孤独之中,从事我的工作并照料我的小花园的玫瑰。有时候我住所的孤独(多亏这个我才收获甚多)已变得太大,就要超过实际的程度,反倒形成威胁,我便动身去巴黎或意大利待上几个月。眼下我不在家,从十二月以来,一直住在特里特上部这座瓦尔蒙疗养院,因为我这副平常都相当可靠的身体出了些毛病。因此我回复已迟。(我几乎没有在此写过信。)但现在我希望,读了这封信您能忘记并原谅我的拖延。请代我向您全家致以衷心的问候并接受我真诚和感激的拥抱!

您的

里尔克

正好,精美而优异的巴黎期刊《交流》——主编为保罗·瓦莱里,伟大的诗人——在冬季号上推出了鲍里斯·帕斯捷尔纳克的诗歌,给人以深刻的印象，法文译者埃莱娜·伊斯沃尔斯基（我也在巴黎见过她）。

118. 致莉莉·沙尔克

瑞士，（沃州）特里特上部格利昂，瓦尔蒙

1926年3月14日

亲爱的最高贵的夫人：

可能是我搞错了，我以为在那个邮件的封皮上（多亏它给我送来了卡斯讷的文章《论永恒的犹太人》）认出了您的笔迹：在这份喜悦上——以此心情我在这篇文章中发现了鲁道夫·卡斯讷（完全发现了他——确实像他每次都相信的那样，他又以更加宏大的完美和现实在每一行里取得了这种决然笃定的完整……），在这份喜悦上还需添加一种特别的情感，假若我知道是您想到了我，给我推荐这份法兰克福日报。您美好的回忆借此机会找到我本人，这在我看来当是最可喜的标志，说明您的回忆保持至今，尽管我必须承认，多年以来对一种如此珍贵而且非常持久的关注从未有过哪怕丝毫的表示。但是，由于受到多重阻碍和被迫沉默，许多对我可贵的情意，我必须转让给为神奇地维持和滋养未受眷顾的事物而担保的那些力量……

卡斯讷：虽然我可以把自己算作他的老朋友，却并不属于那些与他渊源更深的故交，他们享有可随时见他的优先权，而这显然是我不具备的。既然在他的文章中坚持和执着从未达到恰恰使言辞变得沉重的分量，那么，与他交往就完全意味着这种最轻松愉快的解析——将执着的观点化为一再悬而未决的（同时何等准确的）判断！我熬过了漫长的岁月，其间正是这种影响——出自他那安稳而使我感觉亲切的本性——肯定给了我无穷的帮助：所以没有他，我比以往任何时候更觉得若有所失！

可是他最早的朋友们，现在他们向自己承认数十年前便有此能力，当这位还在修炼的英才最初出现在他们眼前时，他们立即估计到他的空间如此宏大，因此他知道自己此后可在其中纵横自如，施展一切抱负，因此他确实作为一个常数属于他们，属于他们关注和惊异的对象，在他们看来,这一估计不是已成了明摆着的事实吗?有时候他似乎提出了已超过我们能力的那类最伟大的要求,这些要求就在他们的时代由他本人完成,而且如此完美圆满,以致总是急欲接受他那个世界的建议的那些人一再觉得自己——类似于毛细现象——一同被提升到下一个更伟大的境界。

以上所述,亲爱的最仁慈的夫人,我是凭感觉随意写下来,我很清楚,这些并未涉及该文章极其独特奥妙之处,对此还可以谈许多……更多则是为了(现在也从我这方面)连通久远的既往,渡过时光的河流,而您已经以一个行动的唯一一次展翅飞翔——与之呼应只有一个地址的轻轻落笔声——善意地跨越了这条河流。

谢谢!最衷心的问候出自我昔日的忠诚:

您的　里尔克

119. 致一位年轻的女友

暂时:(沃州)格利昂,瓦尔蒙
1926 年 3 月 17 日

亲爱的年轻朋友:

您的信写于(我现在才发现,实在抱歉)一个多月以前:它这么晚才得到回复,并非我的过错;您的信件既未在巴黎也未在我的固定住地找到我(瓦莱州谢尔上部穆佐小城堡),我说不出来,它可能还在别的地方找过我;不管怎样此信昨天才送达我处。

那现在,怎么办?

这些日子,写信对我来说是一件辛苦事;我这里的书桌上堆满了未复的信件。您所提出的有趣的要求,就是写上许多页也难以得到充分的满足。现在您要是坐在我的对面,恐怕倒可以找到一条出路;个人的接触,哪怕是默默相对,也足以使人们彼此沟通和领会;可是写信?……从何谈起呢?

我乐意让您了解我生活中的那些事实,它们也许能够使您对我的作

品专心入迷的研究得到回报……但又是哪些呢？也许我得追溯到童年，也许有必要谈谈几次旅行、一些相遇，或是在这些和那些城市亲历的生活。大概您能想象，各种环境给了我多少影响，在好些国家，凭借我的命运的一次次忍耐和克制，我不仅作为旅行者久久盘留，而且确实允许居住在那里，与这些国家的现在和过去有着活生生的联系……我八岁就到过意大利，从此一直怀着喜爱；它具有清晰的多样性和丰富的形式，可以说是我漂泊的一生最初的插图课本。俄罗斯是决定性的：因为它不仅向我，在一八九九年和一九〇〇年，开启了一个无可比拟的世界，一个独具闻所未闻的维度的世界，而且通过那里人们的现状，它给予我一种感觉：可以像兄弟一般与人相处（一种不可或缺的经验，对此我长期以来，作为父母的独生子而且直到那时几乎没有真正与人交往，绝无一点准备）。在某种意义上，俄罗斯成为（您可从书中看出来，譬如《时祷书》）我的经历和感受的基础，正如从一九〇二年起，无与伦比的巴黎成了我的塑造欲的根基。

罗丹帮助我克服抒情的肤浅和空洞的（出自特别激动却未曾深化的情感的）泛泛而谈，在他的巨大影响下，通过承担义务之约束，排除不着边际的东西，像一个画家或雕塑家，面对自然工作，执着地去领会和模仿。这种严格和良好的训练的第一个成果便是诗作《豹》，写于巴黎植物园，人们或可看出它的这种渊源。从那一年起（1902年）我的住址迁往巴黎，但并未妨碍我其间在意大利、斯堪的纳维亚（丹麦和瑞典）盘留了许多个月，见识了阿尔及尔、突尼斯和埃及，法国的外省以及最后，堪称俄罗斯和永不枯竭的巴黎之后最重大的事件：西班牙，即托莱多及周边地区，我在那里住了整整一个冬天（1912年）。各种不同影响的第一个真正的总结——仅仅通过无条件地吸取相近的影响——完成于我最新的著作中，《致俄耳甫斯的十四行诗》与艰难的《哀歌》（后者一九一二年就已动笔，随后便注定要忍受大战的长期中断）。我只能简要地谈这么多，要是不够或很少，也许以上所述仍足以使您对一些更确切的问题感兴趣，我乐意予以探讨（只要时间许可）。感谢您，为今天，也为您强烈而持久的关注：

莱纳·马利亚·里尔克

120. 致盖奥尔格·莱因哈特

还待在（沃州）特里特上部格利昂，瓦尔蒙
1926年3月19日

我尊贵的亲爱的格奥尔格·莱因哈特先生：

这篇演讲完整地概括了您的纪念文集的精神——说到底即是您的毕生事业的精神，现在您把它寄回来，我感到十分高兴：在那种历史概览中、在最清楚的报告中已经取得的看法，这次又通过您的言语（没有一句多余的话）进一步加强了，而且极其生动和直接；那里呈现出历史，已被现时之界限①所保护并暂时勾勒出来；这些界限，您动情的言辞使其处处陷入震荡。是的，您以您怀着欣喜即兴绘制的空间曲线附带完成了一件事情；您将V. B. 公司②平面版的世界地图卷曲成了地球仪，并且使立体的行动问题对共庆节日的所有同志变得如此简便，那就是要让人们意识到那个将您与他们联合起来的多重的使命，就必须使每个人内心的空间感愈加丰富，即必须让自由和欢乐自然而然地增长。我本人沉浸于自己的工作之中，始终作为一个个人并自负其责，身负计划与实施之委托，可是我仍然具有足够的设身处地的同感，能够想象对每个人而言，不管他微不足道还是不可或缺，融入整体之中，属于这样一种无法估量的、志同道合的关联，大概意味着什么；当然我也感觉到这是一个特别的恩惠：我有幸借一个如此伟大和幸福的范例为自己取得这种令人信服的经验。

在我看来，瑞士在这里——如像通过许多事例——也已以独特的方式变得娓娓叙来，能言善道，向我介绍了立刻令我尊敬和喜爱的新人以及一些情况，它们以自身的意义和普遍性在我的世界图像上、在其广度和跨度上一同起作用。我感到骄傲，请允许我这样说，不仅跟您和您的兄弟维尔讷有着个人之间温暖和令人感激的交情，而且还可在学习、惊奇和敬佩中达及您工作的广阔领域。

---

① 德文的"界限"（Grenzen）还有"限度"的意思，这里一语双关。
② 福尔卡特兄弟公司的缩写，该公司位于温特图尔。——原注

您已经习惯于当时的生活要素之化学,习惯于构成该要素的那些对比成分,它们力求在其中取得一位全能大师对自己专注的兴趣。因此,您肯定也已偶尔发觉,单单一天收到的全部邮件竟是由想法古怪、互相矛盾或互相补充的成分汇集而成的。要是某人决心把来源截然不同却凑合到一起的这样一堆书信大杂烩当成一个整体来加以处理,最后编成的大概绝不是一本杂乱无章的书:收信人自己、他的工作和兴趣想必足以将他桌子上那些大相径庭却平和相处的东西纳入一种关联,某些问题好像有了解答,或是在旁边一封毫不知情、另有话题的书信中取得了进展。

最真诚地忠实于您的:

里尔克

121. 致爱德华·科洛蒂博士

瓦尔蒙,1926 年 3 月 20 日

尊敬的科洛蒂博士先生:

如果说不久之前,您在那件让我颇费思量的事情上只能充当(顺便说是富有成效的)中间人,那么另一方面,通过您字里行间情愿效力的表示,您也为我自己的事情给我准备了一块真正的跳板。我这就要跳了(先有一段短短的助跑)。

您知道(我都有些不好意思,老是拿这种情况当幌子),针对我的出版物所发表的任何东西,我通常都是不读的(以免有可能放弃我的作品里面包含的主要立场),因此,当有人把某些小小的苦酒杯(借一些用法文写出的诗歌出版的机会)[①]在德国报刊上摆出来时,它们大概也从我身边传了过去,好像杯中的各种残酒都变味了。在此期间,这些蒸馏物的味道想必真是相当难受,因为由此造成了一个结果:年轻的朋友们从好些方面给我提供了力量和武器,好让我为自己辩解或辩护。有件事

[①] 即针对里尔克的法文诗歌的攻击文章。

情上我甚至接受了这样一种援助，在别人拿给我看的某篇文章中，因为攻击的腔调已变得如此怪异，结果被攻讦的好像不是我，而是长期以来只给了我好处而该我感激的一帮人。当然，由一件小事引发的这场喧嚣逐渐减弱，大概已经到尾声了。

可是现在，用法文写出的那本诗集①最后的校样本周已经我过目，该书将于最近问世，列入"一个人，一幅像"丛书（由《新法兰西杂志》出版）。我不知道，这本薄薄的诗选悄悄出版，是否会再次引发并加剧不久前冲我而来的诸多谴责。但是我今天就请求您，亲爱的科洛蒂博士先生，允许我把您定作一位知情人和代言人，替我解释我附带用法文写诗并将其发表的真实的根本缘由。无稽之谈显然至少是多余的；我尝试从一种原本不是我的语言那里竭力争得自己独特的文字，这便给那些揣测提供了口实，恐怕我必须将这类揣测归入多余的无稽之谈的范畴。

说到底谁也没有义务知道（对吗?），在那些年头极度的惊恐和中断之后，瑞士这般热情好客对我生活与工作的延续应该越来越具有哪种意义；我问自己，是否有义务谈论这些机缘？在我看来，将其结果逐步呈现出来便已足够。在致俄耳甫斯的十四行诗和哀歌集之后，还有一个结果就是这本法文诗集，我大概允许借用一个相当适合的书名《闲暇时光》（瑞典女王克里斯蒂娜为某些随笔选择了此名）。《闲暇时光》：其中仍有一种主要情感着意表达出来。即对于这片纯净而雄伟的山区的情感，在此我有幸，在孤独和自我总结的几年里，得到一种源源不断和无穷无尽的援助。青年时期那些较早的尝试之中，我的布拉格故乡的影响总想获得承认，除此之外，我便再也没有感觉到，某种力量迫使我直接在诗中去赞美一个亲身经历的环境，去"歌唱"此地；可是在我移居那里的第三年，瓦莱的声音从我心中迸发出来，如此强烈，无拘无束，使得自发的语言形象闪现而出，虽然我对此还没有最起码的酝酿，这里所涉及的不是一件存心的工作，而是一种惊奇、一种顺从、一种征服。涉及此欣喜：出乎意料地在一个越来越似曾相识的地方经受考验；涉及此

---

① 参见第111封信的注释。——原注

发现：可以在其独具的音素和腔调的范围里与其交往。以及最后，要是一切都该提到，涉及这种令人欣喜的体验：更年轻了，在使用第二种语言期间几乎成了年轻人，在此之前我对法语只是接受或实际运用，但随着自身日益丰富，它便开始（年轻时我在自己的语言里有过相似的经验）承载我于无名的生命空间。

因此追根究底，这本诗集首先是一本瑞士的书，我认为这很恰当，除了由朋友选择的书名《果园》，被其余衍生的诗歌所环绕的那个较大的组诗之名，《瓦莱四行诗》，也应该一同列在封面上。

现在，这些诗的出版像其产生一样几乎不是存心的。不过这里我得承认展示了一种弱点。当然，当我为保罗·瓦莱里精美的《交流》杂志把一些试样交给他时，在我看来，期望其中有几首达到该杂志的标准几乎不可能。甚至当这件不该奢望的事居然成了，而且《新法兰西杂志》请我寄交别的诗稿之时，我还是压根没有想到恭敬从命会带来更大的结果。如果说此事最后导致了一个结局，（由朋友们）从我的法文诗稿中选出的作品即将结集出版，那么，使我改变主意作出这个让步和冒险行动的则是一系列情况。首先有个愿望，为获取如此之多（出自地方和人们）而回报瓦莱州一种不只是个人的感激之凭证。另一个愿望，法国和无可比拟的巴黎在我的发展和回忆中意味着一个世界，我作为一个谦虚的学习者和不谦虚的报恩者，对其心怀感激之情则更为明显。在这后面还有一种考虑对我也不无影响，即对我的诗而言，恐怕任何时候都难以出现成功的译作，如像不久前散文《M. L. 布里格手记》[①]所达到的水准：一种确实吻合与形神兼备的翻译。译者莫里斯·贝茨；正准备出版，埃米尔-保尔兄弟出版社，巴黎，修道院街14号。人们现在通过该译著对我工作的了解，看来最终可望通过我的法文诗（即使只将其视为"稀奇古怪的东西"）得到更好的补充，胜过试图使本人那些成熟诗歌的德文语言形象接近某种粗略的法文措辞的任何努力。

这里我已经围绕"自己的事情"，就我所知道的，兜了一圈，当然我绝不认为，这样巡视一圈就可以将其划为一片牢固的领地；毋宁说它

[①] 该书的法文译本：参见第62封信的注释。——原注

这才应该亮出真相,借助于自我公开、不设防,以及,可以这样说,它的田园牧歌。

但愿某个地方,为将来某一天,保存着这个标准,它会允许那些信守规矩的人将"果园"事件妥善地置入与我相干的关联之中。至于对这本小书感到不快的人,我与他们毫不相关;而对此事感到惊诧的人,我自己的惊奇(也只是一笑了之)则使我与之亲近。

可是对您本人,亲爱的科洛蒂博士先生,我觉得自己,在结束本信之时,还由于这种确信而心怀感激:以您已往对我的真正关注,在恐怕必须拿证据说话的时候,您也许已凭自己的见识大致认出了我这里列出的两种人。

还有一切其他理由使我对您怀着永久的感激之情。

您的忠实的
R. M. 里尔克

附言:我很荣幸,《日内瓦杂志》将在四月这期上刊载十首或十二首"瓦莱四行诗"。在"一个人,一幅像"丛书中,这个小集子的书名是:《果园及瓦莱四行诗》。

122. 致汉斯·乌尔布里希特

暂时:瑞士,(沃州)特里特上部格利昂,瓦尔蒙
1926年3月24日

收到来信之后,我就常常考虑,能为您的新路赠送什么让您合意:首先是什么适用?您这事使我感到为难。虽然这封信以及其他属于抒情习作的书信里面(尤其最后几封),某些地方包含个人独特的意象,而且您使之比较突出地显示出来;但是在一种与另一种表达之间(这种着眼于艺术,而那种旨在表述),却有太多的相似。

我对此已经(再次)相当清楚,抒情诗在某个年龄不过是一件多么压抑和无望的活计,恰恰因为它是以语言工具去工作,并未提供足够的

手艺，以便在其中形成一种自立之物（现在所指此物，不是从艺术的意义，而是从纯生命的意义）。从生命中呼出的东西又不断从此物回摆至生命之中；一种此在试图靠它为自己卸掉负担，反倒给自己加上了一个负担，即它那些不可承受之处的强化表达，这种此在被它那些已通过了一种虚假的继续提升和过度提升的困厄团团围住，益发受其摆布，仿佛从未在一种抒情的意识中收容自己并浓缩自己。甚至当一种早熟的才华有益于或几乎抢先于这种努力之时（海姆或特拉克尔），成果仍须克服材料太少之缺陷，因此不能通过使体化（Transsubstanziation）令人幸福；一个特拉克尔（人们应该记住这一点）本来可以在绘画或音乐中而非在诗中发挥他的天才，若是这样，恐怕他不会毁灭于他过重的造型和他因此而蒙受的转暗。

既然生活随后会苛求您，像您让我看出的那样，发生各种各样的变化：那么但愿是——依我看始终可以期望——这样的变化，它们把一种可直接把握的东西、一种绝非幻象意义上的活计硬塞到您手上。考虑到有此危险：这样试着作诗会让您觉得有一阵迷迷糊糊的。尽管如此，若是找到一支手中之笔，您便禁止它记下"诸如情绪之类"，让它承担起记录事实的义务，对自己的生活以及最好是对比较陌生的生活的义务，而且除了这支笔——专门用来为朋友们提供您的活动境况的一种文字，您无论如何要给自己弄到第二支笔，像一件工具一样对待它：别让出自这第二支笔的东西打动您自己，必须非常严格地对待它的哪怕最微不足道的产品。这另一支笔所勾画的这个以手艺外置之物应当不再反作用于您自己的生活，而应当是一种塑造、一种移置、一种转化，"自我"对此只是最初和最终的推动，但此转化从那时起便与您一直相对，源自您的启动，随即却被远远推至艺术间离的层面、物的独自存在的层面，以致您仅仅还作为一个平静的受托付者感到自己参与了这个隐秘之物的完成。

不管怎样这对您都很重要：您要克服您的抒情诗的这种相邻关系，别像提笔写诗一样写信，不要只把生活当成情感喜怒无常和不可信赖之诱因加以忍受。生活比这个多得多。这大概令人惋惜，倘若您——被言辞所超过——想必最终只是忍受了青春的迷惘，没有制服年轻时的诸此种种，而这种制服无异于此在。

莱纳·马利亚·里尔克

123. 致迪特尔·巴瑟曼

暂时：瑞士，(沃州)特里特，格利昂，瓦尔蒙
1926年复活节星期一［4月5日］

尊敬的先生：

预先通知的您那几期专业杂志可惜一直未送达，只收到（通过绕道，杂志据说也取此绕道）您的书信①；它使我产生了强烈的兴趣，对您信中所提出的保证我十分高兴。我向来持这种看法，恰恰由于某首诗极端的特性，它便能突然完全直接地达到技术上的精确，仿佛从自己的宇宙，像纯净的露水，凝结到一个问题的表面。

我说不出自己是否有此能力，在各种精确范畴可于其中彼此取得一致的这样的词语搭配之外，有目的地针对您给我提出的题目发表意见。也许我在此毕竟对迄今为止通过仪器取得的成功一无所知；而要预测发声机②（Sprechmaschine）的任务与未来，恐怕只能建立在对其成果的一定程度的了解上。较年轻的诗人兴许更适合于这个目的。但至少我还不愿说不。如果您还愿意再次寄来不曾送达的杂志（寄至上面标明的地址），这也许并非不可能，说不定我可以形成一种印象。

您准备在适当之时让贵刊的读者研读我的文章《原始声音》（标题并非出自我），对此意图之美意，我倒是今天就可以接受。我为何不该承认我的弱点，就那篇笔记而言，我在其中，几年之后，记下了某种难忘的直觉中的感受，连"真不错"都够不上。既然留声机起源于以图解的方式记录声音，那么，现在将出现于自然界原初的线条和图形转化为声

---

① 此信涉及里尔克的《原始声音》(Urgeräusch)，参见《里尔克全集》第4卷，页285—294。——原注
② 即根据留声机的原理，试图将自然界从前遗留的线条、弯曲、图形等（如一只昆虫的爬行踪迹）转换并还原为当初的声音。下一封信中的发声机则似已包含录音功能。

音现象,又为何不该成功呢?

例如,鹿角接缝的走向如此特殊(已被转换成深度之维),它难道不该真的发出一种"音乐"?受造物的无数签名延续于骷髅中、岩石中……延续于成千上万个地方,若是依据其奇特的变化和弯转,将其谱成各种各样的曲子,岂不是闻所未闻的天籁(而且马上就会被接受)?木头里的裂纹,一只昆虫的足迹:我们的眼睛训练有素,可对此加以跟踪和确定。倘若能够将这种曲折的线条(偶然性在此最终也只是一个由规则奠定的股份公司)转化为听闻事件,那给我们的听觉会是什么礼物呀!

几年前我曾经听说,有人打算把我在《原始声音》一文中临时提出的建议当成技术试验的起点;试验做了没有,取得什么结果,我一无所知。在此期间,我老是觉得这个突然的念头如此稀奇古怪,以致我对愿意为此盘留一番的每一个人都心怀感激:就算是错误常常也能充当一个小小平台的阶梯,以后可以在上面立足。

请您接受我以这些粗浅的看法所表示的饱含心意的感谢——这是您的询问里面那份特别的心意理应得到的,同时接受我的尊敬之表达:

莱纳·马利亚·里尔克

124. 致迪特尔·巴瑟曼

瑞士/(沃州)特里特,格利昂,瓦尔蒙
1926 年 4 月 19 日

十分尊敬的先生:

由于诸多耽搁,可惜我迟至昨天,星期天,才有空翻阅送来的文章;以这种形式翻印文章①,我没有任何意见。顶多这一点:将自然具有不同的紧凑度的一段信文衔接到很早的文章上,会给人以直接补充的感觉,这让我听起来有点不对劲。我觉得也许这样更好,如果您愿意通

---

① 《音箱》1926 年 6 月,第 9 页,莱纳·马利亚·里尔克的《一个创意》。——原注

过几点来说明取自《岛屿船》的这篇散文并未到此结束，就可以把我写给您的那段信文附于文章之后，这样间歇更突出，区别也就更明显。以这种版式，信文甚至可以更好地对文章加以补充，因为间隔变得清晰了，一篇至今已有几年的笔记同我今天对它始终未变的看法分隔开来，于是奇特的追踪愈加醒目，而此追踪使得这个念头几乎一再浮现于我的脑海。

在此期间，不仅再次向您索求的几期贵刊已经到手，而且之前寄出的那几册也经由我的固定地址送达此地。我用心通读一遍。令我惊讶的是，我发现发声机唯独作为音乐方面的复制器受到称赞，仿佛还很少用于言说的话语。可是通过精确的重复，它本来能够为专职念一篇演讲或一首诗的那种人提供同样严格的检验帮助，就像在演奏音乐家的领域里类似的情况。此外，发声机或可效力于诗的言说，有助于人们对大声读诗（诗的整个存在单单由此表现出来）形成一种新的有规可循的义务。有多少读者还缺少同诗的真正的关系，因为他们默默读了过去，仅只掠过诗的独具特性，而非为自己唤醒这些特性。我（在有些抵触之后）想象一位读者，手持一本诗集，他一边听发声机，一边跟着读，以便更好地了解他所读的这首诗的存在；恐怕这已肯定不是"艺术享受"，而是一堂很紧张的课，类似于课堂上的某些表格将一个通常不可见之物的构成比例呈示于眼前并让人掌握。当然这样一种练习的前提是，机子通过诗人自己的嘴接受诗行的音像，而非绕道经由演员。据说这种教具对此并不适合，即消除演员在演绎诗歌时的妨害（他几乎总是误解这种作用并乱搞一气），其实正好相反。既然已保存在唱片上面且随时可以放出来，诗歌便存在于诗人想要的音型之中：一种几乎不可想象的价值！但是不言而喻，对于我们这样的人，最隐秘和最丰富的语言形象如此这般机械地存活下去，怕是难以忍受的，因为在我们看来，特定的启示好像正是从自己闻所未闻的一次性中，在伟大、悲情和人性上取得最难以置信的收获。与唯一之物以及不可挽回的消逝之物打交道，这也还是（除了苦难）我们的灵魂的一种强项和一种骄傲。

请您接受，连同我的问候，我的尊敬之表达：

莱纳·马利亚·里尔克

125. 致埃米莉·洛泽

瑞士，（瓦莱）谢尔，穆佐小城堡
1926年7月3日

最仁慈的夫人：

首先我必须为回复已迟请求您原谅：您的信到来时，我外出已久刚刚回到家里；各种各样的事情一直在此等着我，叫我老是不得空闲……虽然我一天天推迟给您回信，但我早就忙里偷闲，专心致志地阅读并重读了送交给我的诗歌。

您认为这些青年时期的作品如此纯粹而且内在充实，具有一种实在的甚至本身便包含某种允诺的价值，最仁慈的夫人，您肯定不无道理，我的看法跟您一样。这些诗：致守护神，送给一位年轻的小提琴家（前三段不啻是最奇妙的、内心的启示记录！），风景中的少年，诸神流血，伟大的母亲，门徒，致英雄……诸如此类：无论如何我都会关注，不管在哪里遇见。几乎每一首都有两三行透出最纯粹的灵感，是神授予了这些诗句（它们就是让人看出，在这颗心灵里进行着一种同神灵的真实交往），它们之间的联系让人发觉天赋，更好地替代它们［之尝试］① 常常是笨拙的，恐怕只有一种更高的熟巧才能为其代言。就单元而言（我是指每首单独的诗都要求把自己处理成单元并自成一体），可以说有时单元之走向，就像从空中鸟瞰，已很幸运地被预见，尽管随后在实施中并未完全实现。没有实现不是在那种缪斯的意义上，即神自己大概扰乱了天资的范围，以便在他最独特的激动中亲自出场；而是由于没有把握，由于不善于排除；也就是说，属于其他创作单元的元素强行挤入。而且某些意图本该构成一首特定的诗的意志，结果却并未得到足够的实施（例如，《小提琴手》的末段）显然旨在将人类的逾份化为大地的魅力和天宇：此段并未奏效，变得松散，草草收尾，而非轻盈地飘升并统摄全诗。以这种方式大概还可以就细节作许多说明；没有一首诗令我完全满意；我或可直言，没有一首诗可以完全满足这个年轻的诗人，也

---

① 此处原文不通，疑有印刷错误，方括号里的内容由译者补充。

许已过了半年的期限……也许还可以满足他的青春,已在这上面得到提升——可是能满足他的良知吗?!那种最内在的良知,其主要作用在于培养这个;不要依附于赞成,譬如来自外部的赞成。对他的一切赞成现在成了个问题,是否 R. G. 已应该发表这些诗,一个第二位的问题。一部篇幅巨大的处女作,如像施皮特勒最初的普罗米修斯与厄皮默透斯,居然数十年一直得不到重视和正确估价,肯定给卡尔·施皮特勒的生活和性格造成了伤害……但是,一系列这样的尝试既产生了已完全可以评价的诗作,也带来了有所妨害和无足轻重的东西,现在发表与否,大概对年轻人 G. 的进一步发展无关紧要。也许,由于他从事一种劳累的职业,这本小书的存在本身(并不取决于该书怎样被读者接受,或是否被人忽略……)可能已是一种振奋精神的喜悦和一种给予承认的鼓励;这倒是我可以理解的。另一方面,如果人们(在青年作者那里几乎不可避免)去读每个所谓的"批评"或非常认真地加以考察,这倒也总算是招致不必要的伤害的一个法子。

我自己在青年时期很早就发表诗作,则是迫不得已;我的家庭想要阻止我选择这种极其荒唐的职业;当时似乎没有别的办法向家人证明,我恐怕别无选择,可以说它已经战胜一切抵抗,把我给逮住了。可是多少次,我为这样过早拿出不充足的甚至几乎不实在的东西感到遗憾!今天,一种完全不同的职业技巧已变得普遍,恐怕几乎没有一个年轻人会陷入这种境地,意欲使价值甚微的东西发挥作用:人们作诗,言语平庸,不管愿不愿意,在另一个水准上:非同寻常的诗始终还是恩赐和高韬的事情,但简单寻常的诗,只能就诗论诗的诗,规矩的诗,像人们大概说得最明白的一样,简直数不胜数,多如牛毛。摆在我面前这些R. G. 的诗作不属于这种一般的较好,它们在其之上并也许,个别地方,在其之下,或无法以此范畴来衡量。现在大概需要鼓励他;需要解除他的束缚,需要相当坚决地使他意识到自己心灵中无限的幸福:若是通过出版《高于时代的青年》便可,暂且,达到上述种种,那就应该争取出版;但也许还有别的方法……

我相信这并未违逆您对我的珍贵的托付之情:我为自己留下了上面提到的大多数诗歌的抄件,以便有机会时让岛屿出版社有所了解;但并非似乎我估计，或可取得"岛屿"对这个集子的支持，而是为了使这家著名而务实的出版社现在就熟悉一个名字——也许不久便可纳入考虑之列。

请您接受，最仁慈的夫人，我的全部忠诚之表达——

莱纳·马利亚·里尔克

附言：

这封信刚写完，一件小小的倒霉事又造成了新的延迟：一个玫瑰花杯翻倒了，水都洒到第一页纸上，还得重写一遍。遗憾的是，您的手稿封面和我的最后一页也在旁边！未能完全幸免；您可察觉信笺边沿的水渍；现在我也得为此，最仁慈的夫人，请求原谅！

RMR.

126. 致贝皮·维德

霍夫-拉加茨旅馆，1926年8月9日

不仅我们的时辰……它们晚上还使我写出这个附言，这会让我感到美好，毕竟聊以自慰。至于那种欢乐，能够使之减轻的事情恐怕不容易发生。即使我的整个工作，即使我的所有偏爱，即使我内心的热情的每个对象都表明自己对您是陌生的，但这个会长久存在，即您在任何话语之前，以第一次握手放在我手里的：一种无限欢喜的信赖——对您的生命本身，对您从一颗心灵的贮藏中拿出的受用的馈赠，而这颗心绝不会因烦恼、痛苦和失望而贫竭，因为深深的、幸福的源泉滋润着它并使它永远清新和丰盈，不管您有何遭遇。可现在但愿发生有利的事情，以使您如今愿意归属的艺术从您自身之中取得这种上升，围绕您的空间和天宇已为此准备就绪。

［RMR.］

又及：旺德利-福尔卡特先生今天从克劳森-赛车会来到这里，明天我的朋友们就要离去……然后我希望见到您，不止"一次"，而是，在那个已太近的星期四之前，还有像您愿意尽量允许我那么多次。

127. 致贝皮·维德

拉加茨，1926年8月23日

现在各种客人中的每一位——您在场对他们曾经是一种始终可靠的欢乐——都已有过时间练习让人惦记的离去；而我让人惦记则具有特殊性，以致我始终还不能给您写信。或许因为我已经适应了您在这里，于是学习另一种交往，即采用距离之标准的不大直接的交往，便令我不知所措。或许也因为我总之陷在了我们的离别之中，您能理解吗？

我相信，这封信已预先证实了什么，因为这个夏天之后命运的巨大打击才会落到我们晴朗的家庭上并发生于我的存在之中。可是我坚信，这一定会使我们愈加丰富，只要我们有力量去承受。

[RMR.]

128. 致鲁道夫·卡斯讷

1926年12月15日，星期三

我亲爱的卡斯讷，看来这便是那个了，对此我的身体三年来已预先向我发出过危急警报：我现已重病在身，虚弱并无限痛苦，一种鲜为人知的、血液里的细胞变化引发了最严重的扩散到全身的病情。我从来都不愿正视病痛，现在却学着去应付这不能比较的匿名的痛苦。学得很艰难，遭到百般抗拒，如此沮丧惊愕。我想要您知道我这种境况，不会是非常短暂的。请您把情况告诉尊贵的侯爵夫人，以您觉得适宜的为限。我已从加加琳侯爵夫人那里获悉，塔克西斯侯爵夫人准备在其美丽的宅邸度过冬天，在帕拉佐-博尔盖塞。而您呢，亲爱的卡斯讷？对您来说巴黎怎么样？我很幸运，在《交流》杂志里发现了"人类的伟大之要素"！

一切顺心，卡斯讷！

我常常想念您。

您的
里尔克

129. 致苏佩维埃尔 [1]

（沃州）特里特上部，格利昂，瓦尔蒙疗养院
1926 年 12 月 21 日

我亲爱的亲爱的苏佩维埃尔：

我病得很厉害，痛苦不堪、受尽折磨，以致你寄来的那封冷冰冰的、不切实际的信都让我感到片刻的安慰，觉得自己还没有被遗忘。

我常想到你，诗人、朋友，这同时也让我想到世界，可怜的瓦罐碎片还想得起自己来自泥土。（可惜，我们过度依赖感官，却离内心越来越远，一如字典的作用就是让人浏览而非认真阅读，这真让人感到痛苦！）

R.

---

[1] 这是一封法文信。苏佩维埃尔（Jules Supervielle，1884—1960），出生于乌拉圭的法国诗人，1925 年与里尔克结识，成为朋友。

德文版编者后记[1]

本集书信取名为《穆佐书简》,虽然有些写于别处,因为它们出自里尔克的一种精神状态,而此状态与穆佐是密不可分的。里尔克在瑞士居留的前几年,对他如此艰难的战争岁月仍然延续着——他不能达到自己承纳恩赐所必需的聚精会神。他没有十分渴求的"配备旧物的乡村房子",尤其是孤独,如像一九一二年在杜伊诺馈赠与他的那种孤独。现在,十年乏善可陈之后,他迁入瓦莱他的那座小城堡,第一个冬天就给了他"良好的成绩",其中包括《杜伊诺哀歌》和《致俄耳甫斯的十四行诗》。但是穆佐的使命尚未完成:里尔克还在翻译瓦莱里,最终他将从那里写出一大批书信,其中以及在他的诗作中,便有了昔日孤独赐予他的:极度的专注。无论他现在向年轻人提出忠告,还是谈论灵感或他自己的早年,在在皆可感觉到这种最终的厚实——源自一种日益增强的对于言道的责任。里尔克从不为写信而写信,纯社交的信件日渐稀少,他意识到他的言道应该获得更高的意义。因此摆在眼前的这个选集就有一副特殊的面孔,由此也正好说明了书信集按时间先后的顺序为何打断的理由。[2] 当然,对于目前出版此书,还有一点是决定性的:年轻人对里尔克的鼓励有一种自然的需求,如像《致一个青年诗人的书信》印数颇高所证实的那样。青年一代可以从这里公开的书信中为自己取得类似的帮助,而不向他们隐瞒这种帮助,在我们看来则是一种义务。

本书所作的选择是对最优美和最成熟的书信的目前可能的选择,当

---

[1] 德文版编者是露特·西伯尔和卡尔·西伯尔,他们是里尔克的女儿和女婿。
[2] 这里指数卷书信集中先出版了这卷时间最晚的。

然评价始终是主观的。除了优美和重要的信件,也收录了能展示里尔克那几年生活的一些书信,最后还有个别信札,譬如写给纳尼·埃舍尔的最后一封信,鉴于其形式则已可归入艺术作品之列。

魏玛,1935 年 1 月
编者